山东省教育财务管理研究

（第6辑）

刘振鹏　主编

山 东 大 学 出 版 社

图书在版编目(CIP)数据

山东省教育财务管理研究. 第6辑 / 刘振鹏主编. —济南:山东大学出版社,2016.9
ISBN 978-7-5607-5598-4

Ⅰ.①山… Ⅱ.①刘… Ⅲ.①教育经费－财务管理－研究－山东省 Ⅳ.①G526.7

中国版本图书馆 CIP 数据核字(2016)第 205193 号

责任策划:姜 明
责任编辑:姜 明
封面设计:张 荔

出版发行:山东大学出版社
社 址 山东省济南市山大南路 20 号
邮 编 250100
电 话 市场部(0531)88364466
经 销:山东省新华书店
印 刷:山东省英华印刷厂
规 格:880 毫米×1230 毫米 1/32
12 印张 300 千字
版 次:2016 年 9 月第 1 版
印 次:2016 年 9 月第 1 次印刷
定 价:25.00 元

《山东省教育财务管理研究》编委会

前　言

《山东省教育财务管理研究》(第6辑)所收的篇目是山东省教育会计学会2014年度科研课题结题报告中被评为良好以上课题汇集而成的。

为了充分发挥课题研究对我省教育财务管理工作的前瞻引导和理论支撑作用,山东省教育会计学会七届四次常务理事会研究出台了《山东省教育会计学会科研课题申报评审管理办法》(以下简称《办法》)。《办法》明确了课题申报的原则和要求、立项课题实施管理要求、结项课题的质量要求及评审原则。

2015年11月,学会对2014年立项并按要求完稿的109项课题进行了查重处理,其中40项课题查重率在30%以上,根据《办法》的规定,对查重率超过30%的课题不予结题。其余69项课题学会组织专家分头审阅,并要求专家对每篇课题论文写出评审意见,拟定等级。2016年1月20日,学会组织评审专家对69项课题进行集中会审,确定最后评审意见。通过评审,评出优秀课题9项,良好课题32项,合格课题28项。本论文集汇集了良好以上40篇课题论文。

本论文集选编的研究课题内容广泛,涉及教育财务工作改革和发展的多方面问题,如县域义务教育均衡发展达标后发展和完善的使命与路径、项目核算应用与高校账务系统优化、财政滚动预算改革下的高校预算编制研究、管理会计在高校财务管理中的应用研究、高校科研经费预算管理体制与机制研究等。这些论文能理论联系实际，对我省教育财会面临的新问题进行了探索和研究，有些观点较为新颖，所提出的解决问题的方法有所创新，反映了我省教育财会研究方面的新进展，对教育财会工作有一定的指导意义。本论文集的出版，对进一步推动我省教育财会的学术研究、促进学术交流，将起到积极的作用。

我们对课题论文的观点和内容基本保持原貌，对个别论文篇幅进行了适当删节，对论文的格式进行了统一。在修改、整理过程中难免有不足之处，请谅解。

本书的出版，得到了山东大学出版社的大力支持，在此表示衷心感谢。

山东省教育会计学会

2016 年 5 月

目　录

县域义务教育均衡发展达标后发展和完善的使命与路径

课题组

教育发展面临的新形势决定了教育工作的新变化、新特征，优质和多元教育供给不足成为当今基础教育领域的主要矛盾。这就迫切要求加大基础教育综合改革力度，不仅要继续加强财政供给，而且还要从教育政策、人力资源政策、财政政策等公共政策角度有针对性地探索管理体制改革，从资源分配、使用、管理、法律保障等方面完善义务教育资源供给体系，使义务教育资源达到有效配置。在此基础上，注重提升学校自主办学积极性，培养学校自我发展能力，着力提升教育质量，促进义务教育优质均衡发展。

一、县域义务教育均衡发展推进现状

(一)均衡指数分析与目前均衡状况

从翟博、孙百才撰写的《中国基础教育均衡发展实证研究报告》可以看出，在当前我国经济社会差距不断扩大的背景下，我国基础教育发展差距整体上出现了逐步缩小的趋势。使用教育发展宏观数据，从基础教育均衡指数体系分析，我国基础教育的教育机会均衡指数、教育资源配置均衡指数、教育质量均衡指数、教育成就均衡指数四个子指数项都在随着时序变化呈现趋于均衡的发展态势。国家教育督导报告显示，截至 2014 年底，全国实现义务教育发展基本均衡的县(市、区)累计达到757个,全国义务教育体制机制进一步健全,办学条件明显改善,教师队伍整化优化,特殊群体儿童少年的成长和发展得到更多关爱,义务教育均衡发展取得重要进展。从济南市微观数据也得出相似判断,目前,济南市10个县(市、区)均通过国家督导评估标准要求,各县区综合差异系数8项指标均呈现逐年下降趋势。

(二)率先启动中小学办学条件标准化建设

为加快推进政府基本公共服务均等化,山东省提出济南市等地市率先完成中小学标准化建设任务,全面提高办学条件和办学水平,为推动义务教育均衡发展奠定坚实的办学条件基础。标准化建设实行省、市统筹,以县为主,各级教育、财政、发展改革等相关职能部门合力推进的工作机制,强化了县级政府的主体责任意识,把全国实行学校标准化建设中趋同性问题与本省实际相结合,在城乡教育差距突出的背景下,制定"整体规划,均衡发展,适度超前"的规划目标,统一"优质均衡"的思想,清除"平均发展"的观念屏障,采用"教育经营"的资本运作方式,充分发挥资源配置的赶超价值,将制约区域教育均衡发展的内在制度安排与外在制度环境实行综合性制度调整,总体上限制了"马太效应"的扩大,实现了更多优质教育供给的目标。

二、存在问题及原因分析

(一)资金公平分配机制尚不完善

一是资金分配科学性有待提高。资金分配侧重于行政管理的约束性,未充分考虑学校发展的自主性,未综合考虑学校基本运行和发展的整体需要,影响学校主动性(容易产生一种倾向"你说怎么干就怎么干")。资金分配将学校需求作为安排项目经费的主要因素,局限于审批项目,未全面考虑学生规模等其他因素,有失公平性(容易造成误解"你说给多少就多少")。资金分配侧重于基建、维修和设备购置等硬件投入,未统筹考虑学校教学、科研等软件投入的需求,影响学校办学积极性(容易产生情绪"你说干啥就干啥")。二是指导项目的开展和实施存在被动性。为配合财政部门加快预算执行,催促学校花钱的现象时有发生，容易出现为赶进度而突击花钱的现象。由于项目资金的定向性，留给学校调整项目的灵活性较小，学校只能在上级架设的框架中单纯为完成任务而实施项目。

(二)城区教育资源总量不足，城区教育布局空间局限

随着城市化进程不断加快，城市空间、城区面积大幅拓展，基础教育设施不足，空间局限问题逐渐凸显，由此造成优质教育资源布局不均衡，制约教育进一步发展。另一方面，近年来新建小区井喷式增加，小区配建学校应建未建、缓建、配建不足等问题层出不穷。“好学校”集中分布在城区，农村学校、城区薄弱学校办学水平相对落后，新的“城乡二元”仍在一定程度上结构突出。

(三)城乡之间、校际之间教育教学水平不均衡

主要表现在群众认可的所谓的“优质学校”，一般都具有高质量教育教学水平和管理水平，能深刻理解教育发展的趋势和规律，不断审视教育传统和教育环境，积极进行自主适应、综合创新，建立并完善良好的学校运行机制。而有些农村学校、城区薄弱学校管理水平不高，师资队伍总体发展水平不高，可持续发展能力不强。

(四)缺乏信息技术与教育深度融合，农村教育信息化应用水平不高

2014年国家信息化专项督导报告显示，教育信息化基础设施建设效果良好，各地积极配套经费，整合资源，推进教师培训。但督导发现，教育信息化对教育教学还未产生实质影响。部分教师特别是农村教师信息技术应用水平不高，教学模式、教学方法和教学组织形式没有根本性改变。部分教师在学科教学中应用信息技术不多，大部分教师仍处于信息技术的浅层次应用阶段，部分教师仅注重信息技术的应用形式，缺乏对有效融合的教法、学法深入钻研，导致信息技术应用收效不明显。

(五)以学校章程为核心的现代学校制度尚待建立与完善

目前来看，区域现代教育治理体系尚不完备，管办评分离模式还处于探索阶段，教育行政部门对学校的行政干预仍然较多，学校办学自主权不够大。教师培养培训缺乏系统性和针对性，教师学研机制

流于形式，教师职业发展环境因校而异差距较大，教师职业倦怠问题仍有存在。

（六）编制、教师招聘等人事机制与教育发展形势不匹配

目前执行的学校编制核算普遍滞后，特别是部分新建学校开学时往往没有编制，只能“拆东墙补西墙”，占用其他学校的编制，致使学校教师的职称、工资、考核等工作难以理顺，影响工作情绪。同时，受制于“超编不进人”的原则，超编学校无法通过交流与招聘补充师资，师资结构长期难以得到优化。

（七）教师专业化水平有待提高，如何“会教”“乐教”需进一步探索

就义务教育均衡发展督导评估来看，师资城乡均衡配置方面，在现有编制标准核编基础上，结合当地实际，以县为单位，加大教师招聘力度，农村教师数量需求得到缓解，学科结构与年龄结构逐步优化，城乡差距缩小，但仍存在部分学科尤其是农村音体美教师不足问题，教师培训有待加强。

三、研究思考——义务教育均衡发展方式转变的要素机理

要实现义务教育均衡发展方式的有效转变，首先必须准确把握发展方式转变所依靠的要素构成及其优化组合的基本原理。

（一）要素条件

从国家义务教育均衡发展督导评估的解析来看，评估区域义务教育均衡发展的指标是“一个门槛、两项工作和一个调查”。也有学者通过对学校发展水平督导评估的解析，概括出区域均发展的 8 个要素，包括校舍建设、教育经费投入、生源质量、学校位置、办学方向、师资队伍、学校管理、公众评价等。

（二）组合优化

由于不同要素具有不同的属性或特征，应根据其在教育活动中的地位及作用形式确定优化的侧重点。单一要素的优化不是义务教育均衡发展方式转变的全部，还必须注重要素间的优化组合。但由于资源配置机制和监管制度不完善，现实中存在较为严重的资源闲

置和浪费现象，有限教育资源未能发挥最大效用。

四、政策建议——均衡达标之后发展与完善的路径选择

（一）建立生均拨款机制，调整资源配置结构，提高资源利用率

进一步简政放权，建立生均经费拨款机制，充分调动基层学校工作积极性，增强理财意识，优化资源配置结构。实行生均经费拨款机制，学校安排资金有自主权，资金由学校按照学校发展规划和工作计划科学统筹安排，项目的合理性和有效性由学校进行可行性论证并严格把关，同时资金安排、使用的责任也由学校负责，权责统一，强化责任意识，树立“花钱必问效，无效必问责”观念。加强资金管理使用的绩效考核，提升主观能动性。在资金安排上，转变“重硬件、轻软件”建设的意识，侧重于学校教学和业务开展，科学安排教学科研和学生实践所需资金，充分发挥现有设施、设备的使用效率，提升学校综合实力。

（二）探索集团化或联盟化办学，扩大优质教育资源覆盖面

选择集团化办学道路，对通过国家义务教育均衡发展验收的县区而言，具有显著的可行性、适应性和必要性。从可行性来看，集团化办学不是首创，现在探索集团化办学，有路可循，有经验可以借鉴。从适应性来看，有一部分发展潜力学校，求贤若渴，具有借助集团谋求发展的强烈意愿与动力，还有一批优质学校可以输出管理和师资。用优质品牌学校的“一元”撬动新建校和发展潜力学校的另“一元”，较快改变现有教育的“二元化”结构。从必要性来看，全国推进义务教育均衡发展的大形势，辖区居民对于优质教育的强烈渴望，以及下一步高位均衡发展的目标，决定了集团化办学是县区优质均衡发展的阶段性任务，是实现教育全面现代化的必然选择。

（三）探索“区管校用”“县管校聘”教师管理体制改革

制定出台县管校聘管理改革工作的指导意见，对实施范围、主要内容、组织实施作出详细规定，打破教师有效交流的管理体制障碍，引导优秀教师向薄弱学校、农村学校流动。实施人才培养规划，探索发展性、订单式教师培训，提升职业幸福感，激发教师内生动力，提高

教师群体教学力，推进教师资源优质均衡配置。

（四）加强信息技术与教育教学有效整合

厘清信息技术与教育教学整合的本质，充分挖掘多媒体的潜在与实际的教学功能，辩证地分析信息技术对教育的积极作用，同步加大培训力度，提升教师信息技术素养，建立健全信息技术与教育教学资源整合机制，分阶段、按规律有计划地推进，并认真从方法创新、整合效果、目标完成等角度研究探索，为实践中有效整合提供理论支持。

（五）加快学校章程建设，完善现代学校管理制度

按照国家要求，进一步转变政府职能，旨在推动教育行政管理职能的转变和现代学校制度的建立，提升教育管理和服务水平。完善学校内部治理结构，对接学校自主发展的需求，加快建立学校章程，促进学校以章程为指导，理顺和完善规章制度，规范设计学校发展规划，形成健全、规范、统一的制度体系，使学校章程不断适应教育政策环境、学校发展和师生成长需要，推进学校依法自主规范办学，全方位优化学好学会环境，

（六）坚持立德树人，继续深化课程改革，推进素质教育深入发展

一是立足人才培养，加强德育建设。要展现学生“各美其美”的能力与素质，在“美人之美”的分享中学习他人的知识、智慧和精神性，引导师生认识并理解自己在学校多元文化中的位置。二是开发校本课程，完善整合创新机制。三是探索课堂学习环境设计策略，建设有效课堂。注重知识整合性并转向学生生活世界，促进综合能力提高。实施发展性教学策略，提高解决问题能力。

五、结语

优质均衡是必然的事实趋势，更是应然的价值选择，其主旨更在于对教育公平性的不断探索与追求。探索优质均衡发展的意义，不仅是形式上符合现代性的潮流，更大程度上是吸收和借鉴新的时代精神和具有更深远意义的教育制度、理念和方法。优质均衡实现途径的多样性令人乐观。其实现方式不是一个模式，要与本土发展相

对接，有担当、负责任地发展现代教育的精髓，完善传统与现代融合机制。任何发展都是现有基础上的发展，实践路径上，要认真进行发展分析，做好恰当的发展定位，这是关键所在。对于发展中的矛盾和问题，需要从实施素质教育、推进社会公平的高度去认识、去解决。本调研团队在大量实证研究的基础上，查阅了相关文献资料，结合本市实际，力图对教育优质均衡发展进程进行系统的探索，但鉴于理论修养和实践局限，对问题探讨还有待深入。

参考文献

[1]翟博，孙百才.中国基础教育均衡发展实证研究报告[J].教育研究，2012(5)

[2]国务院教育督导委员会办公室.国家教育督导报告：2014年全国义务教育均衡发展督导评估[R]

[3]国务院教育督导委员会办公室.国家教育督导报告：2014年全国教育信息化工作专项督导报告[R]

[4]栗洪武.影响区域学校教育均衡发展的基本要素及其相关性[J].教育研究，2011(4)

课题负责人：李学森

课题组成员：韩庆兵　李燕燕　郭东立　张有伟　孟　健　郑　红　李　强

（课题承担单位：济南市教育局）

“项目核算”应用与高校账务系统优化

钞天虎　黄雷　徐恒博

新修订的《高等学校会计制度》(以下简称“新制度”)已颁布实施,与之配套的会计核算办法、应用指南也已相继面世,然而从相关会计规范和应用指南对高校收入、支出类科目设置所作的规定以及“项目核算”功能在高校实务中的应用现状来看,通过增设明细科目以满足多元化管理需求的传统思维模式,亦然对会计规范制定、会计系统开发和会计实务操作有着广泛而又深刻的影响。由于信息技术条件下的明细核算组织方式,除了增设明细科目之外还可利用“项目核算”这一辅助核算功能,并且“项目核算”功能在满足数据多重分类、节约系统资源占用和提高系统运行效率方面更具优势,因而本课题探讨“项目核算”在高校会计实务中的应用以及借以优化账务系统设置的基本思路,以促成相关会计规范的完善并提高我国公共部门的会计信息化水平。

一、项目化管理与项目会计主体

“项目化管理”(Management by Projects,MBP)源于对项目的管理。项目(Project)常常被看作是为实现特定目标的一次性任务,诸如施工企业承建的桥梁大坝、软件开发企业承接的系统开发、高等院校承担的科研课题等，均可称为之“项目”。为使项目管理能够连续成功，管理学界针对“项目”这种特定类型的人类活动探索了其规律性和具有普适性的管理方法，从而形成了一门相对独立的管理学分支。随着科学技术进步和顾客需求的日益个性化和多样化，项目管理方法逐渐被用于长期性组织，从而使传统的任务管理开始日趋“项目化”。20 世纪 90 年代，借助项目实现长期性组织战略的“项目化管理”概念应运而生。目前，项目化管理已被广泛应用于包括政府组织在内的各类社会组织中。如就高等学校的经费管理而言，教育部立项的“985”“211”“2011”和大型修缮工程，科技部立项的“973”“863”和科技支撑计划，各学校自主立项的学科建设、课程开发、出版资助、科研支持、创新计划乃至切块管理的日常业务费等等，均是项目化管理在高校财务管理和会计核算中的具体表现。

当把组织中所有的长期或临时性、重复或一次性任务采用“项目化”管理后，传统意义上基于管“人”的科层组织便被扩展为既着眼于管“人”又着眼于管“事”的矩阵组织。对高等学校而言，就既有按职能部门化形成的具有长期、稳定性的职能部门和专业院系，又有为完成特定的科研或其他任务而组成的临时性研究团队和工作组，亦有诸如研究中心之类名义上是一个独立的组织机构，但其成员却来自学校内部其他组织机构从而出现同一成员使用两个以上机构的资源并在两个以上机构进行业绩考评的情形。在这种纵横交错的组织结构中，包括群体层面上的“部门”和个体层面上的“成员”，均可能共同或单独参与不同的项目任务，而每一项目任务也可能被明确地分配于组织中的不同“部门”和“个人”。基于矩阵组织的管理需要，会计系统除了应当将传统意义上着眼于组织整体观念的会计主体扩展为组织内部基于层次观念的“部门”和“个人”之外，还应当基于任务管理需要而针对一个个独立的“项目”或“子项目”进行核算、控制和报告，从而使会计实务中出现了一种有别于传统组织形态的会计主体。这种形式的会计主体，在政府会计领域中通常被称作“基金会计主体”。相对于传统组织形态的会计主体而言，这种形式的会计主体一般具有核算时效性和耗费相似性两个特征。所谓核算时效性，是指某一项目完工后对该项目的核算即行终止；而耗费相似性，则是指同类项目具有相同或类似的支出构成。由于“基金会计主体”着眼于从政府预算管理角度强调资源耗费的专用性而难以涵盖其所具有的项目化管理载体之意，因而我们可从更一般意义上将其称之为“项目会计主体”。

二、高校会计实务中的项目类型及其融合方式

项目化管理在高校经费管理中的运用，使高校所有的经费收支都将以“项目”的形式出现并以“项目”为载体进行核算和管理。虽说高校实务中的项目具有来源多样性、管理多头性等特点，但从预算管理与会计核算的角度来看，可由“项目核算”这一辅助核算功能进行专题核算的项目，不外乎“收入支出型”“收入型”和“支出型”三种基本类型。(1)“收入支出型”项目，是指可明确识别其收入来源和支出去向的项目。高等学校承担的包括科研经费在内的各种财政专项以及采用自收自支管理的经费就属此类项目。从预算管理的角度来看，这类项目一般具有明确的支出范围，并且监管部门还多通过制定专门经费管理办法确保项目经费的可追踪性；从会计核算的角度来看，这类项目同时与收入和支出类科目相关联并应以“项目”为单元进行期末结转。由于这类项目具有资金来源单一、资金性质与预算类型明确、支出用途与支出功能分类事先确定等特点，所以与对外报告相关的各种会计分类要求，均可转化为项目的不同属性并通过项目代码予以明确识别。在电算化条件下，如果我们把这类项目所涉及的会计科目均定义为“项目核算”，那么通过项目代码就可完整地检索到项目的收支记录。(2)“收入型”项目，是指可明确识别其收入来源却无法识别其支出去向的项目。有待进一步分配的基本财政拨款和各类校级统筹经费就属此类项目。从预算管理的角度来看，虽

说这类项目最终均转化为不同用途的支出，但在预算分配之前，无论是以"打包"形式拨付的基本运行经费，还是需要在学校、院系层面"统筹"的自创收入等，均无法确知其最终的支出用途和支出功能分类；从会计核算的角度来看，由于这类项目只与收入类科目相关联，因而通过项目代码所能检索到的就只有收入记录而无支出记录。(3)"支出型"项目，是指可识别其支出去向而无法确知其收入来源的项目。基本财政拨款支出和各类统筹费支出就属此类项目。从预算管理的角度来看，尽管这类项目也都有其事先确定的收入来源，但为会计所关注的却是其最终的支出用途和支出功能分类；从会计核算的角度来看，由于这类项目只与支出类科目相关联，因而通过项目代码所能检索到的就只有支出记录而无收入记录。

前述三类项目中，唯有"收入支出型"项目可视为完整意义上的"项目会计主体"，而"收入型"和"支出型"项目只有在进行某种形式的关联之后，才可按照项目代码追踪其收入来源和支出去向。为使所有的经费收支均能以"项目"为载体进行明确的识别并在满足预算精细化管理需求的前提下简化核算工作量，所有的"支出型"项目不仅要与相应的"收入型"项目进行关联，而且相关的预算分类属性还应能够通过项目代码转存于凭证数据库文件中(即使某些预算分类属性不能通过项目代码进行明确的识别并转存于凭证数据库文件中，至少也要确保在凭证制作时能够对其进行即时修改)。由于所有的"收入型"项目均可看作是"支出型"项目的过渡性项目，所以只要我们将"收入型"项目的某些预算分类属性嵌入或通过某种方式暗含于"支出型"项目之中，"支出型"项目就能转化为准"收入支出型"项目并与"收入支出型"项目实现兼容，从而使所有的经费支出均可采用相同的核算方式。既然"收入型"项目在会计核算上不涉及支出科目而"支出型"项目在会计核算上不涉及收入科目，那么只要我们为会计科目体现中增设"预算分配"和"预算统筹"两个预算管理科目并辅之以相关的会计处理，"收入型"项目与"支出型"项目就可实现有迹可循的关联。具体来说，当我们把具有“打包”性质的基本财政拨款按照支出用途、支出功能分类等进行细化并“项目化”后，与基本财政拨款相关的“收入型”和“支出型”项目之间所存在的“一对多”关系，就可通过“借：预算分配（收入项目码），贷：预算分配（支出项目码）”这一会计处理进行关联；而与学校统筹经费相关的“收入型”和“支出型”项目之间的“多对多”关系，则可通过“借：预算统筹（收入项目码），贷：预算统筹（统筹过渡码）”和“借：预算分配（统筹过渡码），贷：预算分配（支出项目码）”这一汇集和分配处理进行关联。

三、会计技术变革与明细核算方式变迁

会计应财富管理需要而产生，因制度变迁和技术变革而演化和发展。自借贷复式会计产生以来，会计账户（科目）几乎成了人们所能选择的唯一会计分类标识。在这一思维模式主导下，但凡有新的会计需求产生，就会有新的账户出现并被融入到原有的账户体系之中。仅就近年来事业单位会计核算的变化而言，为满足项目管理需要，财政部于 2002 年下发通知，要求在“事业支出”下分设“基本支出”和“项目支出”两个明细科目，由此使得原“事业支出”所属的各级明细科目在数量上翻了一番；而为配合政府收支分类改革，财政部又于 2007 年下发通知，要求在“财政补助收入”科目下的“基本支出”和“项目支出”下按《政府收支分类科目》中支出功能分类科目的“项”级科目设置明细账，在“事业支出”下的“基本支出”和“项目支出”按《政府收支分类科目》中支出经济分类科目的“款”级科目设置明细账，由此使得“事业支出”下的明细科目数量又再次翻番。在“明细核算科目化”这一传统会计思维模式的主导下，虽说行政、事业单位的会计科目级次和会计科目数量在不断地增加，但将不同分类标识相互混杂（如收入类科目按支出功能分类所进行的明细科目设置）的做法，却不仅在理论上使人对会计要素概念出现了认知混乱，而且在实务上也总让人在面对日益增长

的多元化会计需求时感到力不从心。

随着以计算机、数据库、网络通信为代表的现代信息技术的产生及其在会计领域中的应用,以会计科目为分类标识、以"有借必有贷、借贷必相等"为记录规则、以"凭证—账簿—报表"为数据处理流程的传统复式会计范式,正经受着前所未有的挑战,其中来自会计元数据组织方面的理论和实务创新,就对传统会计范式下的明细核算形式产生了变革性冲击。为满足数据多重分类、汇总需要,电算化会计系统多通过开发"往来核算""个人核算""部门核算""项目核算"以及可由用户"自定义"的诸多辅助核算功能,以实现会计主分类与不同形式的会计次分类的分离,从而将明细核算的组织形式,从增设明细科目转化为增设辅助核算项目。尽管现行的电算化会计系统依然将会计次分类定位于辅助核算,并且因受传统会计处理习惯的影响而总是要与相关的会计科目进行捆绑,但基于关系型数据库技术所进行的凭证数据库文件设计,却是将这些不同分类标识看作是各自相对独立的分类字段。如就"项目核算"功能的开发而言,就是通过在凭证数据表文件中增设一个与"会计科目代码"并行的"项目代码"字段,并以该字段为索引与描述项目属性的"项目数据表"文件进行关联。这一技术处理使得用户既可通过增设明细科目以满足管理上的多维视角,又可针对不同会计科目设置不同的辅助核算项目以应对管理上的多元化需求。当大量的明细核算从明细科目转化为辅助核算项目之后,会计主分类应有的稳定性与会计次分类所需的灵活性就可进行优势互补。如就"项目核算"在高校会计实务的应用而言,当把"科研事业支出"下用以标明不同科研项目的明细科目转化为"项目核算"中的一个个项目记录后,系统维护就会由每次增加或删除一组会计科目转化为仅仅增加或删除一条项目记录;而当把"教育事业支出""科研事业支出"等支出科目下的"基本支出"与"项目支出","财政补助支出""非财政补助支出"与"其他资金支出","财政直接支付""财政授权支付"与"非国库支付"等,分别视作是"项目"的不同属性值并随“项目代码”直接转存于凭证数据库文件之中，系统运行效率将会因凭证输入工作量的急剧减少而大为提高。基于信息技术应用的明细核算形式的这种变迁及其所展现出的独特优势，无疑可为我们进一步完善系统功能并借以优化账务系统设置提供一条新的思路。

四、“项目核算”在高校会计实务中的应用现状及原因分析

日常运行经费的切块管理，各类专项经费的专门下达，以及“经费本”的广泛使用，使高校实务中的几乎所有经费最终都将以“项目”的形式呈现在会计人员面前，并使“项目核算”功能在高校实务中有着更为广泛的应用。然而从实际情况来看，项目过度细化。这与项目核算相关的数据重复分类和项目受控科目定义不完整等方面的系统设置缺陷，不仅使“项目核算”功能所具有的优化账务系统设置的功效未能得到充分的发挥，而且不恰当的账务系统设置在事实上还为实务工作带来了诸多不便：(1)项目过度细化是指将本应归并管理的项目不适当地进行了细化。如将人事部门统一管理的“在职人员工资及福利费”细化为“在职人员基本工资”“在职人员福利费”“在职人员津补贴”和“在职人员绩效工资”等，就是项目过度细化的典型例子。项目过度细化不仅会增加项目的数量进而浪费系统的编码资源，而且还可能因要对大量的“碎片化”明细数据进行加总而影响系统运行效率。(2)与项目核算相关的数据重复分类。其主要有两种形式：一是项目与部门的重复分类，二是项目与科目的重复分类。如“日常办公费”“本科教学业务费”等需要在部门层面上分解的经费项目，常会出现前一种形式的数据重复分类；而与特定科目相关联且无其他核算需求的项目，则会出现后一种形式的数据重复分类。在电算化会计系统中，无论是会计科目，还是核算项目，抑或是责任部门等，均可作为明细核算的分类标识，但若将同一明细核算要求按两种以上方式分别进行组织，就会

出现应用上的重复分类。如就前文提及的“日常办公费”而言，既然分属于各部门的“日常办公费”完全可通过“部门码＋项目码”中的“部门码”予以识别并可按“部门＋项目”检索到各部门的耗费情况，那么将“日常办公费”按部门分解为多个“子项目”就无异于画蛇添足；再就“专用基金”的核算而言，既然会计科目中已按“职工福利基金”和“学生奖助基金”设置了明细科目，并且这两类基金并无其他明细核算需要，那么分别为其对应科目设置同名“项目”也就没有任何意义(若是基于空值占位需要，可合并设置一个“专用基金”项目)。(3)项目受控科目定义不完备。这是指未能针对不同项目限定相应的核算科目或所限定的核算科目不够完备。准确、完备的科目定义不仅能够避免会计科目的误用，而且还能全面揭示各类项目经费的来龙去脉。然而，由于缺乏对受控科目定义在错账防范方面所能发挥作用的理解进而未能对相关支出科目作出限定，实务中也就经常出现“科研类项目”误用“教学事业支出”，“教学类项目”误用“科研事业支出”之类的“错配”会计处理；而受“项目科目化”思维模式的影响，实务中更是鲜有将“银行存款”“零余额账户用款额度”等现金类科目定义为相关项目(尤其是需要单独报账的国库类项目)的受控科目以全面揭示项目资金的来龙去脉和收支结余。仅从上面几个方面就不难看出，“项目核算”功能在优化账务系统设置、提高会计工作效率等方面的作用还未得到充分的发挥。

导致“项目核算”应用水平不高、高校账务系统缺乏科学性的最直接原因，应归咎于相关会计规范对明细核算组织形式所作的明确但缺乏科学的规定。虽说会计信息化事业在我国已经取得了长足发展，但通过增设明细科目以满足多元化管理需要的传统会计思维模式却始终未能在制度层面上有所超越。仅就新制度有关收入、支出类科目的设置而言，“本科目应当按照‘基本支出’和‘项目支出’，‘财政补助支出’‘非财政补助支出’和‘其他资金支出’等层级进行核算，并按照《政府收支分类科目》中‘支出功能分类’相关科目进行明细核算；‘基本支出’和‘项目支出’明细科目下应当按照《政府收支分类科目》中‘支出经济分类’的款级科目进行明细核算；同时在‘项目支出’明细科目下按照具体项目进行明细核算”。这一囊括之前所有明细核算要求的规定（该规定还出现在中小学、行政单位、事业单位和医院等分行业会计制度中）不仅在“教育事业支出”“科研事业支出”“行政管理支出”和“后勤保障支出”等支出类科目的说明中重复出现，而且类似的表述还出现在“财政补助收入”科目的说明中。按此规定，高校仅核算前四类支出就至少需要设置六级两千余[4＋4×2＋4×2×3＋4×2×3×2＋4×2×3×2×(3＋8＋17＋14)]会计科目。其中，二级科目的“基本支出”和“项目支出”将重复4次，三级科目的“财政补助支出”“非财政专项资金支出”和“其他资金支出”将重复4×2共8次，四级科目的“教学”和“科学技术”将重复4×2×3共24次，五级的“工资福利支出”“商品和服务支出”和“对个人和家庭的补助支出”及其下至少39个六级科目（按支出经济分类“款”级科目所设置的明细科目）将重复4×2×3×2共48次。制度所具有的强制性，必将对会计实务操作和会计系统开发产生直接影响，高校账务系统中的科目级次和科目数量之所以会以惊人的速度增加，正是“明细核算科目化”思维的直接结果，并且也正是由于这一传统思维模式在会计理论研究、会计规范制定和会计实务操作中占据着主导地位，基于信息技术应用的诸多会计创新才未得到应有的关注，财务软件中的“项目核算”还存在诸多功能缺陷。

五、“项目核算”功能完善与高校账务系统优化的基本思路

从满足高校会计核算需要并借以优化账务系统设置来看，受传统会计思维和手工会计处理习惯影响下的“项目核算”功能还存在不同程度的缺陷，其中尤以项目字段独立性、项目代码分级性和项目属性完备性三个方面的缺陷最为显著。(1)就项目字段的独立性而言，由于分权管理模式下的“项目”与“部门”之间总存在一定的对应关

系，所以高校所用的财务软件便出现了将“项目”与“部门”进行捆绑的情形。这样的系统开发思路使得系统设置时每增加一个项目就必须事先设定该项目的所属部门。然而在高校会计实务中，“部门”与“项目”之间并不总是呈现为严格的“一对一”关系，诸如前文述及的“日常办公费”“本科教学业务费”等基本预算经费，就同时涉及经费管理和经费使用两个部门，而科研类项目则会出现同一部门内部多个成员共同承担同一课题的情形。对于前一类项目来说，如将“管理部门”与“项目”进行捆绑，各使用部门将难以实时了解所支配经费的实际开支和结余情况；如将“使用部门”与“项目”进行捆绑（实际上是把“管理部门”与“项目”之间的“一对一”关系转化成了多个“使用部门”与“项目”之间的“一对一”关系），管理部门则难以从总体上把握预算经费的执行进度。而对于后一类项目来说，如果不将项目人为地分解成若干“子项目”并分别与项目成员的所在部门进行对应（这种处理的实质是将“部门成员”与“项目”之间的“多对一”关系转化成了“部门”与以成员为标识的多个“子项目”的“一对一”关系），系统将难以在“子项目”层面上对项目进行核算和控制。然而这种处理方法却会带来另一个问题，也就是当要在“项目”层面上进行专题报告时，就必须先获得“子项目”的数据然后逐一进行相加。这显然会增加数据处理的工作量。如果我们把项目字段开发成一个独立字段并可由系统按照“项目＋部门”或“项目＋个人”自动生成“子项目”，那么不仅项目设置时无需事先定义该项目的责任部门，而且具有选择性的“子项目”产生方式和灵活多样的报表取数公式，还可在确保汇总数据得以实时提供的前提下解决不同类型经费的核算与控制问题。(2)就项目代码的分级性而言，由于项目多为一次性任务并且“子项目”也常常被视作一个个独立的“项目”进行核算与控制，因而财务软件多将项目局限于整体意义上的“项目”而未能考虑项目的分解以及与之相关的项目分级取数问题。项目代码分级性的这种缺失，必将增加报表定义和系统维护的工作量。如就前文述及的“本科教学业务费”而言，如果出于分权管理需要按院系对其进行分解，那么该“项目”及其所属“子项目”的代码即使进行了分级设置，系统也是将它们看作是相互独立、并行运作的多个“项目”而非存在统驭关系的“项目”和“子项目”，从而无法通过定义上级代码获得“项目”层面的汇总数据。这一缺陷同样会增加数据处理及系统维护的工作量。(3)就项目属性的完备性而言，由于通常意义上的“项目”多指“工程项目”而非涵盖项目化管理载体的广义“项目”，所以财务软件中的“项目核算”功能多基于工程项目管理需要，将项目数据表文件中的字段局限于项目代码、项目名称、项目负责人、开工日期、完工日期、收支科目、预算金额等项目属性而未能考虑行政、事业单位等长期性组织中的“项目化”管理实践以及与之相关的预算管理需求，从而使得“项目核算”功能还难以满足我国行政、事业单位的会计核算与预算管理需要。

通过确立“项目”的会计主体地位并从以上几个方面对“项目核算”功能进行完善之后，我们便可按照下述思路进行账务系统设置：即将《新制度》所要求的收入、支出类科目中与预算管理相关的会计次分类，转化为项目的不同属性并从会计科目体系中移出，以减少科目级次和科目数量；同时，根据管理上的不同需要进行项目及其属性设置，以简化系统维护并提高系统运行效率。鉴于篇幅所限，这里仅讨论高校支出科目和核算项目的设置。(1)就支出科目的设置而言，可把“教育事业支出”“科研事业支出”“行政管理支出”“后勤保障支出”和“离退休支出”归并为“事业支出”，并将标识预算类型的“基本”和“项目”、标识资金性质的“财政补助资金”“财政专项资金”和“其他资金”、标识支出功能的“教育”和“科学技术”等诸多会计次分类，均作为“项目”的不同核算属性从相关会计科目中移出。这样，前文述及的至少六级2000余个支出科目就可锐减至三级不到50个(1＋3＋39)会计科目，即只需设置一个“事业支出”科目，并在其下按支出经济分类的“类”级科目设置3个二级科目、按"款"级科目设置39个三级科目。(2)就项目的设置而言,凡资金性质、预算类型、支出用途和支出功能分类等会计次分类属性明确的项目,均应设置为独立的项目并对其核算属性进行完备定义,以使系统根据项目代码直接将有关会计次分类标识值转存于凭证数据库文件中;凡需按部门、支出用途等会计次分类进行信息采集而无需在"子项目"层面进行控制的项目,可将相关的核算属性进行合并(合并后的项目属性可定义为"通用"标识并在凭证制作时另作修改),以减少项目的数量;凡需按部门、个人等次级会计分类进行控制的项目,可按"项目+部门"或"项目+个人"衍生出"子项目",以解决项目层面上的汇总取数与子项目层面上的预算控制的兼容问题。

六、研究结论与政策建议

本课题以我国公共部门会计改革为背景,以提高会计系统运行效率为目标,结合长期性组织的项目化管理实践,通过确立"项目"的会计主体地位并赋予项目更多的核算属性,提出了完善"项目核算"功能并借以优化高校账务系统设置的基本思路(较为详尽的说明见文后附录),从而使高校的账务系统设置必将因会计科目级次和科目数量的急剧减少而大为优化,使会计系统的运行效率因输入和维护工作量的显著减少而大为提高。

虽说本文着眼于解决高校账务系统的优化问题,但其结论完全可应用于中小学、公立医院和行政单位等各级、各类预算单位。在信息技术飞速发展的今天,制约会计发展的是传统会计范式及其与之相关的会计思维模式对人们思想的禁锢而非会计技术手段的落后。对此,建议有关部门组织力量对现代信息技术条件下的会计元数据组织方式进行系统研究,并通过重构会计范式以指导会计系统开发和会计规范完善,进一步提高我国公共部门会计信息化应用水平并推动我国公共部门会计改革。

参考文献

[1]吴建华.新高等学校会计实务[M].济南:山东大学出版社,2014

[2]中华人民共和国财政部.高等学校会计制度2014[M].北京:经济科学出版社,2013

[3]教育部财务司.教育部直属高等学校会计核算手册(试行)[S].2014

[4]钞天虎.事业单位会计制度若干问题思考[J].财会通讯,2013(11)

[5]钞天虎,邢福治.财务软件"项目核算"功能的开发应用[J].中国管理信息化,2009(17)

附　录

基于"项目核算"应用的高校账务系统设置及其会计处理

一、基于"项目核算"应用的高校账务系统设置

会计信息化条件下的账务系统设置,包括会计科目设置、部门信息设置、个人信息设置和项目信息设置等方面,下面仅就与高校账务系统优化相关的上述四个方面加以说明。

1.会计科目及其代码设置

会计科目是会计系统中最基本的分类标识。科学的会计科目设置,应能在兼顾对外报告和对内管理的前提下,尽可能地减少会计科目级次和会计科目数量,并通过缩短会计科目代码长度,简化会计报表定义并提高系统运行效率。为此,高等学校可采用"3-2-2-2"结构的科目代码编码方案。之所以选择将一级科目代码的长度限定为3

位而非新会计制度中的 4 位，原因在于仅按三位编码就能得到 999 个一级科目。这一数目相对于高校会计实务而言可谓是绰绰有余。因为新会计制度所列出的一级科目总数仅有 54 个。就一级会计科目设置而言，除了应当按照正文的思路将新制度中的“教育事业支出”“科研事业支出”“行政管理支出”和“后勤保障支出”合并为“事业支出”之外，考虑到“收入型”项目和“支出型”项目的融合需要，还应增设“预算统筹”和“预算分配”这两个反映资金归集和预算分配的会计科目；而为解决源于项目代码、预算类型、责任部门等会计次分类误用所引发的错账更正问题，还应设置“会计调整”这一调账科目。在对一级会计科目进行编码时，首位数字应能标识会计科目的类别，如用“1”标识资产类，“2”标识负债类，“3”标识净资产类，“4”标识收入类，“5”标识支出类，“6”标识预算类，“9”标识会计调整类，等等。这样，高等学校便可参照下表进行会计科目及其代码设置。

高校会计科目及代码设置表

序号	科目代码	科目名称	科目性质	项目核算	说明
1	101	库存现金	资产类	是	
2	10101	基本现金	资产类	是	分校区核算时可按校区设明细科目
	10102	垫付国库	资产类	是	先垫付后补库
	102	银行存款	资产类	是	按开户行、账户设明细科目
	10201	市南中行		是	
	…				
	103	国库额度	资产类	是	取代“零余额账户用款额度”
	10301	本年额度	资产类	是	
	10302	上年返还	资产类	是	
	…				

续表

序号	科目代码	科目名称	科目性质	项目核算	说明
	202	应缴财政款	负债类		
	…				
	301	事业基金净资产类			
	…				
	304	财政补助结余			
	305	事业结余			
	…				
	401	财政补助收入	收入类	是	
	402	教育事业收入	收入类	是	
	403	科研事业收入	收入类	是	
	…				
	501	事业支出	是		
	50101	工资福利费	支出类	是	
	5010101	基本工资	支出类	是	
	5010102	福利费	支出类	是	
	5010103	绩效奖励	支出类	是	
	50102	商品服务费	支出类	是	
	5010201	办公费	支出类	是	
	…				
	5010211	差旅费	支出类	是	
	5010222	劳务费	支出类	是	
	50103	对个人家庭补助	是		

续表

序号	科目代码	科目名称	科目性质	项目核算	说明
	…				
	50199	支出结转	是	按项目汇总结转	
	601	预算统筹	预算类	是	
	602	预算分配	预算类	是	
	999	会计调整	调整类	是	

注:有关往来核算、部门核算、个人核算等辅助核算的定义从略。

2.部门及其代码设置

作为账务系统中的一项基础信息,部门信息可用以明确经费的管理和使用责任。考虑到各部门性质不同、担负责任各异,并且一些职能部门还可能将某些经费的管理权限下放到科室、系所,所以高等学校可采用"3-2"结构的部门代码设置方案,其中无下级机构的部门代码长度为3,各部门所属科室、各学院所属系所的部门代码长度为5。在对部门进行编码时,首位数码应能对其性质进行标识,如用"1"代表行政管理部门、"2"代表直属机构、"3"代表院系、"4"代表独立于院系的研究院所、"5"代表后勤服务等;在对部门所属科室、学院所属系所等三级单位进行编码时,为与部门负责人编码进行协调并缩短其代码长度,5位部门编码中的第四位应全部用"0"占位,而末位编码超过"9"时则用英文字母按顺序依次编码。鉴于对有些业务的会计处理不涉及部门信息的采集,而某些可能涉及多个部门的经费项目可在凭证制作时对其部门信息再作明确(这样可显著减少"项目"的数量),所以部门代码中应在相应层级上用"00"标识具有空值占位或过渡性质的"通用"部门,如用"100"标识"校级通用",用"15000"标识"管理学院通用"等。这样,高等学校可参照下表进行部门及其代码设置。

高校部门及代码设置表

序号	部门代码	部门名称	部门性质	负责人	说明
1	100	校级通用	空值占位		末级代码
2	101	校办公室	行政管理		末级代码
	…				
	131	图书馆	直属机构	末级代码	
	…				
	150	管理学院	教学管理	非末级代码	
	15000	管理学院通用	空值占位	末级代码	
	15001	管理学院办公室	教学管理	末级代码	
	15002	管理学院会计系	教学管理	末级代码	
	15003	管理学院管理系	教学管理	末级代码	
	…				

3.个人及其代码设置

考虑到某些组织成员既可能以“负责人”的角色出现也可能仅代表其本人，所以系统中的个人应依其性质区分为“组织成员”和“负责人”两大类别。由于系统中的个人在性质上有所不同、负责人有层级和位次之分、组织成员有入校先后之别，所以个人代码可采用不同结构但总长度为6的代码设置方案。具体而言，作为“负责人”的校级领导可采用“10000＋1位顺序码”的编码方案，处室和学院负责人可采用“10＋3位部门码＋1位顺序码”的编码方案，部门所属科室、学院所属系所负责人可采用“1＋4位部门码(去掉5位部门码中第四位的‘0’)＋1位顺序码”的编码方案；而对于组织成员来说，则可采用“2＋2位入校年份码＋3位顺序码”的编码方案。这样，高等学校可参照下表进行个人及其代码设置。

高校个人及代码设置表

序号	人员代码	人员名称	所属部门	入职年月	身份证号	预留签名	工资账号	说明
1	100001	校长	校级领导	2014.10				
	……							
	101012	校办公室第一副主任	校办公室					
	……							
	101501	管理学院院长	管理学院					
	115011	管院办公室主任	管理学院					
	115021	会计系主任	管理学院					
	115022	会计系第一副主任	管理学院					副职末位顺序编码
	……							
	208001	张三	财务处	2008.1				2008 年首位入校
	……							
	213088	李四	科技处	2013.6				2013 年第 88 位
	……							

4.项目代码设置

针对高校实务中经费项目种类繁多、各类别项目数量多少各异等特点，项目代码可采用"3-2-2"总长度不超过 7 位的编码方案，并用前三位分段标识项目类别。如用"101-199"标识财政拨款性质的基本运行费(其中后两位 01-99 按工资福利费、日常办公费、实验实习费、实验室建设费等依次设置)，用"201-299"标识非财政拨款性质的基本运行费(比照"101-199"进行项目类别设置)，用"301-399"标识纵向科研专项(其中后两位 01-99 按"973"、"863"、国际合作等项目大类依次设置)，用"401-499"标识横向科研专项(其中后两位 01-99 按年份顺序依次设置),用“501-599”标识非科研类专项项目,用“601—699”标识各类统筹收入等。为将“收入型”项目与“支出型”项目进行关联并解决相关科目的“空值”占位问题,还应设置“财政拨款与分配”“经费自筹与分配”和“空值占位”三个过渡性项目,并在其下按“教学”“科研”等设置明细项目。在进行明细代码设置时,基本运行费中的日常办公费、实验实习费、实验室建设费等需要按部门进行控制的项目,其第二、第三级代码可按部门及所属职能科室、系所进行顺序编码(若仅需按部门采集核算信息而无需按部门进行经费控制,则无需按部门设置子项目,此时应将项目的责任部门设置为“通用”并在凭证制作时再作明确);纵向科研经费项目及所属子项目可按课题及子课题顺序依次编码;横向科研经费项目可将后四位视为一级并按课题项目进行顺序编码。另外,对于那些需要进一步细分的项目来说,还应在相应明细层级上设置一些过渡性“项目”并用“00”进行标识,如用“10200”标识“基本运行日常业务费待分”、用“1025000”标识“管理学院基本运行日常业务费待分”等。这样,高等学校可参照下表进行项目及其代码设置。

高校项目及代码设置表

序号	项目代码	项目名称	责任部门	部门角色	项目类型	说明
1	101	基本运行人员费				非末级代码
2	10100	基本运行人员费待分	人事处	经费分配	过渡	
	102	基本运行日常业务费				可不按部门设明细项目
	10200	基本运行日常业务费待分	财务处	经费分配	过渡	
	10201	基本运行日常业务费—办公室	办公室	经费使用	行政	
	10202	基本运行日常业务费—人事处	人事处	经费使用	行政	

续表

序号	项目代码	项目名称	责任部门	部门角色	项目类型	说明
	10203	基本运行日常业务费一财务处	财务处	经费使用	行政	
	…					
	10250	管理学院基本运行业务费				
	1025000	管理学院日常业务费待分	管理学院	经费分配	过渡	
	1025001	管理学院办公室日常业务费	管院办	经费使用	教学	
	1025002	管理学院会计系日常业务费	会计系	经费使用	教学	负责人“王五”
	1025003	管理学院管理系日常业务费	管理系	经费使用	教学	
	…					
	103	基本运行实验室建设费				可不按院系设明细项目
	1035002	会计模拟教学实验室建设费	管理学院	经费使用	教学	
	301	“973”科研专项				
	30101	××××研究				非末级
	3010100	××××研究通用	科研处	经费分配	过渡	
	3010101	××××研究子课题 1	工程学院	经费使用	科研	
	3010102	××××研究子课题 2	环境学院	经费使用	科研	
	…					
	415	横向科研专项				
	4150001	×××研究	化工学院	经费使用	科研	2015 年第一立项课题
	…					
	601	自筹收入				

续表

序号	项目代码	项目名称	责任部门	部门角色	项目类型	说明
	60101	办班收入				非末级
	6010101	2015 年《中职考试》培训班	会计系	经费收支	教学	
	…					
	997	财政拨款与分配	财务处	经费核算	通用	
	99701	教学经费财政拨款与分配	财务处	经费管理	通用	
	99702	科研经费财政拨款与分配	科研处	经费管理	通用	
	998	经费自筹与分配	财务处	经费核算	通用	
	99801	教学经费自筹与分配	财务处	经费管理	通用	
	99802	科研经费自筹与分配	科研处	经费管理	通用	
	999	空值占位	通用	通用	通用	

注:有关预算类型、资金性质、国库代码、受控科目、额度控制等预算管理属性的定义从略。

二、基于"项目核算"应用的高校会计处理

基于前文的会计系统设置,下面分别就基本财政拨款、科研经费拨款和学校自筹经费收支等三类典型业务,说明借助"项目核算"功能优化账务系统设置之后的会计处理。

(一)基本运行费的会计处理

1.收国库授权支付方式下的基本运行经费用款额度

借:国库额度(999/空值占位/〈国库码 1-2050205 高等教育〉)

　　贷:财政补助收入(99701/教学经费财政拨款与分配)

2.收非国库支付方式的基本运行经费财政拨款

借:银行存款(999/空值占位)

　　贷:财政补助收入(99701/教学经费财政拨款与分配)

3.基本运行费校内分配

借:预算分配(99701/教学经费财政拨款与分配)

贷:预算分配(10100/基本运行人员费待分)

预算分配(10200/基本运行日常业务费待分)

预算分配(10300/基本运行实验实习费待分)

预算分配(10400/基本运行实验室运行费待分)

4.校级基本运行日常业务费预算下达

借:预算分配(10200/基本运行日常业务费待分)

贷:预算分配(10201/基本运行日常业务费—办公室)

预算分配(10202/基本运行日常业务费—财务处)

预算分配(1025000/基本运行日常业务费—管理学院)

5.管理学院基本运行日常业务费预算下达

借:预算分配(1025000/基本运行日常业务费—管理学院)

贷:预算分配(1025001/管理学院办公室日常业务费)

预算分配(1025002/管理学院会计系日常业务费)

预算分配(1025003/管理学院管理系日常业务费)

6.管理学院会计系报销办公用品购置费(国库现金支付)

借:事业支出—商品服务支出—办公费(1025002/管院会计系日常运行费)

贷:库存现金—垫付国库/(999/空值占位/〈国库码 1-2050205 高等教育〉)

说明:该支出按预算性质分类所属的"基本支出"、按资金来源分类所属的"财政资金"、按支出功能分类所属的"教学支出"、按经费使用部门分类所属的"管理学院会计系"以及项目负责人"王五"、国库代码"2050205"等项目属性值,将随项目代码"1025002"直接转记入凭证数据库文件中以满足相关会计报表的取数需要。

7.垫付国库提现补库

借:库存现金—垫付国库(999/空值占位/〈国库码 1-2050205 高等教育〉)

贷:国库额度—本年额度(999/空值占位/〈国库码 1-2050205

高等教育〉)

8.会计模拟教学实验室负责人借仪器设备购置预付款

借:预付账款—设备款(1035002/会计模拟教学实验室建设)

贷:国库额度—本年额度/(999/空值占位/〈国库码 1-2050205 高等教育〉)

9.会计模拟教学实验室负责人报仪器设备购置费并预扣质保金

借:事业支出—其他资本支出—专用设备购置(1035002/会计模拟教学实验室建设)

贷:预付账款—设备款(1035002/会计模拟教学实验室建设)

其他应付款—质保金(1035002/会计模拟教学实验室建设)国库额度—本年额度(999/空值占位/〈国库码 1-2050205 高等教育〉)

借:固定资产

贷:非流动资产基金—固定资产

借:银行存款(999/空值占位)

贷:国库额度—本年额度(999/空值占位/〈国库码 1-2050205 高等教育〉)

说明:为解决预算单位因质保金延期支付所出现的预算执行进度与国库资金支付进度的不同步问题,应按第三笔分录将延迟支付的质保金由国库支付转为非国库支付。

10.会计模拟教学实验室负责人支付上年购置设备已预扣的质保金

借:其他应付款—质保金(1035002/会计模拟教学实验室建设)

贷:银行存款(999/空值占位)

11.期末收入结转

借:财政补助收入(99701/教学经费拨款与分配)

贷:财政补助结转(99701/教学经费拨款与分配)

12.期末支出结转

借:财政补助结转(99701/教学经费拨款与分配)

贷:事业支出—支出结转(99701/教学经费拨款与分配)

(二)科研专项经费的会计处理

1.收非同级财政、非国库科研经费拨款

借:银行存款(99702/科研经费财政拨款与分配)

　　贷:科研事业收入(99702/科研经费财政拨款与分配)

2.科研经费校内分配

借:预算分配(99702/科研经费财政拨款与分配)

　　贷:预算分配(3010100/×××研究通用)

　　　　预算分配(3010102/×××研究子课题1)

　　　　预算分配(3010102/×××研究子课题2)

借:银行存款(3010101/×××研究子课题1)

　　银行存款(3010102/×××研究子课题2)

　　贷:银行存款(99702/科研经费财政拨款与分配)

说明:"3010100/XXX研究通用"的核算内容为应计提的项目管理费,在课题层面而非子课题层面计提项目管理费,可简化凭证处理工作量;将"库存现金"和"银行存款"科目设置为按课题项目进行项目核算后,依据"会计科目+核算项目"这一检索条件便可实时获得基于收付实现制确认基础的项目结余,从而可避免因预付款业务在销账前不能列作支出所出现"虚"结余问题。需要注意的是,银行对账时应事先剔除该笔分录的影响。

3.计提科研管理费

借:事业支出—商品服务支出—其他支出(3010100/×××研究通用)

　　贷:事业基金—科研管理费(99802/科研经费自筹与分配)

说明:如果该课题采用国库授权支付,在作上笔分录的同时还应作下述调账分录,将该部分资金的支付方式由国库支付转为非国库支付。

借:银行存款(999/空值占位)

　　贷:国库额度(999/空值占位/〈国库码……〉)

4.××××课题子项目1负责人使用科研经费购试剂

借:事业支出—商品服务支出—专用材料(3010101/×××研究

子课题1)

贷:银行存款(3010101/×××研究子课题1)

说明:该支出按预算性质分类所属的“项目支出”、按资金来源分类所属的“财政资金”、按支出功能分类所属的“科研支出”、按经费使用部门分类所属的“工程学院”以及项目负责人等项目属性值,将随项目代码“3010101”直接转记入凭证数据库文件中,以满足相关报表的取数需要。

5.××××课题子项目2使用科研经费报销差旅费(现金支付)

借:事业支出—商品服务支出—差旅费(3010102/×××研究子课题2)

贷:库存现金—基本现金(3010102/×××研究子课题2)

说明:将“银行存款”和“库存现金”等现金类科目定义为项目辅助核算后,项目余额就可通过“现金类科目+项目代码”这一检索条件实时得出。值得注意的是,因从银行提现时无法明确相关的项目码(业务处理时应进行空值补位),且事后补记项目码的工作量又不胜其烦,因而项目的余额应按对应银行存款科目的借方余额与库存现金科目的贷方余额计算得出。

6.期末支出结转

借:非财政补助结转(3010101/×××研究子课题1)

非财政补助结转(3010102/×××研究子课题2)

贷:事业支出—支出结转(3010101/×××研究子课题1)

事业支出—支出结转(3010102/×××研究子课题2)

说明:相对于按“事业支出”各明细科目所进行的支出结转而言,专设“事业支出—支出结转”这一会计科目并以项目为单位按汇总数进行结转,可极大地减少不必要的数据记录。

7.期末收入结转

借:科研事业收入(99702/科研经费财政拨款与分配)

贷:非财政补助结转(3010101/×××研究子课题1)

非财政补助结转(3010102/×××研究子课题2)

(三)校内统筹资金收付的会计处理

1.收管理学院2015年中职考试培训费

借:银行存款(999/空值占位)

贷:教育事业收入(6010101/2015年中职考试培训班)

2.管理学院2015年中职考试培训班培训收入校内分配

借:预算统筹(6010101/2015年中职考试培训班)

贷:预算统筹(99801/教学经费自筹与分配)

3.管理学院2015年中职考试培训班班主任张三报外聘专家讲课费

借:事业支出—商品服务支出—劳务费(6010101/2015年中职考试培训班)

贷:银行存款(999/空值占位)

4.用自筹经费安排绩效奖励经费

借:预算分配(99801/教学经费自筹与分配)

贷:预算分配(20101/基本运行在职人员工资福利费)

5.发放各单位绩效奖

借:事业支出—工资福利费—绩效奖励(20101/在职人员工资福利费/教学)

事业支出—工资福利费—绩效奖励(20101/在职人员工资福利费/科研)

事业支出—工资福利费—绩效奖励(20101/在职人员工资福利费/行政)

事业支出—工资福利费—绩效奖励(20101/在职人员工资福利费/后勤)

贷:银行存款(999/空值占位)

说明:该支出按预算性质分类所属的“基本支出”、按资金来源分类所属的“其他资金”等,将随项目代码“20101”直接转记入凭证数据库文件中;随项目代码转记的支出功能分类中的“通用”,需按人员性质修改为“教学”“科研”“行政”和“后勤”等。

6. 期末办班收入结转

借:教育事业收入(6010101/2015 年中职考试培训班)

贷:事业结余—基本结余(6010101/2015 年《中职考试》培训班)

7. 期末办班支出结余

借:事业结余—基本结余(6010101/2015 年《中职考试》培训班)

贷:事业支出—支出结转(6010101/2015 年《中职考试》培训班)

8. 期末统筹支出结余

借:事业结余—基本结余(99801/教学经费自筹与分配)

贷:事业支出—支出结转(20101/基本运行在职人员工资福利费)

(作者单位:中国海洋大学)

新高校会计制度实施若干问题研究

袁徽鹏

2013 年 12 月 30 日，财政部印发新《高等学校会计制度》(财会[2013]30 号)(以下简称“新高校会计制度”)，自 2014 年 1 月 1 日起施行。为了确保新旧制度顺利衔接、平稳过渡，促进新制度有效贯彻实施，2014 年 1 月 23 日，财政部制定了《新旧高等学校会计制度有关衔接问题的处理规定》，对高等学校执行新制度的有关问题作了规定。但是，新制度从发布到实施时间短，实施过程中需要做的准备工作多，实施难度大，本文对此作如下探讨。

一、新高校会计制度变革的动因分析

实施新会计制度，不是简单的新旧会计科目转换，新制度的最大变化是重新界定了会计主体和报告主体，两个主体都较以前的定义有所扩大，因此新制度所使用的科目增加了，报表也发生了很大变化。要全面贯彻实行新会计制度，必须深入了解其变革的动因和背景，分析比较发生的变化。

(一)新会计制度制定依据发生重大改变，需要从多个维度反映会计信息

《高等学校会计制度(试行)》(财预字[1998]105 号)制定的依据主要是 1997 年颁布的《事业单位会计准则(试行)》，新高校会计制度

制定的直接依据包括《中华人民共和国会计法》《事业单位会计准则》(财政部令第72号)和《高等学校财务制度》(财教[2012]488号),间接依据还包括《中华人民共和国预算法》和《事业单位财务规则》(财政部令第68号)。《中华人民共和国会计法》1999年进行修订,《事业单位会计准则》《高等学校财务制度》和《事业单位财务规则》2012年进行修订,《中华人民共和国预算法》于2014年修订完成,新高校会计制度依据修订后的法律、法规制定,特别是充分体现了新版《预算法》的要求,具有前瞻性和先进性。为了完全遵循新版《预算法》,必须对高校经济业务或者事项进行多维核算,比如在核算"教育事业支出"时,要求按照"基本支出"和"项目支出","财政补助支出""非财政专项资金支出"和"其他资金支出"等层级进行明细核算,并按照《政府收支分类科目》中"支出功能分类"相关科目进行明细核算;"基本支出"和"项目支出"明细科目下应当按照《政府收支分类科目》中"支出经济分类"的款级科目进行明细核算;同时在"项目支出"明细科目下按照具体项目进行明细核算。这种制度规定,为从多个维度全面反映高校会计信息提供了保障。

(二)高校经济业务迅速发展,会计信息的使用者和需要提供的会计信息发展重大改变

一是债权人的地位发生变化,需要全面揭示高校负债风险的信息。过去十几年,高校基建投资高速增长,高校债务成为学校财务的最大风险点。以山东省为例,2009年省属高校贷款余额超过150亿元,同时还有部分教职工集资和委托贷款等隐形债务。根据原高校会计制度,基本建设投资不在学校"大账"核算,高校资产负债表中不反映"在建工程"金额,同时部分债务也不在学校报表中体现,要全面了解高校财务状况和收支情况,必须阅读多张报表,主要包括按照《高等学校会计制度(试行)》编报的资产负债表和收入支出表,按照《国有建设单位会计制度》编制的资金平衡表和基建投资表。上述报表格式和核算基础不同,导致报表不易理解,学校投资和负债信息分散在多张报表中,不利于进行财务分析,报表体系复杂,编报依据不同,不仅无法充分揭示财务风险,反而可能成为掩饰债务,粉饰报表

的手段。因此新高校会计制度规定:高等学校的基本建设投资应当按照国家有关规定单独建账、单独核算,同时按照本制度的规定至少按月并入本学校“大账”。按照这一规定编制的会计报表,可以全面揭示高校建设和负债情况,方便债权人进行风险分析。

二是其他信息使用者需要更高质量的会计信息。目前高校都建立两级甚至多级办学模式,校内预算不断加强,同时高校积极开展社会服务活动,其他收入增加。高校管理模式的转变,要求开展部门、项目核算,对内提供更加翔实的会计信息;内部独立核算单位的会计信息也要求纳入学校财务报表中反映,实现多套账一张表的模式;财政部门需要单独反映其投入资金使用情况信息。此外,根据《高等学校财务规则》关于成本费用管理的规定,新高校会计制度创新性地提出了双分录会计处理模式,对固定资产、在建工程和无形资产进行核算,同时对固定资产提折旧、无形资产提摊销,为成本核算奠定基础。高等教育事业越发达,会计越重要,合理解释受托责任和提供决策有用信息变得同等重要。

(三)新高校会计制度是财政改革的需要,同时会计制度的实施对预算改革起到积极推动作用

为了提高财政资金使用效率,避免多头重复开设银行账户,2000年以后国家开始试点实行国库集中支付制度。国库集中支付制度是国库集中收付制度的重要组成部分,它作为政府支出管理的重要手段和改革预算执行的必要保障,是市场经济国家适应市场经济体制的要求、解决政府财政资金分散支付所存在弊端的国际通用方式。2002年,为了规范政府采购行为,提高政府采购资金的使用效益,维护国家利益和社会公共利益,保护政府采购当事人的合法权益,促进廉政建设,国家颁布了《中华人民共和国政府采购法》。财政改革推动了高校会计制度变革,新高校会计制度增加了相应科目,用于国库集中支付业务核算,主要包括“零余额账户用款额度”“财政应返还额度”,同时对于涉及国库集中支付的业务处理作了相应规定,满足了财政改革新增业务需要。

另一方面,新高校会计制度对财政改革,特别是高校预算改革将

起到积极推动作用。新制度要求支出不仅要和收入匹配，而且其资金来源也要相符，特别是对财政资金运用，偏离预算必须调整，否则无法进行会计处理，这种规定使得会计人员在日常工作中必须高度重视预算，并且严格执行预算，否则日常核算工作就无法进行，从会计层面保证了预算改革的效果，对高校预算改革起到积极推动作用。

二、新高校会计制度实施过程中的问题和对策

（一）实施新高校会计制度要依托先进的信息系统

与其他行业会计制度比较，新高等学校会计制度对科目设置的规定比较详细，而且很多明细科目设置是并列实多层级的，比如对教育事业支出的核算，即要求按照按照“基本支出”和“项目支出”，“财政补助支出”“非财政专项资金支出”和“其他资金支出”等层级进行明细核算，还要求按照《政府收支分类科目》中“支出功能分类”相关科目进行明细核算；同时，“基本支出”和“项目支出”明细科目下应当按照《政府收支分类科目》中“支出经济分类”的款级科目进行明细核算，在“项目支出”明细科目下按照具体项目进行明细核算。据此设置会计科目，不仅科目层级多，而且科目数量也呈几何级数增长，对一项支出从不同角度进行属性分类，也很难确定哪一种分类是主要分类模式，因而根据不同分类获取会计信息的难度增加。为了提高数据处理效率和会计信息质量，必须依靠先进的会计信息系统，对原有信息系统进行升级，也也是新旧会计制度衔接的重要工作。

（二）制定统一的项目编码手册，方便项目核算

项目核算已经成为高校会计核算的主要特点，为了方便进行项目核算，提供统一的会计信息，需要对项目编码进行规范。

1. 高等学校应当建立本校统一的项目管理体系。规范项目编码规则，对项目编码的位数、含义、使用权限等进行规定，形成项目编码集，做好项目编码系统的维护和管理。学校项目信息应当适应管理和分析需求的变化，具有一定的可扩展性。

2. 项目作为高等学校内部会计主体类型之一，通过项目编码实现分级分类。项目编码的设置分为显示信息和控制信息两个部分。

显示信息包括项目编码和项目名称，是项目最直观的反映。项目编码由一定位数的数字组成，项目名称则根据项目批复文件、合同以及管理需求等设置完成。控制信息是对项目特征的定义，反映为项目编码实施过程中所设置的属性。控制信息在会计信息系统中进行设置，不在项目编码中直接反映。

3. 项目设置的基本原则是在会计核算中，为了达到既按《高等学校会计制度》有关规定提供必要的会计信息，又减少不必要的会计科目数量与层次的目的，借助于现代化信息技术手段，通过设置项目的显示信息和控制信息，获得资金的来源渠道（具体资金来源）、资金性质（财政拨款/非财政拨款）、预算类别（基本支出/项目支出）、拨付方式（国库直接/国库授权/实拨）等信息。其中，资金的来源渠道属性以显示信息的方式编入项目编码，其他属性则以控制信息的方式进行定义，不在项目编码中直接反映。

（三）制定统一的部门编码手册，方便部门核算

高等学校应当根据自身机构设置和财务管理体制情况，在会计核算系统内设置按照部门（单位）核算经费的功能。

1. 高等学校的部门编码应当能够反映部门的分类信息，即应当能够区分部门的性质如教学科研、教学辅助、行政管理、后勤服务等。

2. 高等学校的部门编码应当能够反映部门的分级信息。比如：校内各单位可在学校统一部门编码的基础上，自行编制本单位内部明细机构的编码，并报财务部门备案、执行。对于学校校级管理的经费，设置一个“学校”的部门编码，如999；需要区分学校、院系及其下属单位的财务状况时，可以对学校和院系一级可支配的经费单独设立统一的专用编码，如校级财务部门编码统一为999000，院系一级财务的部门编码统一为×××000。

（四）补提固定资产折旧

实施新高校会计制度，要求对存量固定资产补提折旧。需要注意以下几个问题：

一是折旧年限的确定。根据《高等学校财务制度》规定：省级财政部门可以会同主管部门制定计提折旧的具体办法。目前，该办法

还没有出台,导致折旧提取缺少依据。

二是缺少固定资产修缮改建后使用年限变更的依据。高校的很多资产,特别是房屋及构筑物,都经历过多次修缮或者改造,修缮、改造后固定资产的使用年限应当相应延长,按照新高校会计制度补提折旧时,就不能仅仅根据建造年限确定折旧时间。

三是对于历史悠久高校,应加快文物资产的确认工作。建筑是凝固的历史,对于建校时间较长的高校,应对有文物价值资产确认为文物固定资产,按照特殊资产进行管理,而不应盲目混入其他资产类别中提取折旧。

(五)基建并账中的问题和对策

1. 基建并账中的问题

根据新高校会计制度规定:高等学校应当按照新制度的要求,在按国家有关规定单独核算基本建设投资的同时,将基建账相关数据并入单位会计"大账"(即按照新制度规定设置的会计账)。但是,在实际并账过程中却存在如下问题:

(1)新高校会计制度没有充分考虑高校负债建设的实际情况。如前所述,2000 年以后,为了满足扩招对基本办学条件的要求,高校开始建设新校区,新校区建设投资集中,资金量大,单一依靠财政资金或者自筹资金,很难保证完成新校区建设。以山东J学院为例,截至 2014 年底,为建设新校区累计投入 11.8 亿元,其中:省财政投资 6450 万元,占全部投资的 5.4%;学校自筹资金 4.4 亿元,占全部投资的 37.29%;作为化解高校债务投入的资金 1.7 亿元,占全部投资的 14.41%,利用银行贷款 3.4 亿元,占全部投资的 28.8%;其他投资由临时资金垫付。由于财政拨款不足,学校自筹能力有限,利用贷款建设成为普遍模式,而根据新高校会计制度规定,无论是在预付工程款、结算工程款,还是支付其他工程支出业务中,都没有按照不同资金来源进行会计处理,对于发生的支出都要求记入"教育事业支出""科研事业支出""行政管理支出""后勤保障支出""经营支出"等科目,而根据现行的预算法体系,银行贷款等负债资金不是高校的收入,导致支出和收入不配比。

(2)高校的基本建设投资预算和经费预算脱节。新高校会计制度实施以前，高校基本建设作为独立的经济活动，独立核算、单独报送会计报表，这部分业务并没有全部纳入到学校预算管理中，最直接的表现是为了加快项目建设，提高资金使用效率，基本建设占用了学校的临时闲置资金，特别是在没有完全实行国库集中支付、预算外资金不是专户管理和其他资金可以自由使用的情况下，临时占用学校闲置资金支付工程款的情况非常普遍。这种情况可以理解为是基本建设对内部的债务，与银行贷款等外债一样，在账务处理上存在困难，即学校已经支付了工程款，但是没有落实资金来源，不能形成非流动资产基金。

三、基建并账举例

(一)基建账会计科目与学校“大账”会计科目对应关系

根据《新旧高等学校会计制度有关衔接问题的处理规定》，基建账数据并入学校“大账”的科目对应关系大致如下：

<table>
<tr><th>基建账科目名称</th><th>学校大账对应科目</th><th>备注</th></tr>
<tr><td>建筑安装工程投资</td><td rowspan="3">在建工程</td><td rowspan="3">①将“建筑安装工程投资”“待摊投资”“预付工程款”合并记入学校大账“在建工程”</td></tr>
<tr><td>待摊投资</td></tr>
<tr><td>预付工程款</td></tr>
<tr><td>交付使用资产</td><td>固定资产</td><td>②仅尚未在学校“大账”中登记部分</td></tr>
<tr><td>银行存款</td><td>银行存款</td><td></td></tr>
<tr><td>现金</td><td>现金</td><td></td></tr>
<tr><td>其他应收款</td><td>其他应收款</td><td></td></tr>
<tr><td rowspan="3">基建拨款</td><td>财政补助结转</td><td rowspan="3">扣除已经在学校“大账”中登记部分</td></tr>
<tr><td>财政补助结余</td></tr>
<tr><td>非财政补助结转</td></tr>
</table>

续表

基建账科目名称	学校大账对应科目	备注
基建投资借款	短期借款	③一年期以内的"基建投资借款"并入"短期借款"
	长期借款	④一年期以上的"基建投资借款"并入"长期借款"
应付工程款	应付账款	⑤一年期以内的"应付工程款"并入"应付账款"
	长期应付款	⑥一年期以上的"应付工程款"并入"长期应付款"
其他应付款	其他应付款	
学校大账	学校大账	⑦登记基建与学校之间的往来借款
履约保证金	履约保证金	
质保金	质保金	⑧基建账"质保金"并入学校大账"质保金"
	非流动资产基金	
	固定资产	②减去③至⑧中形成固定资产部分
	在建工程	①减去③至⑧中形成在建工程部分

（二）基建并账案例说明

现举例说明具体的并账操作流程，假设某高校 2013 年底，基建账结账后余额表如下：

发生额及余额表

2013 年 12 月 31 日

单位:元

科目编码	科目名称	期初借方	期初贷方	本期发生借方	本期发生贷方	期末借方	期末贷方
101	建筑安装工程投资	10 000 000		3 200 000	950 000	12 250 000	
103	待摊投资	200 000			50 000	150 000	
111	交付使用资产	5 000 000		1 000 000	5 000 000	1 000 000	
232	银行存款	1 100 000		7 000 100	3 000 000	5 100 100	
233	现金	100		32 000	32 100	0	
242	预付工程款	16 000 000		3 000 000	2 600 000	16 400 000	

续表

科目编码	科目名称	期初借方	期初贷方	本期发生借方	本期发生贷方	期末借方	期末贷方
252	其他应收款	15 000		10 000	2 000	23 000	
占用小计		32 315 100	14 242 100	11 634 100	34 923 100		
301	基建拨款		7 215 100	5 000 000	1 000 000	3 215 100	
304	基建投资借款		10 000 000	4 000 000	8 000 000	14 000 000	
332	应付工程款		2 010 000		300 000	2 310 000	
352	其他应付款		13 000 000	22 000	2 330 000		15 308 000
35201	学校大账		10 000 000		2 000 000		12 000 000
35202	履约保证金		1 000 000		30 000		1 030 000
35203	质保金		2 000 000	22 000	300 000		2 278 000
来源小计			32 315 100	9 022 000	11 630 000		34 923 100
合计		32 315 100	32 315 100	23 264 100	23 264 100	34 923 100	34 923 100

(三)基建并账流程

1. 将基建账“银行存款”“现金”和“其他应收款”科目借方期末余额借记学校大账中“银行存款”“库存现金”和“其他应收款”科目。

2. 计算在建工程应当计量的金额,具体计算方法是根据基建账“建筑安装工程投资”“待摊投资”和“预付工程款”科目借方期末余额合计计算,根据案例计算结果为:

12 250 000+150 000+16 400 000=28 800 000

3. 分析计算“固定资产”科目应计量的金额。学校大账“固定资产”科目需要根据基建账“交付使用资产”科目余额分析填列。基建账对于“交付使用资产”的处理需要跨会计年度,即年度内基建账根据资产交接双方签证后的竣工决算资料,增加“交付使用资产”,下年初建新账是,根据资金来源全数冲减。一般情况下,基建账增加“交付使用资产”时,学校大账也同时做固定资产增加处理,在这种情况下,并账时不能重复记录资产增加,无需考虑“交付使用资产”科目余额。但是,与“交付使用资产”对应的资金来源,也不应包含在学校大账中。换言之,如果“交付使用资产”已经在学校大账中登记,与之对应的“基建拨款”也不应包含在大账中。

如果通过分析,“交付使用资产”科目的期末余额 100 万元已经全部在学校大账中登记,基建账“基建拨款”科目也应相应减少 100 万元,在大账中只需登记 2 215 100 元。

4. 计算学校大账中“应付账款”和“长期应付款”应该登记的金额。根据基建账“应付工程款”反映的期末余额,分析其账龄:一年以内的应付工程款,贷记“应付账款”;一年以上的应付工程款,贷记“长期应付款”。经过分析,上述案例中应付工程款全面为一年内短期欠款,应全部贷记“应付账款”。

5. 按照基建账中“其他应付款”科目贷方余额,贷记新账中“其他应付款”科目。

6. 对基建账中“基建投资借款”科目贷方余额进行分析:

借款期限超过一年本金部分贷记新账中“长期借款”,借款期限在一年以内的本金部分“短期借款”科目,经过分析,上述案例中借款全部是长期借款。

7. 对于基建拨款应当分析其是否形成实际支出,对于没有形成支出部分:按照归属于同级财政补助结转结余的部分,贷记新账中“财政补助结转”“财政补助结余”科目;按照归属于非同级财政补助结转的部分,贷记新账中“非财政补助结转”。已经形成支出部分,不进行会计处理。

8. 计算“非流动资产基金”应当计量的金额。“非流动资产基金”计算的依据是已经形成了支出,并落实了资金来源,思路是将“在建工程”“固定资产”科目记录的金额,减去没有形成实际支出部分和没有落实资金来源部分,其中没有形成实际支出部分主要是暂扣的质保金,主要应当分析“其他应付款—质保金”科目,对应在建工程项目和已经完工项目分别减少“在建工程”和“固定资产”金额,没有落实资金来源部分主要是通过贷款支付和使用临时资金支付的部分,主要分析“基建投资借款”科目、“应付工程款”科目和“其他应付款—学校大账”等科目,对应在建工程项目和已经完工项目分别减少“在建工程”和“固定资产”金额,经过分析,上述案例中的质保金全部全部是在建工程预留质保金,应付工程款全部为在建工程欠款,临时借款中除了货币资金 5 100 100 元，全部用来支付在建工程款，因此非流动基建全部为在建工程，具体金额计算如下：

28 800 000－14 000 000－(1 200 000－5 100 100)－2 310 000－2 278 000＝3 312 100

9. 新账科目的借方合计金额与贷方合计金额的差额，贷记或借记新账中“事业基金”科目。

10. 编制基建并账会计分录如下：

借：银行存款　　5 100 100
　其他应收款　　23 000
　在建工程—基建工程　　28 800 000
　事业基金　　1 007 000
　贷：应付账款　　22 310 000
　　其他应付款
　　—学校大账　　12 000 000
　　—履约保证金　　1 030 000
　　—质保金　　2 278 000
　　长期借款　　14 000 000
　　非流动资产基金—在建工程　　3 312 100

11. 编制抵消分录，抵消基建账和学校大账内部交易，即将基建账和学校大账之间的往来借款冲销，分录如下：

借：其他应付款—学校大账　　12 000 000
　贷：其他应收款—基建账　　12 000 000

由于基建并账并不是取消基建账，明年学校大账建新账以后，将抵消的往来借款转回，方便两个账簿互相对账。

（作者单位：山东交通学院）

高等学校科研经费管理问题与对策研究

课题组

近年来,高校科研项目逐年增加,科研经费也逐年递增,科研经费管理也出现诸多问题。高校科研经费贪腐案件频发,暴露了在科研经费管理方面存在的漏洞。如何合理有效解决这些问题,进一步加强科研经费管理的规范化,提高科研经费使用效率,显得尤为重要。

一、科研经费管理存在的问题

(一)科研经费预算控制难于把握

高校科研经费的来源有纵向和横向之分,纵向课题有国家部委和省市相关部门,其主管部门较多,相应设立的科研经费有着不同的科研经费管理办法,且规定有较大差异,导致科研经费的预算控制存在一定困难。首先,各类科研经费的预算科目不统一,使财务人员在对预算科目控制时无法保持一致性。财务人员在进行科研经费预算控制时,需要针对每一类科研项目分别进行预算分类控制,给财务管理增加了难度。其次,各类科研经费的预算科目与会计支出科目存在较大的差距,使财务人员在预算控制时无法做到一一对应。预算科目与会计科目分类不一致,使得会计人员在实施预算控制时难度加大而难于准确把握。

（二）科研经费支出可操作性差，支出结构不尽合理

高校针对各类科研经费制订了管理规定与国家对科研经费的相关规定不尽统一，使科研经费报销时存在不容易把握的问题。首先，就纵向课题来说，限于各类管理规定，支出范围的较窄，控制支出指标的相对比例较少。同时，高校的科研经费管理制度也不够细化、灵活，定性的内容较多，量化的指标较少，哪些经费可以报销，哪些经费不能报销，看似清晰，但执行起来很难把握。其次，就横向课题来说，其管理规定过于宽松，很多高校在支出范围上缺乏限制性，在支出比例方面除劳务费、招待费外没有什么限制性，结果导致支出结构不合理。与科研相关方面的支出费用过少。有些高校往往不按合同进行支出管理，造成支出随意性很大。此外，有些高校的管理规定没有随着形势的改变而修改，导致一些规定严重不符合现实情况，不利于科研经费的管理。财务人员在对科研经费进行报销时，仅审核原始的票据是否真实、是否符合报销规定等，没有进行项目进程中预算的控制，也没有核对科研项目的支出是否符合经费预算。

（三）项目立项管理与经费管理缺乏有效配合

在高校科研管理过程中，学校科研部门负责科研项目的申报、立项和结项，财务部门负责科研经费的核算。其中的项目申报、中期检查、结项等由学校科研管理部门负责管理，整个过程财务部门基本不参与，而科研部门重视科研立项和结项，多出成果，缺乏对科研经费的使用情况进行全过程跟踪管理。科研项目立项后，科研部门只提供项目名称、项目编号和项目金额，而不向财务部门提供各科研项目的预算表，造成科研经费报销支出和其预算脱节。在科研经费日常核算中，财务部门只是核查原始票据是否符合财务规定。同时，科研部门和财务部门存在信息不对称，从而出现了科研经费在使用过程中的不协调、不统一和管理形式化等问题。目前，高校通常由科研部门负责项目管理，财务部门负责收支核算，课题负责人负责资金的使用，但三方之间缺乏有效的沟通及信息交换，导致科研经费管理难以实施到位。

(四)科研经费报销存在违规现象

项目负责人主要的精力集中在撰写研究报告和结题报告上,对科研经费报销管理规定了解甚少。有些科研人员甚至弄虚作假,用课题组之外的票据套取项目资金,如购买购物卡开发票内容是“办公用品”,购货清单则是打印纸、硒鼓等。有的实际购物清单内容与该商场所售商品类型并不相符。有的为套取课题经费,搜集课题之外人员的汽车票、火车票到财务部门报销,如山东省审计厅查处的某高校“微山旅游规划”和“傅村镇旅游规划研究”课题组,以差旅费名义分 37 次报销各地到佳木斯的单程火车票 1505 张,金额28.36万元,占 2008 年至 2011 年该项目拨入经费的 49.75%。实际上,利用购买办公用品和差旅费报销套取科研经费已是公开的秘密。

(五)科研项目结题不结账现象普遍存在

目前,绝大多数高校对科研项目的管理重点都放在了项目经费的立项上,忽视了项目的结项管理。各高校项目结余经费未能按时报销,大多数科研管理部门对此也无明确的管理规定,有的即使有也很少严格执行。有的科研项目早已结题,但结余经费在财务一直挂账,有的还在报销,导致成本核算不真实。山东省审计厅公布的部分高等院校科研经费审计结果显示,很多科研课题预算与实际执行差距较大,资金闲置较多,已结题的课题经费结余占预算经费的比例超过 30%。通过审计发现,项目资金使用率低,很多科研经费处于闲置状态。财政拨款的纵向课题,因拨款时间和项目实施、完成的进度不同,导致项目未完成就要求支出进度,为了不让好不容易争取来的项目资金被收回,项目负责人就想办法找发票报销,减少项目结余,导致项目资金使用效益普遍不高。因此,高校科研课题结题不结账的现象,不仅导致了科研资金的沉淀,而且还增加了科研经费管理的成本。

二、科研经费管理问题的对策

综上所述,科研经费管理过程存在诸多的问题,有主观认识层面的,也有客观制度层面的,应从主观、客观两方面着手齐抓共管,提出相应对策，不断完善科研经费管理。

(一)制定统一的具有可操作性的科研经费管理规定

制定普遍适用的科研经费(纵向)管理规定，全面梳理科研经费预算科目，细化预算科目核算内容，保持预算科目核算内容尽可能统一，将科研经费预算科目与会计科目尽量保持一致，这样便于科研经费的会计核算和预算控制。鉴于科研活动的不可预见性及不确定性，以及复杂多变的外部环境，项目负责人无法在项目立项时准确预测不同研究阶段，甚至未来若干年后可能发生的支出，建议在制定政策时，尽量考虑预算执行的可操作性和灵活性。考虑到科研工作的特殊性，建议对科研项目实行目标奖励制，实行科研项目的绩效考核，对一些科研成本投入较低、费用额度相对固定的科研项目，实行以奖代拨制度。对一些科研成本投入较高和费用额度不确定的科研项目实行按比例部分经费拨款、部分经费奖励的政策，奖励经费不再进行报销，事先不再给予拨款，等待科研项目完成后按其完成成果的绩效考核情况直接给予一次性奖励，这可以省却科研人员科研经费报销的烦恼，使他们有更多精力投入到科学研究工作中。

(二)强化高校科研经费管理的责任意识

首先，高校领导要强化责任监督意识。分管领导要从法律法规、财经政策以及职业道德等方面，严格强化责任和监督意识。特别是在审查签字环节，不能盲目地签字，要仔细审查科研经费支出的来龙去脉，做好事前审查、事中监督以及事后考核的具体工作。要充分发挥高校审计部门的监督作用，完善审计标准。进一步明确学校科研、财务、审计部门以及科研人员在科研经费使用和管理过程中的职责和权限，加强内部控制制度体系建设，加大科研经费的监督检查力度，改事后审计为事前介入，全过程参与科研经费管理。

其次，认真梳理科研经费管理办法，高度重视科研经费的管理，提高科研资金使用效益，促进高校科研事业持续、健康发展。按照教育部、财政部《关于进一步加强高校科研经费管理的若干意见》，高校取得的各类科研经费，不论其资金来源渠道，均为学校收入，必须全部纳入学校财务部门统一管理、集中核算，并确保科研经费专款专用。高校要高度重视科研经费的管理，真正做到各负其责，密切配合，提高科研经费的使用效益。

（三）建立健全科研经费管理办法

在遵循国家和省市有关科研经费管理规定的前提下，高校要制订出一套切实可行、方便操作的科研经费管理办法。根据学校实际，针对科研经费管理中出现的新问题，不断完善科研经费管理办法，建立健全新的科研经费管理模式，实行有效统一的预算管理，改善目前项目管理和经费支出相脱节的状况。财务部门要从科研项目的申请、项目经费预算的编制、项目经费的支出使用、项目结题决算等几个方面全过程参与指导与管理。科研管理部门与财务部门可通过学校网络信息平台及时获取完整、准确的项目管理信息，达到各管理环节的协调配合，形成科学化、规范化的科研经费管理规定。要重视科研项目信息管理平台一体化建设，从课题的立项、预算申请、经费支出到课题结题等，信息都在平台上共享，这样无论科研管理工作参与多少人、多少部门，只要通过共享信息平台科研信息都可以及时掌握。在日常科研经费支出，尤其是在财务人员转拨大额支出时，可以在任何时间看到预算项目合同，对项目支出比例进行实时监控。更好地解决经费支出结构失衡及挤占挪用资金的现象。

（四）合理制定科研项目经费预算，严格按照预算执行

高校在制订科研经费预算管理办法时，应从实际情况出发，进行充分的调研、论证，根据性质不同对项目经费支出划分不同的种类，并设定相应的控制指标，实行差别管理。如：对于购置固定资产、实验耗材等采用定性管理；对必要的差旅费、劳务费等费用，采用弹性管理，规定不超经费总额的一定比例，用指标控制支出，允许合理开支，杜绝超范围支出。在科研项目申报过程中，应当要求项目负责人提供项目申报书并填写项目预算表，经科研管理部门审核后，财务部门完成财务立项、经费上账。在项目执行过程中，不超过预算申请10%或调整金额较小时，由项目负责人提出申请，经科研管理部门审核同意会同财务部门调整后执行。科研经费支出应严格按照此前批准的预算执行，不得擅自调整预算和挤占挪用项目经费。同时，可以

利用信息平台，使项目负责人及时查询项目经费支出情况。项目结题时要按财务部门出具的项目支出明细报结题决算。同时，将预算执行情况作为项目绩效考核的一项重要指标。

（五）加强项目结余经费管理

定期核对结题项目的经费结余情况，项目存在结题不结账的，应当通过信息平台予以及时告知并纠正。对于出现结余的项目经费，应出台相应的鼓励政策。国家拨款单位有规定的，按其规定执行。比如，结余经费中的60％部分上缴学校，40％部分留作支持其他的科研项目，鼓励项目负责人节约使用项目经费，实现资助方、承担人以及学校三方的利益最大化，这将有力促进高校科研事业的良性发展，同时也是高校科研经费管理的出发点和制度要求。

三、结语

高校科研经费管理水平是影响高校综合实力和可持续发展的一个重要因素。如何在现有的基础上改进高校科研经费管理方式，提高科研经费使用效率，提升科研经费管理水平，应当成为目前各高校积极努力探索和实践的方向。

参考文献

[1]吴秀梅，翟慧霞．高校科研经费支出管理中的问题及对策[J]．教育财会研究，2008(4)

[2]张昕竹，赵就兴，张晓．科研资助的激励机制理论与实践[M]．北京：中国社会科学出版社，2012

[3]孙天骄．对高校科研经费管理现状的思考及改革建议[J]．教育财会研究，2012(6)

课题负责人：秦　晋

课题组成员：杜曙洮　蒋玲玲　孙邦荣

（作者单位：曲阜师范大学）

高等学校的纵向科研经费管理研究

张 亢

一、绪论

(一)研究背景

1809 年,时任普鲁士教育部长的威廉·冯·洪堡,针对当时高校教师对着陈旧教材照本宣科的现象,对德国大学进行了改革,要求教师在教学的同时进行科学研究。从此,高校开始重视科学研究,教学与科研相结合的办学原则逐渐在世界范围内成为一种趋势。尤其是现代大学,除了传授知识、培养人才外,还肩负着国家科技创新的历史责任。长期以来,高校师生从事的科学研究活动,包括自然科学和社会科学,在原始性创新研究、科研成果的开发与转化以及社会服务、文化传承等方面做出了重要贡献。国家也越来越重视教育科研事业的发展,科研经费投入也逐步增长。科研经费分为纵向科研经费和横向科研经费。纵向科研经费是指以高校名义承担的上级政府部门资助的指令性、指导性项目,包括国家级项目(“973”计划、“863”计划、国家自然科学基金、国家社会科学基金等)、省部级项目(教育部科学技术研究重点项目、教育部博士点基金、省自然科学基金等)、厅局级项目。横向科研经费是地市政府、企事业单位委托或做研究的项目。技术开发、技术转让、技术服务、技术咨询以及政策研究、文化产业开发等项目。纵向科研经费主要是国家财政性拨款,高校行政管理和教育事业管理的考核标准也主要参考纵向科研项目。

以山东某省属高校为例,2010～2014 年的纵向科研收入依次为 1545 万元、2072 万元、2815 万元、3479 万元、3679 万元。仅就绝对数值不足以准确说明科研经费的精确增长,但可以大致看出国家对科研经费的重视程度。科研经费成为高校重要的资金来源,高校从事科学研究的人员也在逐步增多,高校老师努力通过各种渠道申请科研经费,但是科研经费是不是真正得到了合理使用呢?从高校科研经费使用情况看,成果转化率偏低。除了理论不能有效转化成实践外,还出现了不同程度的学术造假。近年来,较为轰动的是上海交大陈进等人的"汉芯一号"事件,骗取了国家上亿元科研费。西安交大因学术造假被撤销的国家科学技术进步奖获奖项目,其中存在严重抄袭和数据不实的问题。这些只是冰山一角,由于制度不健全、监督不完善等原因,一些造假和擦边球学术成果被学校内部"和谐"的现象并不少见。

(二)研究意义

高校科研经费管理是高校财务管理体系的一个重要方面,推进其健康良性发展对于高校教育工作以及促进国家科技创新、文化发展都有着重要意义。

对于高校工作来说,科学研究是人才培养的重要载体。加强科研管理有利于提高高校人才培养质量。科学研究促使高校教师不断改进教学方法,更新教学内容,提高学术水平;科学研究还有助于推进学校学科的建设与发展。从大学学科发展历程来看,新兴学科的产生往往伴随着创造性的科研理论。比如达尔文的生物进化论、爱因斯坦的相对论都是在创造性科研的基础上创立的。从山东师范大学来看,重点学科也是学校科研做得较好的学科。另外,加强科研管理,提高科学研究水平有助于提高学校综合实力。在我国高校指标评估体系中,学术声誉是一项重要指标。声誉作为学校的一项"无形资产",代表了社会的认可度。学校的声誉与其科研水平密切相关。科研环境较好,水平较高的学校,能够吸引和留住骨干人才,从而提高学生培养质量，形成良性循环促进学校的整体发展。

加强科研经费管理，促进科研成果转化，有利于科教兴国和人才强国。当今社会处于大变革时期，创新成为社会经济发展的先驱力量，重视科研发展，加强基础研究，即为重视原始创新，通过与产业界、科技界互动，有利于推动创新型国家建设，有利于国家经济水平的提升，最终提高国家的综合国力。

基于以上研究背景及意义，本文在阅读大量资料的基础上，结合一年以来的财务处科研管理的工作经验，试图对纵向科研经费的使用效率低下的原因进行分析，并提出相应政策建议，初探未来纵向科研经费的管理方法和改革方向。

二、高校科研经费管理现状

2002 年之前，我国科研经费管理模式是以单位为核心，侧重于宏观管理。就高校而言，管理模式是以整个高校作为核算单位，随着市场经济的发展，这种管理模式不再符合经济发展要求。2002 年，《国务院办公厅转发科技部等部门〈关于国家科研计划实施课题制管理规定〉的通知》，以课题制为核心的管理模式从此确立。以课题制为核心的纵向课题申请立项，由高校科研管理职能部门，例如科技处、社科处等，根据项目下达单位的要求，及时会同各单位组织申报。高校鼓励广大教师和科研人员积极申请各级各类科研项目。对于获准资助的各级各类科研项目，凭相关批文或协议，由学校纳入年度科研计划，作为对各单位和科研人员进行科研工作量考核以及职称评定的依据。科研项目实行项目负责人负责制。项目立项后，项目负责人要根据项目申报计划要求，组织课题组成员及时开展研究工作。按计划结题的项目，课题组要根据计划下达部门的要求进行结题验收，同时将有关结题材料交学校存档备案。

以山东省属高校为例，凡是以高校名义取得的各类科研经费，均属学校收入，必须纳入学校财务部门统一管理、集中核算，并确保科研经费专款专用。科研经费到账后，由科技处、社科处按要求比例进行资金分配，填写科研经费入账单。财务处根据科技处或社科处的科研经费入账单，设立项目账户，办理经费入账。课题负责人的科研经费在财务处单列账户，并拥有独立的财务编号，经费报销时填写报销凭证粘贴单，由所在单位审核盖章后到财务处报销。科研项目验收结题时，应及时办理财务结算手续。按照计划下达部门的要求据实填写经费决算表，由财务处审核盖章。

三、课题制管理模式的特点

和以往以单位为核心的宏观科研管理模式比较，课题制管理明显地调动了课题组成员的研究积极性。课题项目负责人在计划研究内容和预算经费内可以充分发挥主观能动性，拥有了更大的自主权。同时，也需要对课题项目的结题承担责任。另外，课题组成员可以跨部门、跨学院选择，也可以签订合同进行跨单位合作。

在课题制管理模式下，纵向课题经费要求实行全额预算，预算编制要细化，预算经项目主管部门批复后要严格执行。此模式下，课题从立项到结题需要经过高校许多部门，比如科技处、财务处、设备处、审计处等。这些部门都对科研经费是否按照预算合理开支负有审核责任。在实际操作过程中，各部门若不能协调配合和有效沟通，可能会让项目负责人拥有较多的经费支配权而难以监管。

四、高校纵向科研经费管理与使用中存在的问题

结合本身工作实际，以山东省属高校为例，高校科技处(社科处)负责科研管理工作，包括项目申报、立项、结题验收和成果鉴定等。作为科研管理部门，科研项目申请的经费多少和项目级别是其关注的重点。科研经费到账后归口到财务处管理。由于财务处业务量很大，在进行科研经费报销时，多数情况只是按照财务规定进行简单收支核算，很少会根据项目科研经费的实际情况参与前期、中期、后期的管理工作。因此，财务处和科技处(社科处)工作容易造成脱节。对于项目负责人来说，在课题制管理模式下，项目负责人以为经费落到自己名下，就属于自己的个人经费，可以随意开支，执行预算的法律意识淡薄。项目结题时“擦边球”式填写项目决算表，使其尽量符合预算，有

些不符合实际开支，与财务人员的摩擦也时有发生。具体来说：

（一）预算编制不科学

纵向科研项目申请立项后要向计划下达部门提交详细的经费预算表。该预算经批复后作为科研经费支出的依据，一般不再调整。因此，预算编制是否科学合理直接关系到后续科研经费的支出情况。目前，大多数高校的科研经费预算都是由项目负责人与课题组成员自行编制的。由于课题组人员大多是技术性人才，不与财务部门以及科研管理部分有效沟通而“闭门造车”编制预算，容易对一些开支项目理解产生偏差，导致预算编制缺乏可操作性。主要问题有三类：一是编制“虚假”预算，虚报开支。将与课题组研究无关的费用计算在内，或是刻意回避某些经费开支，如劳务费，而夸大专用材料费、分析测试费等。二是编制“弹性”预算，有意夸大科研经费项目的预算金额。比如仪器设备费，购买的电脑、打印机以及实验专用设备等按照市场价格成本计算后还预留一定的经费空间，变相套取科研经费。三是编制“粗放”预算。随意编制预算，没有经过市场调研，缺乏合理论证，也不与财务处沟通。

预算编制不科学，后续很难严格按照预算标准来约束经费支出。容易导致经费实际支出与预算发生偏离。项目结账编制决算表时，为了使经费支出情况符合预算要求，往往会同科研管理部门向财务处提出调账申请，进行大规模调账。一是加大了财务处工作人员的工作量，降低了财务处核算监督的质量和威信。而是经调账后的项目经费决算表，其真实性受到质疑，课题组负责人的信誉和名声也受到影响，同时也是对科研经费制度规范性的挑战。

（二）项目管理与经费管理脱节

目前，大多数高校项目经费管理由科研管理部门负责，经费管理由财务部门负责。科研管理部门负责科研项目的申请、立项等工作，工作重点是申请更多科研项目，提高申请科研项目的级别。在完成项目申报后，很少参与项目经费的具体使用，也没有进行有效监督。财务部门由于业务量大，也没有参与项目经费预算，所以在科研经费报销时，只能遵循财务规定和学校印发的关于科研项目管理的办法统一管理各个科研项目。即财务部门只是简单地按照财务制度和科研经费管理办法进行报销，并不参照每个项目的具体预算情况，由于财务工作业务量大，也很难详尽了解每个项目的预算支出。这就使得财务管理只停留在财务法规和统一制度上，很难对科研经费的使用起到真正的监管作用。

这种脱节的管理模式往往造成科研经费的实际支出不符合预算，经常出现某些项目超支或不足，项目决算时，科研管理部门和财务部门在一些经费的审批权限和支出范围上容易产生争议，互相推诿责任。科研经费无法得到有效监管。

（三）未进行全成本预算

高校科研经费核算通过“科研经费支出”科目，根据高校科研经费管理办法又对科研经费支出下设明细科目。科研经费报销记账的过程也是科研经费成本归集的过程。在实际报销中，科研经费成本核算往往只包括一些直接费用，比如仪器购置费、实验材料费、测试化验费、燃料动力费、差旅费、会议费等。间接费用和科研人员奖励津贴并没有在项目经费中分摊体现。间接费用主要是实验室等房屋的水电费、租赁费以及固定资产使用费等。尽管科研收入中计提了一定比例的科研部门管理费和单位管理费，但这部分费用由于纳入学校预算，成为了科研部门和学院的日常开支，横向科研、纵向科研还有教学工作混在一起，并未准确计算出纵向科研项目分摊的间接费用，即难以做到全成本核算。

由于科研经费开支实行课题组负责制，由课题组负责人签字，自行计划列支。如科研成本无法准确核算，科研设备会出现重复购置和效率使用低下的情况，学校固定资产难以合理配置，从而造成资源浪费。另外，高校在职在编教职工有工资收入，一般无法再从科研经费中开支津贴补贴，这部门支出和科研奖励只能挤占学校的事业费。容易造成科研经费大量结余。科研成本得不到真实反映，也无法准确计算科研经费的使用效益。

（四）结题不结账

科研经费结题时，需按照计划下达部门要求出具财务决算表，决算表一般是对各类开支进行简单归集，由财务处对数据真实性进行审核后盖章。项目负责人在填写决算表时,重点是科研成果以及技术路线的描述,对于科研经费如何使用,以及科研经费实际支出和预算支出不符的原因没有充分重视,忽略了科研经费的投入产出比例。

科研经费管理办法规定,项目应遵循结题即结账的原则。但是除了依据《国家科技支持计划项目经费管理办法》规定,结余经费需要返还的项目,部分科研项目在结题验收完成后,没有按照规定进行结账。项目结余经费仍保留在原项目账号里,或者转入"个人发展基金"账户。由于项目已经结题,所以很少再审计结余经费。因此,高校财务部门对于这部分经费的管理也较为宽松,可以列支餐费、汽油费等个人消费。这部分与科研无关的支出非但起不到真正促进科研发展的作用,而且还会加大高校财务处的管理成本。

(五)监管不力

纵向科研经费报销业务量大。以山东省属高校山东师范大学为例,目前没有实行网上预约报账系统,科研人员报销经常出现"扎堆"现象,特别是放假前及年底,往往排起长队,财务人员必须在短时间内对报销单据进行核算并记账。所以,财务人员一般只对发票是否真实,报销是否符合财务规定进行审核。至于每个项目支出是否合乎预算,是否真正与其课题研究内容相关,财务人员在短时间内很难准确把握。而科研管理部门一向是重申请,轻结项。对于科研经费的支出基本不监管。校内审计对于科研经费来说也基本是空白和摆设。

科研人员进行科研经费报销时,需要课题组负责人和单位会签人签字。以学校为例,报销差旅费时,除提供发票外,还需要出具单位领导签字的"差旅审批单"。但是,一些老师来报销时,拿着空白的"差旅审批单"现场填写,而"差旅审批单"上领导已经签了字。所以,各学院领导也没有起到真正的监督作用,签字审批流于形式。课题组成员在经费使用上有了很大的自主权。

五、提高纵向科研经费使用效率的对策建议

通过对高校纵向科研经费管理中存在的问题进行剖析,加之阅读国内外相关文献,发现了国外科研经费管理上的科学性,对国内纵

向科研经费的管理提供了一定的改进思路。

（一）国外科研经费管理的模式及借鉴

1.美国科研经费管理模式

美国科研经费长期以来一直实行课题制管理模式。科研经费管理的重点是立项时经费预算和后期预算执行。其高校科研经费预算分为直接成本和间接成本。间接成本相当于国内计提的管理费，其比例由高校根据实际情况在政府许可范围内决定，根据“间接成本率”分摊。间接成本占项目经费的比例与学校的科研质量相关，体现了政府的宏观调控职能。直接成本根据实际支出列支，包括项目人员进行项目研究所得的津贴补贴。另外，美国对于高校科研经费可能会发生的54项成本进行了详细界定，包括成本的含义、支出范围以及支出的合理性，并规定了如何处理不允许发生成本。通过四个成本会计标准对成本划分进行规范。这种制度既增强了预算的约束力，也减轻了财务人员的工作难度。

2.欧盟科研经费管理模式

为了保证科学研究质量，欧盟为重大科技项目制定了严格的经费管理制度。项目经费资助的核心形式是可补偿成本。项目成本由项目组评估，协同项目委员会确定。由于项目类型和研究机构不同，项目补偿率也不尽相同。项目研究过程中发生的成本，必须满足合同规定的可补偿标准。除可补偿成本外，还有项目奖金。

欧盟对重大科技项目还有完善的财务审计与控制机制。为了保证项目研究质量，项目委员会定期对项目进行评估与检查。要求项目成员定期按照项目进度提交研究情况说明。项目研究完成后5年内，项目委员会会随时安排项目资助经费审计。审计的内容包括研究成果转化、制度、财务等方面。另外，欧盟还建立了违约赔偿金制度。如果项目委员会经过审计发现项目组有不实支出，违约金赔偿制度便会启动。除了赔偿违约金外，项目团队还会受到相应的财务处罚，一般是项目资助金额的2%～10%。如果接受处罚后5年内再被审计出问题，财务处罚将会是资助金额的4%～20%。项目团队接受财务处罚后，2年内无权再取得欧盟项目资助。

3.日本科研经费管理模式

日本科研经费使用强调社会公众监督。科研项目团队要依法公开科研信息,接受大众的监督。日本政府要求高校法人和项目团队先接受高校内部审计,财务决算表要求会计师和高校审计处共同审核签署,同时还要接受外部审计,项目研究期间需及时向社会公开项目研究情况及财务支出情况。三方监督,促使科研经费使用透明、公开,减少了科研经费滥用的情况。另外,日本还建立了“e-Rad”系统,该系统主要用来收集项目相关信息,简化了科研项目申请的冗杂程序。该系统采用“一站式”接入的方式,包括科研立项申请一项目是否可行一项目采纳一项目实施管理一科研成果上报等。这个系统可以使项目研究人员广泛了解不同省府的科研项目信息,社会大众也能洞察科研经费的投入流向。有利于科研经费的合理配置,避免了科研经费的闲置。

(二)我国纵向科研经费问题的治理对策

1.完善高校纵向科研经费管理体制

与国外相比,我国“课题制”科研经费管理模式接近美国的合同制管理思路。但是美国对项目经费的成本构成有详细界定,并且间接成本的提取比例也反映了国家对科研经费的监督过程。这在我国,还存在不小差距。但是制度的完善不能急于求成,应根据我国实际,遵循科学研究的发展规律,逐步填补。制定的政策应加大透明度和可操作性,对于不同方向的纵向科研经费的管理办法应进行微调,建立相对统一的经费预算和经费执行制度,为高校内外部审计和监督提供可靠依据。

应理顺财务部门、科研管理部门以及课题组三者之间的关系。三个部门首先要各负其责,增强管理和服务意识。还要加强联系,相互配合。财务部门除了了解财务报销制度外,还要不断学习国家关于科研经费开支要求的最新规定。科研管理部门要协助财务处学习了解不同类型的纵向科研经费,两个部门应就科研经费的预算制定和预算执行及时沟通协商。科研管理部门应负责把科研项目管理信息和预算表定期传送给财务部门,财务部门应定期把财务报销资料回馈给科研管理部门。同时,课题负责人要及时与财务部门、科研管理部门沟通,对自己申报课题的性质、经费支出范围有充分的了解。财务部门也要针对财务报销的相关规定给课题组负责人组织相关培训。三者及时有效沟通,减少彼此之间的摩擦,提高科研工作效率。

2.完善高校纵向科研经费的使用

一是完善预算编制和预算执行。强化科研人员编制预算的责任意识。本着实事求是的态度,在充分的市场调研基础上编制预算。首先项目负责人要根据项目研究目标提出预算方案。预算方案应由财务部门协同科研管理部门进行分析与论证。同时,财务部门可以安排相关人员配合制定科研预算。针对目前市场价格对常用的能源材料、仪器设备以及资料、调研差旅等支出列出明细单。预算编制完成后,高校财务部门应在报账过程中严格按照批复的预算控制支出,不得随意改变资金用途。高校财务部门可以在现行的账务系统中,根据实际情况引入预算额度平台,实现科研部门和财务部门的数据共享。财务部门通过系统设置,对会计科目和科研项目预算科目进行绑定,并按照实际情况设置相应的浮动比例,帮助项目负责人对经费预算进行实时监控。当某个项目额度超过预算设定范围时及时提出预警,以防项目结题时才发现大量与预算不符。

二是尽量实现纵向科研经费全成本核算。全成本包括科研经费直接成本和间接成本。间接成本目前主要是计提一定比例的管理费。目前大多数高校并未对间接成本进行分摊,就无法准确核算科研经费的实际投入,投入产出比也不尽准确。因此,探究一种方法对间接成本进行分摊尤为重要,可以借鉴作业成本法。

三是加强结余经费管理。针对高校"结题不结账"现象,高校首先应在科研项目管理办法通知中明确规定结题即结账的原则,科研管理部门应及时通知财务处已结题课题的有关信息,以便及时进行经费结账。对于结题的科研项目,除了部分经费需要原渠道返还外,高校财务部门和科研部门应制定科学的管理办法,将结余经费转科研发展基金,真正发挥科研发展基金的作用。

3.完善纵向科研经费的监督机制

可借鉴日本科研经费管理模式，健全高校内部审计、外部审计、加强社会公众监督，提高科研经费管理使用透明度。加强科研经费管理审计。以规范科研经费预算编制与执行、完善管控机制、提高使用效益、落实管理责任为重点。重点关注外协经费划拨、劳务费的发放、经费开支范围和标准等是否合规。对重大科研项目、重要业务环节进行重点审计，促进落实项目负责人的直接责任，项目单位和相关管理部门的管理责任。

六、结论

本文针对科研经费使用效率低下的相关情况，分析了科研纵向科研经费管理与使用中存在的问题，主要包括预算编制不科学、项目管理与经费管理脱节、未进行全成本核算、结题不结账、监管不力。通过剖析问题，加之阅读相关文献，发现了国外科研经费管理上的科学性，对国内纵向科研经费的管理提供了一定的改进思路。从纵向科研经费的管理体制、使用过程以及监督机制方面提出了完善建议。

参考文献

[1]张小慧.我国高校纵向科研经费管理问题研究[D].东北林业大学硕士论文，2010

[2]教育部.关于进一步规范高校科研行为的意见[Z].教监[2012]6号

[3]张智豪.国家纵向课题科研经费管理的研究[D].华南理工大学硕士论文，2011

[4]尹小娟.地方高校科研经费管理的问题及对策浅析[J].嘉应学院学报，2010(6)

[5]山东师范大学关于修订印发科研项目管理办法等规定的通知[Z].山东师大校字[2012]33号

（作者单位：山东师范大学）

职业化转型背景下地方高校资金约束问题对策研究

姬荣言　徐维爽　张庭发　徐志庆

一、引言

1999年，在肩负拉动内需、刺激消费、促进经济增长和缓解就业压力四大目标的背景下，我国高等教育拉开了大众化改革的序幕。经过十多年的发展，我国高等教育的规模和数量成为世界之最。据《2014年全国教育事业发展统计公报》提供的数据显示，截至2014年：我国高等教育的普通高校总数为2529所，招生人数为年均721.40万人，毛入学率为37.5%，在校生人数为3559万人。回顾我国高等教育改革的背景和发展历程，邬大光(2002)、林莉(2006)认为我国高等教育改革创造了两个“中国特色”：一是高等教育违背自身发展规律而直接被作为刺激经济增长的手段；二是以债务资金替代财政资金，公立高校的发展全面进入负债运行的轨道。正是由于这两个“中国特色”，使得办学趋向同质化严重和融资约束加剧成为我国高校特别是地方高校不得不直面的两大现实问题。(1)对于高校办学趋向同质化严重的问题。高校办学趋向同质化是我国高等教育违背自身发展规律的结果，是指由于按层次而非按类型办学所导致的地方高校既非学术型也非应用型的同质化局面。对此，国家的解决思路是明确的，即通过地方本科院校向应用技术型院校转型，从而提升我国职业教育和应用型人才的培养层次。(2)对于高校融资约束加剧的问题。高校融资约束加剧是政府用债务资金替代财政资金的财政机会主义行为的结果，对此政府负有不可推卸的责任。但当我国政府以法律规定的形式将自身应担负的责任转嫁给高校时，高校的融资约束问题就会凸显。对于如何解决高校融资约束的问题，可谓是仁者见仁、智者见智。因此，在地方高校转型改革的背景下研究高校融资约束问题就具有重要的现实意义。

二、高等教育成本分担理论、高校债务融资的性质及分担

(一)高等教育成本分担理论

国外有专家认为，高等教育不仅能带来私人收益，更能带来广泛的社会收益：各级教育的私人收益率普遍高于社会收益率，特别是在高等教育中表现得更为明显。美国著名教育经济学家布鲁斯·约翰斯通认为，高等教育是一种准公共产品，不能单一依托政府的力量或者受教育者的力量来补偿其成本，根据“谁受益谁负担”的原则，所有的受益方都应参与到成本补偿中来。因此，教育成本应由受教育者、受教育家庭、政府、高校、企业和社团等共同分担，这就是所谓的“成本分担理论”。综上，高等教育投资既能带来私人收益，也能带来社会收益，而且私人收益率普遍高于社会收益率，是一种具有正外部性的准公共物品。因此，高等教育成本应由各利益相关者共同分担，成本分担理论是世界各国制定高等教育经费筹集政策的理论依据。

(二)高校债务融资的性质及分担

在经济社会中，人们通常把公共部门处于债务人地位形成的债务称为“公共债务”，而把私人部门处于债务人地位形成的债务称为“私人债务”。毋庸置疑，公立高校作为政府的一个非盈利公共部门，形成的债务当属于公共债务的范畴。具体到我国，高校债务公共债务的性质并不意味着政府对高校所有的债务都负有偿还的义务。毛寿龙(2005)认为，我国公立高校不符合举债的单位、举债决策单位、举债受益单位和举债的还债单位高度一致的条件，因此存在过度负

债的问题；而李祥云(2008)认为，我国公立高校存在预算软约束的问题，而且在缺乏有效监督和制约机制的情况下，这种预算软约束会更加严重，从而导致高校过度负债的问题。因此，基于我国高校负债行为的不规范性，公办高校的债务又不能完全由政府来“买单”。

三、我国高等教育的融资现状

高等教育成本分担理论、高校债务的性质及其分担以及世界各国高等教育大众化发展的实践都表明，高等教育发展所需要的资金需要高校通过多元化融资渠道来解决。我国高等教育经费来源情况如表1所示：(1)政府拨款是高等教育最主要的经费来源。(2)学杂费收入是高等教育的第二大经费来源，而且学杂费收入占据教育经费来源的比重总体上和财政拨款呈现出相反方向的变化。(3)以债务融资为主的其他教育经费是高等教育经费的第三大主要来源。但随着高校银行债务融资空间的逐步缩小，其他教育经费占教育经费的比重开始大幅度下降。(4)来自于社会团体和个人以及社会捐赠的资金占教育经费来源的比重并不高，而且这部分资金来源占比还在逐渐降低，这对急需大量资金的高校来说基本上可以忽略。总之，我国高等教育经费来源同样呈现出多元化的特征，但以债务资金为主的其他资金来源逐步缩小以及社会资金来源的不稳定性将会进一步加剧我国高校的融资约束。

表1　1999～2011年全国高等教育经费投入构成情况　单位：%

年份	国家财政教育经费	其中：预算内	社会团体和个人	社会捐资和集资	事业收入	其中：学费和杂费	其他教育经费
1999	62.53	59.63	0.46	2.28		17.04	17.69
2000	58.16	55.23	0.72	1.66		21.09	18.37
2001	54.24	51.95	1.56	1.48		24.21	18.50
2002	50.55	48.68	2.23	1.87		26.26	19.09
2003	47.91	46.02	3.44	1.46		28.83	18.36
2004	45.54	43.71	5.27	1.01		30.41	17.77

续表

年份	国家财政教育经费	其中：预算内	社会团体和个人	社会捐资和集资	事业收入	其中：学费和杂费	其他教育经费
2005	42.77	41.03	7.06	0.83		31.05	18.28
2006	42.86	41.09	7.92	0.66	41.65	29.18	6.92
2007	43.98	42.77	0.88	0.75	46.74	33.66	7.65
2008	47.59	46.19	0.72	0.68	44.28	33.68	6.73
2009	48.75	47.17	0.71	0.56	43.46	33.16	6.51
2010	52.78	49.45	0.49	0.54	40.32	30.49	5.87
2011	58.48	54.70	0.48	0.63	34.89	26.34	5.52

四、我国高校融资现状的原因分析

(一)基于高等教育改革的视角——各高校都期望从高等教育大众化改革中分得更多利益

高等教育大众化改革给地方高校的发展带来了机遇，各地方高校一方面期望能够借此扩大自身的办学规模，另一方面也期望能够借机提升自身的办学层次。与此同时，为了保障本科教育的办学质量，教育部办公厅教高厅[2004]21号文件又针对不同类型的高等院校明确规定了基本办学条件。高校自身做大做强的愿望和政府教育部门的强制要求，实质上都暗含了高等教育大众化改革是一场资金高投入的改革，当大规模的资金需求遭遇有限的资金供给时，高校的融资约束问题自然而然就产生了，而且这一约束还会随着高校对利益的追逐而逐步加大。

(二)基于政府的视角——政府对高等教育的投入相对不足并且历史欠债严重

1.政府对高等教育的投入相对不足

自1999年高校扩招后，全国财政性教育经费总投入由1999年的2287.18亿元增加到2011年的24488.22亿元，其中用于高等教育的经费由1999年的443.16亿元增加到2011年的4023.50亿元，财政性教育经费占据 GDP 的比例由 1999 年的 2.55%上升到 2011 年的 3.93%。但如图 1 所示,1999～2011 年我国高等教育财政性经费占全部高等教育经费比重一直低于各类教育的平均水平,可见我国高等教育的财政性投入还是相对不足的。另外,我国“综合定额加专项补助”的教育经费拨款模式,不仅没有考虑诸如高校的办学质量和教育经费的使用效率等因素,而且也没有考虑各高校可获得的公平性。因此,政府对高等教育投入的相对不足以及投入模式忽视了投入资金的使用效率,这会在一定程度上加剧高校教育经费不足的矛盾。

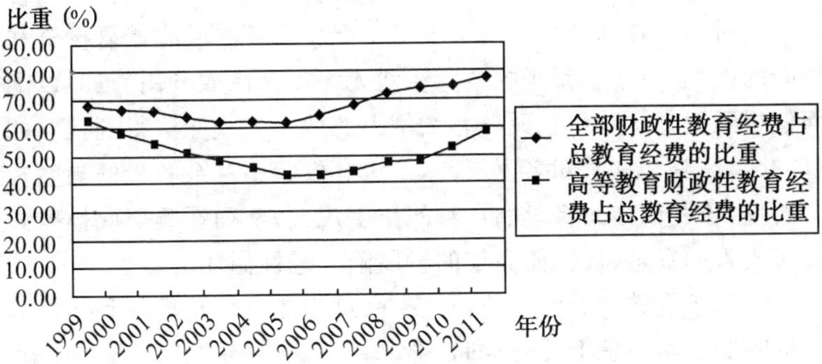

图 1　1999～2011 年财政性教育经费占总教育经费的比重

2. 政府对高等教育投入的历史欠债严重

我国政府 1993 年在《中国教育改革发展规划纲要》中规定到 2000 年达到财政性教育经费占 GDP 比例为 4%的标准,但这个目标直到 2012 年才实现。(1)按照财政性教育经费占 GDP 比例为 4%的标准,2000～2011 年政府对全国教育经费投入的历史总欠账为 19706.59 亿元,同时按历年高等教育经费投入占全部教育经费总投入的比重,政府对高等教育投入的历史欠账高达 4012.77 亿元。(2)财政性教育经费占 GDP 比例为 4%的标准只是发展中国家 20 世纪 80 年代的平均水平,目前这一比例的世界平均水平为 7%左右,发达国家为 9%左右,欠发达国家也达到了 4.1%。考虑到这一趋势,政府对我国高等教育经费投入的历史欠账还会上升。

(三)基于高校的视角——同质化的办学趋向严重影响了高校的融资能力和用资效率

目前地方高校既非学术型也非应用型的同质化办学现状不仅影响了自身的融资能力,而且还影响了已融集资金的使用效率。(1)融资能力受限。一方面受科研能力和水平所限,地方高校不仅争取科研经费的能力比较弱,而且利用科研成果转让和提供咨询服务等途径筹集资金的能力也较弱;另一方面受应用型人才培养质量所限,地方高校不仅同企业合作走产学研相结合的路子受限,而且也无法有效利用企业和社会的各种资源。(2)用资效率受限。同质化办学使地方高校对同质资源的争夺比较严重,导致了多领域的重复投资和高校间的内耗,使本已紧张的教育经费无法得到高效利用。(3)以上方面使得既无办学特色也无核心竞争力的地方高校无法得到社会的认可,社会声誉和办学知名度不高,无法有效吸引社会各界的捐赠资金。而且,长此以往还将影响自身的招生规模,从而影响财政拨款和学杂费收入的资金数量,使高校的发展陷入恶性循环。

(四)基于受教育者的视角——家庭负担能力以及投入和回报的不对称限制了学杂费上涨的空间

学杂费收入是我国高等教育的第二大主要经费来源,但就目前而言:(1)居民家庭教育支出负担沉重。如图2所示,我国高等教育的学杂费支出占据居民家庭收入的比重已经超过了相当多家庭、特别是农村家庭的承受能力。虽然2003年后,得益于国家在不同场合以不同形式要求限制学费上涨,这一负担相对有所下降,但2012年学费“限涨令”到期后,多地已经开始酝酿并逐步上调学费,因此居民家庭的教育支出负担可能还将加重。(2)居民家庭的教育投资和回报不对称。表现在:一方面高校毕业生的就业率并不尽如人意。据麦克思研究院发布的《2015年中国大学生就业报告》显示,2012届、2013届和2014届我国大学生的全职就业率分别为81.3%、80.6%和79.2%,全职就业率逐年下降;另一方面高校毕业生的收入并不尽如人意。有数据显示,2014年就业大学生的平均月工资只有

2400 元。考虑到居民家庭的承受能力、教育投资和回报的不对称性等因素，进一步提学杂费的收费标准势必会影响高校的招生进而影响高校未来的生存和发展。

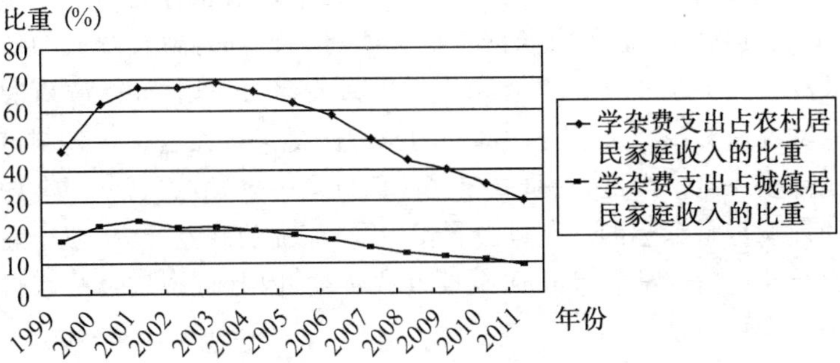

图 2　1999～2011 年学杂费支出占居民家庭收入的比重

数据来源：本研究所有数据均来自历年《中国教育经费统计年鉴》《中国统计年鉴》，笔者根据计算整理获得。

(五)基于银行的视角——高校银行债务融资的空间将越来越小

1. 高校高额债务融资是特定环境与政策相结合的产物

除高等教育大众化导致高校对资金的大幅需求外，地方高校能够取得巨额债务融资还与当时特定的政策环境有关：(1)法律的保障。《高等教育法》明确了高校的法人地位，这为高校贷款提供了基本身份的法律依据。(2)积极财政政策的选择。鼓励银行放贷是1998 年我国积极财政政策的重要组成部分，由于高校债务具有公共债务的性质，因此高校就成为银行放贷的首选客户。(3)政府的政策推动。为了推动高校向银行贷款，教育部多次通过会议的形式鼓励高校利用银行贷款进行建设，甚至以“强行要求”的方式将贷款任务下达给各高校。总之，特定的政策环境、逐利的银行和急需资金的高校在多重因素的影响下自然而然就走到一起。

2. 贷款偿还过程中的利益冲突限制了高校债务融资的空间

伴随高额贷款而来的是还本付息中各方的利益冲突和选择，这种冲突和选择不仅给各方施加了压力，也限制了高校债务融资的空间。(1)高校债务性质的法律界定加重了高校还贷的压力。教育部、财政部教财[2004]18号文件明确将高校债务界定为私人性质的债务,这一方面会加大既无利润创造的能力也无挪用既定用途资金权力的高校的还贷压力,另一方面还会使政府将由于自身政策因素造成的负债转嫁给高校,是政府对高等教育发展极不负责的表现。(2)高校贷款将给金融市场留下巨大隐患。银行向高校发放的贷款在某种程度上是一种以政府隐形担保为前提的信用贷款,政府隐形担保的性质和高校政府公共部门的身份使得银行无法采取强制措施强制高校还款。因此,一旦高校债务危机集中爆发,这对整个金融市场的影响将是深远的。高校、银行和政府面临的利益冲突,使得逐利的银行已经紧缩甚至停止向高校发放贷款,因此高校从银行取得贷款的空间将越来越小。

五、高校融资约束对策分析

高等教育作为一项成本高且逐渐递增的产业,在学杂费上涨空间有限、债务融资空间逐步缩小的情况,如何解决其发展过程中遇到的融资约束问题就成为高校面临的一个非常现实的问题。

(一)理顺政府和高校的关系,进一步完善政府对高校的管理体制

目前高校融资约束的很多方面实质上都可以归结到政府与高校的关系上,比如预算软约束和监督无效的问题、政府拨款利用率低的问题、同质化办学趋向严重以及高校债务负担过重的问题等。要解决这些问题,必须在理顺政府和高校关系的基础上进一步完善政府对高校的管理体制。(1)大力推进高校去行政化改革。高校行政化最大的影响就是“官本位”思想在高校盛行,政绩取代办学质量成为高校管理者首要追求的目标,行政安排取代市场需求成为高校资源配置的主要依据。高校去行政化改革后,高校的行政级别将被取消,“教授治校,学术至上”的办学理念将引导高校根据市场规则有效配置资源,从而提高高校的办学质量,使高校的发展进入良性循环的轨道。(2)归还高校的办学自主权。目前,高校在人才引进、专业设置、资产运作等很多方面都无有效的自主权,这大大增加了高校的运作成本和协调成本,也使高校很多闲置的诸如校舍、土地等资源得不到

有效的利用。因此，在高校去行政化改革后，应进一步归还高校的办学自主权，这是高等教育管理体制改革的基本方向。

（二）政府应弥补对高等教育的历史欠账并继续加大对高等教育的投入

政府拨款始终是高等教育经费的主要来源，因此：(1)政府应通过一定方式弥补对高等教育拨款的历史欠账。据 2011 年审计署提供的数据显示：截至 2010 年底，我国 1164 所地方所属普通高校政府性债务为 2634.98 亿元。如果政府能将截至 2012 年前的高等教育历史欠账 4012.77 亿元予以还清，那么高校所承担的政府性债务及其他债务将得以有效缓解。(2)政府应继续加大对高等教育的投入。虽然从 2012 年起我国财政性教育经费占 GDP 的比重已经超过了 4%，但这一水平仅是发展中国家 20 世纪 80 年代的平均水平，与发达国家、甚至是世界的平均水平还存在较大差距。因此，政府应切实负担起对高等教育发展的责任，继续加大对高等教育的投入。(3)改变“综合定额加专项补助”的拨款模式，建立多参数的教育经费拨款模式。这里可以借鉴英国的做法，在政府和高校之间设立一个专门的中介机构，专门评价高校对政府拨付资金的使用效率并根据评估结果确定对高校的拨款数额。可喜的是，教育部副部长杜玉波在谈到高等教育的保障措施时强调：我国正在探索根据第三方综合评价结果实行生均经费的差异化拨款，真正建立起“奖优退劣”的激励机制。

（三）地方高校应基于转型改革的背景提升自身的融资能力和用资效率

地方高校应抓住转型改革的历史机遇，在明确自身发展定位的基础上，提升自身的融资能力和用资效率。(1)以转型改革为契机，走产学研相结合的路子。产学研相结合可以加大高校与企业的合作力度，吸引企业的资金和其他资源为高校的发展服务。(2)以应用为导向，提升高校的科研能力和水平。高校要发挥应用性技术院校的优势，强化对横向课题的引导和支持，在提升科研能力和水平的基础上提升自身争取科研经费、科技成果转化和咨询服务收入的能力。

(3)优势互补,提高资源的使用效率。高校同质化办学局面的改善可以降低高校间对同质资源的争夺、高校间重复建设和投资的问题,各高校资源将在互利的基础上实现共享,从而提高有限资源的使用效率。(4)提升办学质量和社会知名度,广泛吸引社会捐赠资金。在高校办学质量和知名度显著提高的情况下,高校还可以充分利用学校的影响力,吸收社会资金对高校的捐赠来为自身的发展服务。当然,这一方面需要高校有吸引社会捐赠资金的动力,另一方面也需要政府出台相应的优惠政策给予帮扶和支持。

(四)待时机成熟时有效利用融资方式创新

由于应用型技术院校对实践教学条件的要求比较高,因此职业化转型后,地方高校对资金的需求还将大幅增加。在传统融资渠道受限的情况下,一些其他领域常用的融资方式或金融创新工具也进入高校的视野,如融资租赁、BOT、资产证券化、发行教育福利彩票以及征收教育税等。应当承认,融资方式创新在一定程度上可化解高校资金供需不足的矛盾,但不可否认这些创新的融资方式在高校的应用还将面临许多限定条件,如发行教育福利彩票以及BOT等都需要相关法律保障以及其他配套设施的完善,而在毕业生就业质量并不乐观的背景继续开征"教育税"将会受到相当一部分纳税人的抵制。因此,短时间内这些融资方式不具备大规模推广的空间,但随着我国资本市场的完善和高等教育事业的发展,融资方式创新将成为高校融资的重要渠道。

参考文献

[1]邬大光.我国高等教育大众化的基本特征与政府的责任[J].教育研究,2002(3)

[2]林莉.高校贷款的代价[J].教育发展研究,2006(8)

[3]Johns R. L. and William P. Economics and finance of education review of educational research[J]. *Review of Educational Research*,1961,31(4)

[4]Laitner J. Structural change and economic growth[J]. *Re-*

view of Economic Studies,2000,67(3)

[5]Donald Bruce Johnstone. *Sharing the Costs of Higher Education Student Financial-assistance in the United Kingdom, the Federal Republic of Germany, France, Sweden, and the United States*[M]. New York:The College Board,1986

[6]毛寿龙.市政债权与治道变革[J].管理世界,2005(3)

[7]李祥云.关于我国高校负债融资问题的思考[J].高等教育研究,2008(10)

(作者单位:齐鲁师范学院)

高校行政事业性收费的会计确认计量及处理研究

张 伟

高校收费是高校日常财务工作的重要组成部分，是高校组织收入的重要来源，但是一直以来不管是从法律法规还是高校内部管理制度上，对于收费数据管理及核算都没有引起足够的重视。在日常收费、对账、审计、统计等工作中，收费管理系统往往不能提供完整严密的数据，给人留下收费管理不严、数据不实的印象。在目前以收付实现制为核算基础的高校财务制度框架下，建立起完整严密的收费管理及核算体系，保证收费数据的严肃性，就成为高校收费管理工作亟待解决的问题。

一、高校行政事业性收费的确认及计量

高等教育既非完全竞争的市场私人产品，也非不具有竞争和排他性、全民享有的公共产品，在我国目前的教育制度和管理体制下，高等教育基本由政府举办和承担支出，高等教育的成本基本由政府财政政策决定，高校也并不完全具有能够控制自身成本的能力，在高等教育成本的核算理论研究方面也缺乏统一的形成共识的体系。我国目前的财政管理体系不允许高校自收自支，高校行政事业性收费需要纳入财政预算体系，高校收取学生的费用后，作为应缴财政专户款上缴财政，高校实际上扮演了代理人的角色。但是不管是使用者

付费还是事业性收费，共同的一点是，都是使用者对于所消费的社会公共资源的补偿或者价值交换，至于使用者付出与其获得的收益或者其所消费的资源的价值是否等价，只是制定收费标准应该考虑的问题。只要使用者使用了高等教育资源，其就应该支付目前规定的相应的价格，对于政府来说，就应当确认这部分应收债权，对于承担代理收费角色的高校来说，也应当确认相应的代收责任。

对于高校来说，实际上学费收费标准并不是自己能够决定的，受到各地政府部门的政策控制，在会计核算中，也只是设置了“应缴财政专户款”科目来核算，站在财政的立场上，高校只是代收费行为，高校的收费管理也只是辅助账，应缴财政专户款也是负债科目，高校的应收代收财政款权利，没有在高校财务系统体现，这当然符合收付实现制的要求，也确实不是高校的应收款权利，因为这项权利是属于财政而不是高校的，所以即使确认，也不能在高校财务系统中作为债权反映，或者同时反映债权和一项债务。

总结起来，我们必须明确三点。第一，对于事业性收费，其归属权属于财政，高校只是执收单位，收取后需要上缴财政专户，只有经过申请拨回后才能形成单位的收入；第二，单位收取上缴财政专户资金，是以负债科目“应缴财政专户款”来核算的；第三，高校收取的事业性收费，在“应缴财政专户款”科目中，是以收付实现制来核算的。这体现了两个实质问题：一是高校应当执收的事业性收费不是高校的债权，也就是说不能放在应收款科目核算；二是在财务核算系统中既没有科目，也不能以权责发生制去登记这些应执收事业性收费。在目前和可以预见的将来，高校财务管理部门只能在此框架下寻求收费管理的改进和突破。

既然高校财务核算系统受到法律法规的制约，具有很大的刚性，高校能够发挥的余地不大，我们就只能回头从收费管理的源头，也就是高校收费管理系统来寻求突破，在收费管理系统内提前来实现部分财务核算的功能，建立完整、清晰、严谨的数据逻辑过程。

二、目前高校收费管理及核算中存在的问题

现行的收费管理,在收费管理系统本身的设计及收费核算中都存在问题和缺陷。高校收费管理软件系统虽然开发商不同,但都是基于满足学生缴费情况流水统计的模式建立,不符合内部控制要求,基本没有考虑收费管理系统的数据逻辑及其与财务核算系统之间数据的衔接与勾稽关系,对于收费管理系统数据的来源、加工、处理也缺乏严谨性。高校收费管理已经不能满足各方面对高校收费数据使用需求。

(一)收费管理系统内部数据缺乏完整的记录加工轨迹

高校目前使用的收费管理系统是基于流水与拆分汇总模式,仅仅满足于数据记录和简单的整理功能。其基本数据逻辑为:设立分项目应收款—多种收费方式收费—数据拆分填充各收费项目。这样存在的一个问题是,假设高校一次性划扣 10000 人,4000 万元,其中某生应缴学费 4000 元、住宿费 1200 元、教材费 500 元,共计 5700 元汇总划扣,这样学生的银行交易明细中会出现一笔 5700 元的支出,对应的银行返回高校的扣款成功明细数据也有一笔 5700 元的记录,但是在高校的收费管理系统中 5700 元却被拆分为上述 3 个明细项目,收费系统中不记录 5700 元这个数字。在高校财务核算系统中,不管是直缴财政还是汇总缴纳,出现的是 4000 万元,也不会出现一笔 5700 元的记录。如此看来,5700 元这个数字就像蒸发了一样,在高校系统中没有留下轨迹。在高校开学季,批量扣款收费的情况下,这个问题会尤其突出。

数据拆分填充模式的另一个弊端是,对于各种原因引起的超额收费,在传统的收费管理系统中并没有记入学生的缴费明细中,而是进入到暂存款记录中,比如上述学生应缴费总额 5700 元,假设其助学贷款汇入学校财务 6000 元,多出的 300 元会记入暂存款中,如果仅仅查询学生的缴费记录会发现,学生名下只有拆分后的助学贷款 5700 元,而在财务核算系统中,收到的 6000 元却全部计入了应缴财政专户款,会导致收入虚增。

（二）传统高校收费管理系统无法提供完整的时点数据

这是由高校收费管理系统的设计思想决定的。传统高校收费管理系统，仅仅满足于统计学生的应缴、实缴和退费数据，没有考虑会计核算和政府部门对于收费管理系统数据的需求。无法提供学生学籍信息和收费信息的时点数据，这是一个严重的缺陷，也是问题的症结所在。

（三）收费管理系统数据的处理方式存在弊端，存在很多风险

由于采用字段管理模式，对于应收款的修改，采用直接修改原始记录的方式进行，对于修改的数据无法查询统计，如某生住宿标准初始化时为 1200 元，因宿舍调整，住宿标准变更为 1000 元，收费系统中，由收费员直接把 1200 元修改为 1000 元，此时能够留下的轨迹仅是一条日志信息，没有核算在某一时点上数据变更如何导致应收款总额的变化及其明细，而且此笔记录也不用进入财务系统核算，其原始凭据也无法进入会计账簿体系存管。直接修改原始数据的会导致很多问题，如：时点统计数据是变动的，在审计和数据统计、查询等环节无法提供准确的数据变化轨迹，失去了数据的严肃性；在收费的日常管理和接受审计以及部门内部数据统计的过程中，都会出现数据账面不一致需要调整的情况，虽然经过调整之后，数据的勾稽关系能够成立，但是这个过程是费时费力的。

（四）收费管理及财务核算系统的核算方式缺乏完整性，没有形成完整的核算逻辑

目前的高校会计制度对于收费只是核算结果，不核算开始和中间过程，开始和过程两部分在收费管理系统进行反映，而收费管理系统是游离于财务核算系统之外的，它的设计也缺乏严密的数据流程控制，收费管理系统和财务核算系统及其他系统也没有勾稽关系，这其实是一个不算严密的核算逻辑体系，无法很好满足单位内部管理和物价、财政、主管部门的监管要求。

三、收费管理及核算需要达成的目标

各行为主体对收费数据的需求和高校日常管理的需要，主要体

现在以下方面：

1.彻底改变收费管理模式，变被动缴费为主动缴费。根据《高等教育法》第54条，高等学校的学生应当按照国家规定缴纳学费。目前大部分高校普遍采用与银行合作发放学生缴费银行卡，由学生存入应缴金额，然后由高校批量划扣的方式收费。但是，这种由学校发起主动扣费、学生被动缴费的收费方式一直存在争议。做得比较完善的，也就是与学生签订同意代扣协议，让学生授权银行代扣学杂费。由于学生应缴的费用，实际上是由高校执收，也就是代财政部门收取，这最终涉及到了财政、高校、学生和银行四个主体，稍有不慎就容易产生纠纷。如在银行扣款不审核户名的情况下，学生登记的任何一张银行卡，都可以在无需密码的情况下被高校发送到银行完成扣款过程，这实际上是存在隐患的。要改变这种局面，必须变学校主动为学生主动，学校发起收费后，或者在学分制管理模式下由学生通过网络自主选课并完成缴费过程，免除了先缴费后结算带来的系列问题，实现了学生实时自助缴费。

2.让收费管理系统成为一个复合系统，分别核算依附于学生学籍身份的收费数据和由其衍生出的财务会计数据。我们要摒弃收费管理系统仅仅满足于统计学生缴费情况的功能的思想，从根本上改变其设计思路。在收费管理系统中同时满足多方的需求，填补财务核算系统目前无法反映的一些财务信息，在收费管理系统中建立起严密的数据核算逻辑。

3.收费管理系统中以学年制为单位权责反映学生收费数据，以收付实现制反映财务会计数据，两者实现一套数据源两种核算标准。两种核算模式，要在收费管理系统中完美的和谐共存，我们必须设计出一套分类核算的路径，通过对同一数据反映的不同角度进行解析，同时满足收费管理职能和财务核算功能。

4.能够提供时点数据。一是要提供完整的时点数据；二是时点数据能够锁定。这要求从根本上改变现有的收费管理系统设计思想，改字段式管理为记录式管理，所有数据的修改都序时增减条目记录，而不是直接修改字段数据。

四、收费管理流程、核算逻辑及数据勾稽关系

(一)收费管理及核算涉及模块(见图 1)

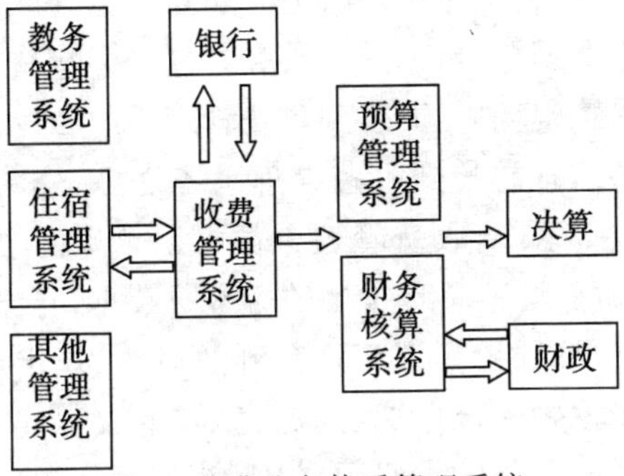

图 1　收费业务体系管理系统

收费业务体系中主要包含教务管理系统、住宿管理系统、收费管理系统、银行、预算管理系统、财务核算系统、财政、决算等业务模块。这些业务模块,有的是在高校的自身管理权限内,可以按照高校的意愿整合,建立集成的业务系统;有些第三方模块,通过一定的数据交换,也可以接入学校的管理系统,实现集成化管理。这是现代信息技术给高校管理带来的革命性变化,为我们实现信息的集约管理提供了可能。

(二)收费管理及核算业务流程(见图 2)

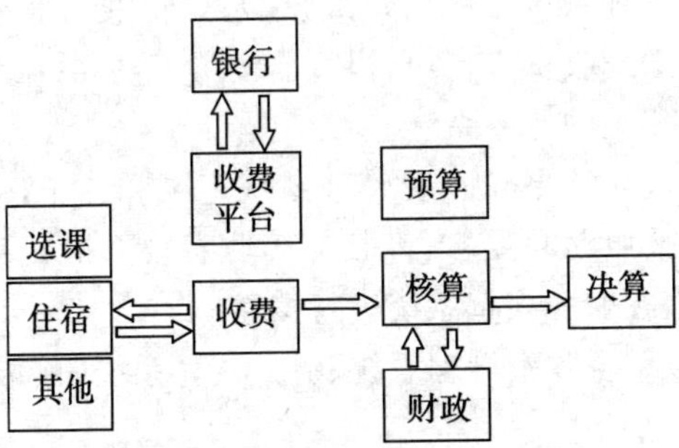

图 2　收费业务流程

收费业务可以划分为三个阶段，一是数据的采集，二是数据的处理，三是数据核算管理。

对于收费管理来说，初始数据从人员信息初始化开始，招生办公室录取完毕后，首先把学生录取数据发送给教务处和财务处，财务处委托银行给学生办理缴费银行卡，教务处进行学籍信息的数据编制，教务系统学籍信息定稿后，同步到收费管理系统和住宿管理系统。

教务处学籍信息同步到收费管理系统之后，分两种情况进行处理。在学年制收费下，由收费管理人员根据学生的学籍性质来录入学费标准金额，教务处不负责学生的应缴费数据；在学分制管理模式下，教务处在教务系统设置课程及其开放对象，规定选课截止时间，学生通过网络在教务系统选课，选课完毕，生成学分总计，根据学分费用标准生成所选学分应缴费用，加上专业注册费后发到收费管理系统，生成应收款，此数据同时发送到收费平台，学生点击缴费，接入银行系统，学生自助完成缴费，缴费成功后，通过收费平台，记入收费管理系统，登记缴费数据，同时记入教务系统，提示学生报名成功。选课截止日期之前，学生可以自行选择退选课程，退选时自动生成退选退费记录，记入收费管理系统，由财务处在选课结束之后统一结算退入原缴费银行卡。

收费管理系统接收的另一个重要应收款数据来源是住宿管理系统，住宿管理系统生成的应收住宿费和调整金额进入收费管理系统收费。

经过收费管理系统记录的应收款数据，由收费管理人员或者学生自主发起发送到收费平台，与银行连接结算，扣款结果同时写入收费管理系统和相关的业务系统。

银行扣款成功结果在收费管理系统记录和加工，满足不同的统计核算需要。按照财政要求，高校实际收费要及时足额上缴财政专户，这部分数据在财务核算系统进行核算。

年终，财务结合收费管理系统、财务核算系统、预算系统的数据，进行年终决算。

以上系统之间的数据要按月定期核对，保证数据之间的勾稽关系成立。

(三)收费数据流程(见图 3)

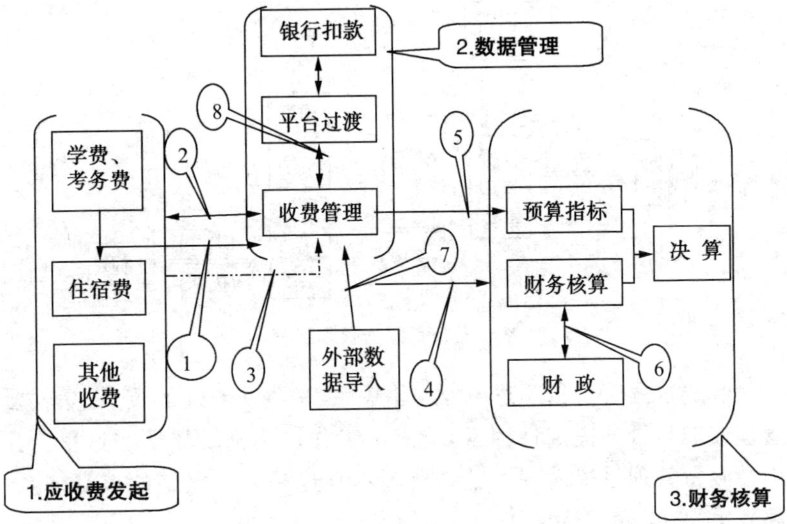

图 3 收费业务流程

1. 教务系统。学生学籍数据信息实时单向同步到住宿管理系统和收费管理系统,包括初始化数据和学籍异动数据,保持三者人员数据的一致性。为了配合收费管理系统的改革,学生学籍信息也应当建立起能够时点管理的模式。

2. 应收费数据来源系统。应收款和收费管理系统实收款双向同步更新,保持两类系统之间数据的一致性,满足各自的控制和管理功能。

3. 绿色通道学生。保持应收费来源系统对于收费管理系统的数据同步更新,收费管理系统只对收费来源系统标记,不更新实收费数据。待收费管理系统实际收费时,再同步更新相关系统。

4. 实收款数据及结算退费数据单向进入财务核算系统核算。

5. 应收款数据及其调整数据和实收款及其结算数据单向进入预算系统核算。

6. 实收款实际上缴数据双向与财政系统数据保持一致。

（四）收费数据管理及核算勾稽关系

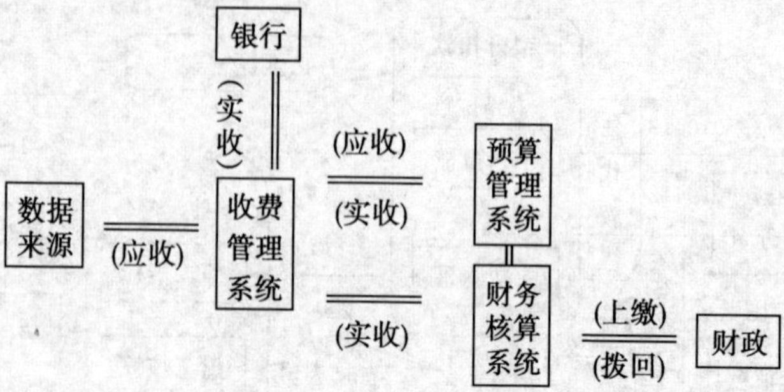

图 4　收费数据管理流程

收费数据管理核算逻辑及勾稽关系，是收费管理的重点，是收费管理成功与否的决定性因素，所有的工作最终都要体现在这里。其中在收费管理系统内部的数据逻辑本身也是一个完整的核算体系，起到承上启下的作用。

收费数据来源应收数＝收费管理系统应收数

收费管理系统应收数＝预算管理系统应收数

收费管理系统实收数＝预算管理系统实收数

收费管理系统实收数＝财务核算系统实收数

预算管理系统实收数＝财务核算系统实收数

财务核算系统实收数＝财政系统已缴数

财务核算系统收入数＝财政系统已拨回数

（五）收费管理系统数据结构勾稽关系实现设计

为了满足多方主体对收费数据的需求，在收费管理系统数据管理中需实现两种功能，一种为学生相关数据，以学生学籍身份为单位来统计数据，另一种为财务相关数据，形成完整的财务数据核算流程。

表 1　学生个人收费情况总账　单位:元

学年度	学号	项目	应收金额	实收金额	退费金额	减免金额	欠费金额
2012	201206010412	学费	4 800.00	4 800.00	0.00	0.00	0.00
2012	201206010412	住宿费	800.00	1 200.00	400.00	0.00	0.00
2012	201206010412	代收教材费	1 100.00	1 300.00	200.00	0.00	0.00
2012	201206010412	代收卧具费	455.10	455.10	0.00	0.00	0.00
2013	201206010412	学费	4 800.00	4 800.00	0.00	0.00	0.00
2013	201206010412	住宿费	800.00	800.00	0.00	0.00	0.00
2014	201206010412	学费	4 000.00	4 000.00	0.00	0.00	0.00
2014	201206010412	住宿费	801.00	800.00	0.00	0.00	1.00
合计			17 556.10	18 155.10	600.00	0.00	1.00
2012	201202180109	学费	3 400.00	3 400.00	0.00	0.00	0.00
2012	201202180109	住宿费	1 200.00	1 200.00	0.00	0.00	0.00
2012	201202180109	代收教材费	1 100.00	1 300.00	200.00	0.00	0.00
2012	201202180109	代收卧具费	455.10	155.10	0.00	0.00	0.00
2013	201202180109	学费	3 400.00	3 400.00	0.00	0.00	0.00
2013	201202180109	住宿费	800.00	800.00	0.00	0.00	0.00
2014	201202180109	学费	3400.00	3400.00	0.00	0.00	0.00
2014	201202180109	住宿费	400.00	800.00	400.00	0.00	0.00
合计			14 155.10	14 755.10	600.00	0.00	0.00
2014	201404110422	学费	0.00	8000.00	8000.00	0.00	0.00
2014	201404110422	住宿费	0.00	1 200.00	1 200.00	0.00	0.00
2014	201404110422	代收教材费	1 300.00	1 300.00	0.00	0.00	0.00
2014	201404110422	代收卧具费	0.00	482.00	482.00	0.00	0.00

表 2　　学生个人收费情况时点明细账　　单位：元

序号	学号	生成日期	期间代码	收费项目代码	记账单号	收费项目名称	应缴金额	实缴金额	分项目缴费金额	退费金额	欠费金额
000001	201202180109	20120816	2012	01		学费	3 400.00				3 400.00
000002	201202180109	20120816	2012	02		住宿费	1 200.00				4 600.00
000003	201202180109	20120816	2012	03		代收教材费	1 300.00				5 900.00
000004	201202180109	20120816	2012	04		代收卧具费	455.10				6 355.10
041462	201202180109	20120818	2012		000001			5 900.00			455.10
045166	201202180109	20120818	2012		000002			455.10			0.00
041462-1	201202180109	20120818	2012	01	102104	学费			3 400		0.00
041462-2	201202180109	20120818	2012	02	102104	住宿费			1 200.00		0.00
041462-3	201202180109	20120818	2012	03	102104	代收教材费			1 300.00		0.00
045166-1	201202180109	20120818	2012	04	103104	代收卧具费			455.10		0.00
000001	201202180109	20130816	2013	01		学费	3 400.00				3 400.00
000002	201202180109	20130816	2013	02		住宿费	800.00				4 200.00
021309	201202180109	20130822	2013		000001			3 400.00			800.00
021309-1	201202180109	20130822	2013	01	064039	学费			3 400.00		800.00
008140	201202180109	20130923	2013		000001			800.00			0.00
008140-1	201202180109	20130923	2013	02	110429	住宿费			800.00		0.00
000001	201202180109	20140816	2014	01		学费	3 400.00				3 400.00
000002	201202180109	20140816	2014	02		住宿费	800.00				4 200.00
003383	201202180109	20140818	2014		000001			3 400.00			800.00
003383-1	201202180109	20140818	2014	01	113350	学费			3 400.00		800.00
005783	201202180109	20140903	2014		000001			800.00			0.00
005783-1	201202180109	20140903	2014	02	113909	住宿费			800.00		0.00
000003	201202180109	20150327	2014	02		住宿费	-400.00				-400.00
000014	201202180109	20150327	2014	02	000014	住宿费				400	0.00
000001	201202180109	20150408	2012	03		代收教材费	-200.00				-200.00
000749	201202180109	20150408	2012	03	000749	代收教材费				200	0.00

表 3　　应收款时点明细账　　单位:元

序号	学号	生成日期	期间代码	收费项目代码	收费项目名称	应收金额	是否汇总	发起人
000001	201202180109	20120816	2012	01	学费	3 400.00	1	教务处
000002	201202180109	20120816	2012	02	住宿费	1 200.00	1	住宿中心
000003	201202180109	20120816	2012	03	代收教材费	1 300.00	1	教务处
000004	201202180109	20120816	2012	04	代收卧具费	455.10	1	住宿中心
000005	201206010412	20120816	2012	01	学费	4 800.00	1	教务处
000006	201206010412	20120816	2012	02	住宿费	1 200.00	1	住宿中心
000007	201206010412	20120816	2012	03	代收教材费	1 300.00	1	教务处
000008	201206010412	20120816	2012	04	代收卧具费	455.10	1	住宿中心
000009	201206010412	20120819	2012	02	住宿费	−400.00	1	住宿中心
000001	201202180109	20130816	2013	01	学费	3 400.00	1	教务处
000002	201202180109	20130816	2013	02	住宿费	800.00	1	住宿中心
000003	201206010412	20130816	2013	03	代收教材费	4 800.00	1	教务处
000004	201206010412	20130816	2013	04	代收卧具费	800.00	1	住宿中心
000001	201202180109	20140816	2014	01	学费	3 400.00	1	教务处
000002	201202180109	20140816	2014	02	住宿费	800.00	1	住宿中心
000003	201206010412	20140816	2014	01	学费	4 000.00	1	教务处
000004	201206010412	20140816	2014	02	住宿费	801.00	1	住宿中心
000005	201204110422	20140816	2014	01	学费	8 000.00	1	教务处
000006	201204110422	20140816	2014	02	住宿费	1 200.00	1	住宿中心
000007	201204110422	20140816	2014	03	代收教材费	1 300.00	1	教务处
000008	201204110422	20140816	2014	04	代收卧具费	482.00	1	住宿中心
000001	201202180109	20150327	2014	02	住宿费	−400.00	1	住宿中心
000002	201202180109	20150408	2012	03	代收教材费	−200.00	1	教务处
000003	201206010412	20150408	2012	03	代收教材费	−200.00	1	教务处
000004	201404110422	20150413	2014	01	学费	8 000.00	1	教务处
000005	201404110422	20150413	2014	02	住宿费	−1 200.00	1	住宿中心
000006	201404110422	20150413	2014	04	代收卧具费	−482.00	1	住宿中心

表 4　实收款时点明细账

单位:元

学号	会计年度	会计期间	收费日期	收费时间	记账单号	收费单号	制单人	项目代码	金额	收费项目名称	收费期间名称	交费方式
201202180109	2012	08	20120818	102104	000001	041462	001	01	5 900.00		2012～2013	建银代扣
201206010412	2012	08	20120818	102121	000001	041987	001	01	7 300.00		2012～2013	建银代扣
201202180109	2012	08	20120818	103124	000002	045166	001	04	455.10		2012～2013	建银代扣
201206010412	2012	08	20120818	103234	000002	047333	001	04	455.10		2012～2013	建银代扣
201202180109	2013	08	20130822	064039	000001	021309	001	01	3 400.00		2013～2014	建银代扣
201206010412	2013	08	20130825	131544	000002	030383	001	01	4 800.00		2013～2014	建银代扣
201202180109	2013	09	20130923	110429	000001	008140	001	02	800.00		2013～2014	建银代扣
201206010412	2013	09	20130923	111113	000001	014509	001	02	800.00		2013～2014	建银代扣
201202180109	2014	08	20140818	113350	000001	003383	001	01	3 400.00		2014～2015	建银代扣
201404110422	2014	08	20140818	114645	000001	016228	001	01	8 000.00	学费	2014～2015	建银代扣
201404110422	2014	08	20140818	115020	000001	020075	001	01	1 200.00	住宿费	2014～2015	建银代扣
201404110422	2014	08	20140818	115418	000001	024028	001	03	1 300.00	代收教材费	2014～2015	建银代扣
201404110422	2014	08	20140818	120343	000001	027933	001	04	482.00	代收卧具费	2014～2015	建银代扣
201202180109	2014	09	20140903	113909	000001	005783	001	02	800.00		2014～2015	建银代扣
201206010412	2014	09	20140903	114150	000001	011696	001	01	4 800.00		2014～2015	建银代扣

表 5　应收款时点明细账

单位：元

会计年度	会计期间	收入日期	收费时间	记账单号	制单人	收费期间代码	项目代码	金额	收费时间名称	交费方式
2012	08	20120818	102121	000001	001	2012	01	13200.00	2012～2013	建银代扣
2012	08	20120818	103234	000002	001	2012	04	910.20	2012～2013	建银代扣
2013	08	20130822	064039	000001	001	2013	01	3400.00	2013～2014	建银代扣
2013	08	20130825	131544	000002	001	2013	01	4800.00	2013～2014	建银代扣
2013	09	20130923	111113	000001	001	2013	02	1600.00	2013～2014	建银代扣
2014	08	20140818	113350	000001	001	2014	01	14382.00	2014～2015	建银代扣
2014	09	20140903	114150	000001	001	2014	01	5600.00	2014～2015	建银代扣

表 6　　实收财务核算汇总账　　单位：元

学号	会计年度	会计期间	收费日期	收费时间	收费单号	项目收费单号	制单人	项目代码	金额	收费项目名称	交费方式
201206010412	2012	08	20120818	102121	041987	041987～1	001	01	4800.00	学费	建银代扣
201206010412	2012	08	20120818	102121	041987	041987～2	001	02	4800.00	住宿费	建银代扣
201206010412	2012	08	20120818	102121	041987	041987～3	001	03	4800.00	代收教材费	建银代扣
201206010412	2012	08	20120818	103234	047333	047333～1	001	04	455.10	代收卧具费	建银代扣
201206010412	2013	08	20130825	131544	030383	030383～1	001	01	4800.00	学费	建银代扣
201206010412	2013	09	20130923	111113	014509	014509～1	001	02	800.00	住宿费	建银代扣
201206010412	2014	09	20140903	114150	011696	011696～1	001	04	4000.00	学费	建银代扣
201206010412	2014	09	20140903	114150	011696	011696～2	001	04	800.00	住宿费	建银代扣
201202180109	2012	08	20120818	102104	041462	041462～1	001	01	3400.00	学费	建银代扣
201202180109	2012	08	20120818	102104	041462	041462～2	001	02	1200.00	住宿费	建银代扣
201202180109	2012	08	20120818	102104	041462	041462～3	001	03	1300.00	代收教材费	建银代扣
201202180109	2012	08	20120818	103124	045166	045166～1	001	04	455.10	代收卧具费	建银代扣
201202180109	2013	08	20130822	064039	021309	021309～1	001	01	3400.00	学费	建银代扣
201202180109	2013	08	20130822	110429	008140	008140～1	001	02	800.00	住宿费	建银代扣
201202180109	2014	08	20140818	113350	003383	003383～1	001	01	3400.00	学费	建银代扣
201202180109	2014	09	20140903	113909	005783	005783～1	001	02	800.00	住宿费	建银代扣
201404110422	2014	08	20140818	114645	016228	016228～1	001	01	8000.00	学费	建银代扣
201404110422	2014	08	20140818	115020	020075	020075～1	001	02	1200.00	住宿费	建银代扣
201404110422	2014	08	20140818	115418	024028	024024～1	001	03	1300.00	代收教材费	建银代扣
201404110422	2014	08	20140818	120343	027933	027933～1	001	04	482.00	代收卧具费	建银代扣

表 7　　退费时点明细账　　单位:元

学号	年度	月份	时间	退费单号	制单人	是否有效	是否汇总	项目	金额	所属学年度
201206010412	2012	10	20121019	002293	001	0	1	02	400.00	2012～2013
201202180109	2015	03	20150327	000014	001	0	1	02	400.00	2014～2015
201206010412	2015	04	20150408	002674	001	0	1	03	200.00	2012～2013
201202180109	2015	04	20150408	000749	001	0	1	03	200.00	2012～2013
201404110422	2015	04	20150413	023776	001	0	0	01	9 682.00	2014～2015

表 8　　退费项目拆分明细账　　单位:元

学号	年度	月份	时间	退费单号	制单人	是否有效	是否汇总	项目	金额	所属学年度
201206010412	2012	10	20121019	002293	001	0	1	02	400.00	2012～2013
201202180109	2015	03	20150327	000014	001	0	1	02	400.00	2014～2015
201206010412	2015	04	20150408	002674	001	0	1	03	200.00	2012～2013
201202180109	2015	04	20150408	000749	001	0	1	03	200.00	2012～2013
201404110422	2015	04	20150413	023776	001	0	0	01	8 000.00	2014～2015
201404110422	2015	04	20150413	023776	001	0	0	02	1 200.00	2014～2015
201404110422	2015	04	20150413	023776	001	0	0	04	482.00	2014～2015

表 9　　退费财务核算汇总账　　单位:元

学号	年度	月份	时间	退费单号	记账单号	制单人	是否有效	是否汇总	项目	金额	所属学年度
201206010412	2012	10	20121019	002293	000001	001	0	1	02	400.00	2012～2013
201202180109	2015	03	20150327	000014	000001	001	0	1	02	400.00	2014～2015
201206010412	2015	04	20150408	002674	000001	001	0	1	03	400.00	2012～2013
201404110422	2015	04	20150413	023776	000002	001	0	0	01	9 682.00	2014～2015

表 10 **项目收费时点总账** 单位:元

生成日期	年份	序号	月份	项目	应收	实收	退费	欠费
20120816	2012	000001	01	学费	3 400.00			3 400.00
20120816	2012	000005	01	学费	4 800.00			8 200.00
20120818	2012	041462-1	01	学费		3 400.00		4 800.00
20120818	2012	041987-1	01	学费		4 800.00		0.00
20130816	2013	000011	01	学费	3 400.00			3 400.00
20130816	2013	000012	01	学费	4 800.00			8 200.00
20130822	2013	021309-1	01	学费		3 400.00		4 800.00
20130825	2013	030383-1	01	学费		4 800.00		0.00
20140816	2014	000014	01	学费	3 400.00			3 400.00
20140816	2014	000017	01	学费	4 000.00			7 400.00
20140816	2014	000019	01	学费	8 000.00			15 400.00
20140818	2014	003383-1	01	学费		3 400.00		12 000.00
20140818	2014	016228-1	01	学费		8 000.00		4 000.00
20140903	2014	011696-1	01	学费		4 000.00		0.00
20150413	2014	000025	01	学费	−8 000.00			−800.00
20150413	2015	023776	01	学费			800.00	0.00
项目小计					23 600.00	31 800.00	8 000.00	0.00
20120816	2012	000002	02	住宿费	1 200.00			1 200.00
20120816	2012	000006	02	住宿费	1 200.00			2 400.00
20120818	2012	041462-2	02	住宿费		1 200.00		1 200.00
20120818	2012	041987-2	02	住宿费		1 200.00		0.00
20121019	2012	000009	02	住宿费	−400.00			−400.00
20121019	2012	002293	02	住宿费			400.00	0.00
20130816	2013	000011	02	住宿费	800.00			800.00
20130816	2013	000013	02	住宿费	800.00			1 600.00
20130923	2013	008140-1	02	住宿费		800.00		800.00
20130923	2013	014509-1	02	住宿费		800.00		0.00

续表

生成日期	年份	序号	月份	项目	应收	实收	退费	欠费
20140816	2014	000015	02	住宿费	800.00			800.00
20140816	2014	000018	02	住宿费	801.00			1 601.00
20140816	2014	000020	02	住宿费	1 200.00			2 801.00
20140818	2014	020075-1	02	住宿费		1 200.00		1 601.00
20140903	2014	005783-1	02	住宿费		800.00		801.00
20140903	2014	011696-2	02	住宿费		800.00		1.00
20150327	2014	000016	02	住宿费	−400.00			−399.00
20150327	2015	000014	02	住宿费			400.00	1.00
20150413	2014	000026	02	住宿费	−1 200.00			−1 199.00
20150413	2015	023776	02	住宿费			1 200.00	1.00
项目小计					4 801.00	6 800.00	200.00	1.00
20120816	2012	000003	03	代收材料费	1 300.00			1 300.00
20120816	2012	000007	03	代收材料费	1 300.00			2 600.00
20120818	2012	041462-3	03	代收材料费		1 300.00		1 300.00
20120818	2012	041987-3	03	代收材料费		1 300.00	0.00	
20140816	2014	000021	03	代收材料费	1 300.00			1 300.00
20140818	2014	024028-1	03	代收材料费		1 300.00		0.00
20150408	2012	000023	03	代收材料费	−200.00			−200.00
20150408	2012	000024	03	代收材料费	−200.00			−400.00
20150408	2015	000749	03	代收材料费			200.00	−200.00
20150408	2015	002674	03	代收材料费			200.00	0.00
项目小计					3500.00	3900.00	400.00	0.00

续表

生成日期	年份	序号	月份	项目	应收	实收	退费	欠费
20120816	2012	000004	04	代收卧具费	455.10			455.10
20120816	2012	000008	04	代收卧具费	455.10			910.00
20120818	2012	045166-1	04	代收卧具费		455.10		455.10
20120818	2012	047333-1	04	代收卧具费		455.10		0.00
20140816	2014	000022	04	代收卧具费	482.00			482.00
20140818	2014	027933-1	04	代收卧具费		482.00		0.00
20150413	2014	000027	04	代收卧具费	－482.00			－482.00
20150413	2015	023776	04	代收卧具费			482.00	0.00
项目小计					910.20	1 392.20	482.00	0.00
总计					33 011.20	43 892.20	10 882.00	1.00

表 11　　财务核算账　　单位:元

时间	凭证号	科目	借方	贷方	科目余额
20120818	000001	银行存款	13 200.00		13 200.00
20120818	000001	其他应付款—代收教材费		2 600	2 600
20120818	000001	应缴财政专户款—学费		8 200	8 200
20120818	000001	应缴财政专户款—住宿费		2 400	2 400
20120818	000002	银行存款	910.20		14 110.20
20120818	000002	其他应付款—卧具费		910.20	910.20
20121019	000001	银行存款		400	13 710.20
20121019	000001	应缴财政专户款—住宿费		－400	2 000
20130822	000001	银行存款	3 400.00		17 110.20
20130822	000001	应缴财政专户款—学费		3 400	1 1600

续表

时间	凭证号	科目	借方	贷方	科目余额
20130825	000002	银行存款	4 800.00		21 910.20
20130825	000002	应缴财政专户款—学费		4 800	16 400
20130923	000001	银行存款	1 600.00		23 510.20
20130923	000001	应缴财政专户款—住宿费		1 600	3 600
20140818	000001	银行存款	14 382.00		37 892.20
20140818	000001	其他应付款—代收教材费		1 300	3 900
20140818	000001	其他应付款—代收卧具费		482	1 392.2
20140818	000001	应缴财政专户款—学费		11 400	27 800
20140818	000001	应缴财政专户款—住宿费		1 200	4 800
20140903	000001	银行存款	5 600.00		33 400.00
20140903	000001	应缴财政专户款—学费		4 000	31 800
20140903	000001	应缴财政专户款—住宿费		1 600	6 400
20150327	000001	银行存款		400	31 400.00
20150327	000001	应缴财政专户款—住宿费		−400	6 000
20150408	000001	银行存款		400	3 100.00
20150408	000001	其他应付款—代收教材费		−400	3 500
20150413	000002	银行存款		9 682	21 318.00
20150413	000002	应缴财政专户款—学费		−8 000.00	23 800
20150413	000002	应缴财政专户款—住宿费		−1 200.00	4 800
20150413	000002	其他应付款—代收卧具费		−482.00	910.2

表中结构及数据关系说明：

学生相关数据管理，通过表 1、表 2、表 3、表 4、表 6、表 7、表 8 来完成完整的核算逻辑，以学生学籍身份为依据满足管理功能；财务相关数据，通过表 5、表 6、表 8、表 9、表 10、表 11 来形成完整的核算逻辑，满足会计核算、内部管理及监督审核的需要。

1. 表 1 学生个人收费情况总账

账表类型：统计数据表。

账表目的:满足学生缴费数据的总体监控及查询。

账表简介:核算单个学生缴费数据信息,此账数据不固定,会随着应收款调整、实际收费、退费而变动,不核算时点数据,以学年度为条件统计。

数据关系:“应收金额”等于“表3应收款明细表”中本年度本项目的汇总数,全体学生名下的应收金额等于“表3应收款时点明细账”中相应应收金额的汇总数;“实收金额”等于”表6实收款项目拆分明细账”中对应的年度和项目的汇总数,全体学生名下的实收数等于“表6实收款项目拆分明细账”中相应实收金额的汇总数;退费金额等于“表8退费项目拆分明细账”中对应的年度和项目的汇总数,全体学生名下的退费数等于“表8退费项目拆分明细账”相应退费金额的汇总数;欠费金额为以上两者的差额,为系统计算数。

2. 表2学生个人收费情况时点明细账(此表是原始数据表)

账表类型:统计数据表。

账表目的:记录学生时点明细收费情况,便于学生查询。

账表简介:核算学生缴费明细数据信息,此账数据固定,核算时点数据,序时反映,数据来源于系统中其他账表。

数据关系:“应缴金额”等于“表3应收款明细表”中该生名下的明细数;“实缴金额”等于“表4实收款时点明细账”中该生名下的明细数;“分项目拆分金额”等于“表6实收款项目拆分明细账”中该生名下实收金额数;退费金额等于“表12退费项目拆分明细账”中该生名下退费金额数;欠费金额为以上两者的差额,为系统计算数。

3. 表3应收款时点明细账

账表类型:原始数据表。

账表目的:序时记录学生的应收款数据。

账表简介:接收来自于其他系统发起或者收费管理员发起的基于学生学籍身份的应收款明细数据,此账数据固定,序时反映,数据来源于其他管理系统或者经授权的收费管理员发起收费。

数据关系:“应收金额”等于其他管理系统的发起数加财务收费人员发起数,需定期与其他系统或者支持材料数据核对一致。

4. 表 4 实收款时点明细账

账表类型:原始数据表。

账表目的:序时记录学生单笔单次交款数据。

账表简介:接收来自于银行批量扣款、学生自助缴费、其他形式的实际缴费数据,单笔单次序时反映,能够实现与学生原始缴费数据的唯一对应。

数据关系:“金额”等于单笔单次从学生银行扣款或者学生缴费的数据,批量扣款时不区分项目,只反映总额。其中“记账单号”对应于财务核算系统的“凭证号”,实现追踪查找原始收费数据。

5. 表 5 实收款财务核算汇总账

账表类型:统计数据表。

账表目的:按照批次次序或者按日汇总记入财务核算账。

账表简介:以“表 4 实收款时点明细账”为基础数据,按照“银行进账单”为汇总依据,汇总反映实收数据,记入财务核算系统,满足银行对账需要。

数据关系:“金额”等于“表 4 实收款时点明细账”的总数,等于财务核算账中对应的“银行存款”科目对应的借方数。

6. 表 6 实收款项目拆分明细账

账表类型:统计数据表

账表目的:按照收费项目明细反映学生的缴费情况。

账表简介:以“表 4 实收款时点明细账”为基础数据,以一定的规则,按照“表 3 应收款时点明细账”为标准,把“表 4 实收款时点明细账”的“金额”拆分为具体的收费项目。

数据关系:“表 6 实收款项目拆分明细账”同一个“收费单号”的“金额”汇总数等于“表 4 实收款时点明细账”对应的“收费单号”的金额。

7. 表 7 退费时点明细账

账表类型:原始数据表。

账表目的:序时记录学生单笔单次退费数据。

账表简介:接收来自于其他管理系统的数据或者收费管理员发

起的数据,由系统自动判断生成退费金额,收费管理人员发起退费,单笔单次序时反映,能够实现与财务核算系统退费数据的唯一对应。

数据关系:"金额"等于单笔单次给学生的退费金额,不区分项目,只反映总额。

8. 表 8 退费项目拆分明细账

账表类型:统计数据表。

账表目的:按照收费项目明细反映学生的退费情况。

账表简介:以"表 7 退费时点明细账"为基础数据,按照实际退费项目,把"表 7 退费时点明细账"的"金额"拆分为具体的退费项目。

数据关系:"表 8 退费项目拆分明细账"同一个"退费单号"的"金额"汇总数等于"表 7 退费时点明细账"对应的"金额"的数值。

9. 表 9 退费财务核算汇总账

账表类型:统计数据表。

账表目的:按照批次次序或者按日汇总记入财务核算账。

账表简介:以"表 7 退费时点明细账"为基础数据,按照个人或者按日,汇总反映退费数据,记入财务核算系统,满足银行对账需要。

数据关系:"金额"等于"表 7 实退费时点明细账"的总数,等于财务核算账中对应的"银行存款"科目对应的贷方数。

10. 表 10 项目收费时点总账

账表类型:统计数据表。

账表目的:满足项目时点统计需要。

账表简介:以项目为统计单位,明细反映所有收费项目的序时数据,此账数据固定,以树形反映,可以是所有项目数据,也可以是某一个具体项目数据。

数据关系:"应收"等于"表 3 应收款明细表"中本按日反映的本项目汇总数,本项目合计等于"表 3 应收款时点明细账"中相应应收金额的汇总数;"实收"等于"表 6 实收款项目拆分明细账"中按日反映的本项目金额的汇总数,本项目等于"表 6 实收款项目拆分明细账"中相应实收金额的汇总数;"退费"等于"表 8 退费项目拆分明细账"中按日汇总的本项目的汇总数,本项目等于"表 8 退费项目拆分明细账”相应退费金额的汇总数；欠费金额为以上两者的差额，为系统计算数。

11. 表11财务核算账

账表类型：原始数据表。

账表目的：满足会计核算需要。

账表简介：按照高校会计制度的要求，以科目为载体，汇总反映收费管理系统中的实收款和退费，同时反映相关项目数据，此账数据固定。

数据关系：“银行存款”科目相应的借方金额等于“表5实收款财务核算汇总账”对应的“记账单号”的“金额”，本科目借方相应合计金额等于“表5实收款财务核算汇总账”中金额的汇总数；“其他应付款”和“应缴财政专户款”贷方二级科目正数金额分别等于“表6实收款项目拆分明细账”对应明细项目的汇总金额；“其他应付款”和“应缴财政专户款”贷方二级科目负数金额分别等于“表8退费项目拆分明细账”对应明细项目的汇总金额；“应缴财政专户款”借方二级科目金额等于“事业收入”对应的从财政拨回的款项的金额。

本文的主要贡献，一是建立了凭证记录式的收费管理模式，二是设计了完整严密的收费数据管理逻辑体系，三是弥补了目前收费管理核算的不足。通过提前在收费管理系统中设计完整严密的数据核算流程，一方面完善了收费管理的内部控制，能够同时满足学生收费管理的需要，提供严密的收费数据管理体系，另一方面弥补目前体制下收费核算不完整的缺陷。

参考文献

[1]崔世泉，袁连生.高校学费的性质：事业性收费、价格或是使用者付费[J].教育发展研究，2010(11)

[2]教育部.关于进一步规范高校科研行为的意见[Z].教监[2012]6号

（作者单位：临沂大学）

中小学校舍档案管理存在问题及对策研究

高峰　谢玉清　齐登山

国务院副总理刘延东《在全国中小学校舍安全工程领导小组第一次全体会议上的讲话》中说："要建立每一栋校舍的安全档案。要在排查鉴定的基础上，详细掌握所有中小学校舍的安全信息，形成完整的校舍信息库。"其在阐述建设全国校舍平台的重要性的同时，也吹响了全面建立中小学校舍档案工作的冲锋号。

一、中小学校舍档案管理存在的主要问题

近几年，我们通过对中小学校舍档案管理工作的研究发现，当前中小学校舍档案管理还存在很多问题：

（一）学校领导思想上不重视，对校舍档案管理的意义、重要性认识不到位

个别学校校长对校舍档案的管理工作不重视，不但没有根据要求设置专门的校舍档案管理机构和负责校舍档案管理的工作人员，而且学校对校舍校产设施维护过程资料缺少专门的整理和归纳，校舍档案管理非常混乱，甚至一些重要的档案资料未搜集或人为遗失，为学校校舍的建设和管理造成很大的隐患或损失。

（二）校舍档案管理机构不明确

很多学校没有明确的校舍档案管理机构，一般由后勤人员或办

公室档案管理人员兼职，校舍档案管理存在搜集不及时、格式不规范、整理不到位、归档不专业、使用不合规等现象，在管理中存在很多漏洞，同时增加了校舍管档管理人员的工作强度和难度。

（三）校舍档案管理人员不足或人员业务能力较差

中小学缺少专门的校舍档案管理人员，现有管理人员大多身兼数职，教育教学、后勤管理、处室管理等集于一身。相对来讲，越是人员较少的学校这种现象也就越突出，同时这部分管理人员对校舍档案管理业务不熟练，影响了校舍档案利用的准确性和完整性。管理人员把教育教学工作作为自己的日常主要工作内容来抓（因为社会、家长要成绩，自己要评聘职称），校舍档案管理工作投入的精力明显不足，校舍档案资料的及时整理归档则成为上级检查时加班才会去做的事情，管理成效也只能算勉强应付了。

（四）校舍档案管理设施设备不齐全

校舍档案管理缺少专门的设施设备，有的学校连最基本的装订工具都不全，甚至没有，更别说扫描仪、照相机等采集设备，多数学校在这方面的资金投入是少之又少，设施设备简陋，校舍档案管理人员往往只是将材料粗放地放入档案盒，甚至连钉都不钉，东一盒西一摞，档案资料存放杂乱，管理使用极不规范。

（五）校舍档案管理工作不规范、资料收集不及时或不齐全

滨州市每年都进行学校校舍校产设施评优树先活动，校舍档案是其中的一个重要环节。检查中发现，许多政策文件没有文号和公章，归集的校舍工程计划等没有政府或相关部门盖章，可单一归档的资料归集在不同卷中，建筑物排查资料和安全、抗震报告等没有按照单体建筑物进行归集，而是笼统地归集到学校总卷中；按单体建筑物建立项目卷并归档等基本要求做不到位，当地党政领导赴施工现场进行工程监督检查的资料未能及时收集；个别县区存在再“规划和资金”卷中没有发现拨付校舍建设工程资金的相关凭据原件或复印件，“整改通知书”也未留存并归档。检查中发现，在日常维护中，校舍档案管理人员缺少必要的管理工作培训，对校舍档案的管理工作知之甚少，业务不熟练，不能对校舍档案进行专门的收集、整理、装订和归

档，造成校舍档案管理不规范、资料收集、录入不及时或不齐全，文书制作格式不统一，基本没有管理质量可言。

（六）校舍档案利用水平低

档案利用是整个档案工作的出发点和主要目的，部分学校因管理不规范、资料收集不及时或不全，使得校舍档案从收集整理、检索编目、安全保管等方面出现很多不合规现象，档案管理工作不标准、不规范、不科学，档案的利用率低则成为必然的事情。

（七）信息化进展缓慢

随着信息化的发展，中小学校舍档案信息化是进行校舍档案管理的发展必然趋势，信息化为档案管理提供了更方便、更实用的管理平台，能够促进档案管理进一步科学化、规范化。但校舍档案信息化是一个重大课题，也是一项繁杂的系统工程，仅靠一两个学校难以实现，同时受技术、资金等条件的限制，中小学学校校舍档案管理信息化进展缓慢。

二、新时期加强中小学校舍档案管理工作的对策

（一）充分发挥教育主管部门的作用，提高学校领导的重视程度

校舍档案管理是中小学校一项长期的工作，各级教育主管部门应将此项工作作为学校综合考评指标和评选先进的重要依据，中小学校要将其作为一项重要工作纳入议事日程，杜绝重建设、轻管理的现象。要建立健全完善的督导考核机制，定期调度督查，使这项工作不仅成为教育管理者的共识和自觉行动，而且成为中小学校常规管理与建设的重要一环。县区教育主管部门和学校要充分认识校舍档案管理对教育事业发展的巨大促进作用，在思想上能站在国家事业的高度，认识和重视这项工作，找问题、出对策，制订工作目标和计划。要消除学校校舍档案管理工作上传统观念中的某些偏见，在职称、待遇上向有突出成效的相关人员倾斜和投入，真正做到更新观念、理顺关系、拓宽思路、实事求是，扎实有效地开展工作。

市县级教育主管部门要常态化地组织所属学校分管校产的领导进行校舍档案管理知识专题培训，让他们认识到校舍档案是中小学

校舍工程推进和监督工作的需要,是建立中小学校舍安全责任追究机制工作的需要,是中小学校舍资产信息化和现代化管理的需要,是中小学后续建设项目决策和项目管理的需要,使之对所属学校进行校舍档案管理的检查,并力求常态化、制度化、规范化。县区要树立校舍档案管理的典范,每学年结束时,评选校舍档案管理的优秀单位和优秀个人,组织分管领导和管理人员到优秀单位进行参观访问和学习,组织优秀管理单位或人员进行专题讲座。县区级教育主管部门对检查中发现的问题,要及时通报,并责成责任单位提出整改方案,解决问题;问题严重者,追究相关责任人的领导责任。检查时,采集文字、图片、声音和视频资料,存至县区级校舍档案室。下次检查,对上次检查发现的问题实行销号制度。所有检查结果,酌情计入政府对教育督导成绩。对乡镇办学校的检查结果,计入县区政府对乡镇办考核。

(二)明确校舍档案管理机构,制定校舍档案管理制度

县区级教育主管部门和学校,都要成立校舍档案管理领导小组,由分管校产的领导兼任组长。提倡学校设三个管理员,基建档案员尽量让参加校舍建设跑手续的人员担任,确权档案员尽量让办公室人员担任,管理档案员尽量让固定资产管理员担任。管理档案每学期至少更新一次。各学校都要制定中小学校舍档案管理制度,都要有档案管理人员工作职责和绩效考核办法,并严格落实见成效。所有规章制度上墙,并能在实际工作中真正执行。各中小学不管规模大小,均应选拔一名德才兼备和责任心强的同志负责校舍档案管理工作。要有计划地安排校舍档案管理员参加档案管理部门举办的有关培训班,对他们进行系统的档案收集、整理、编目、检索、保管、利用等基本知识及计算机管理业务技能培训,提高工作的自觉性与积极性,逐步做到校舍档案管理人员队伍稳定、业务精通。

(三)配齐配全设施设备

校舍档案许多原件都是唯一的,不可复制的,是建设程序规范性和校舍权属的唯一证据,也是承载学校历史和文明的重要文献资料。一旦丢失,不可弥补。而校舍档案的设施设备,是确保校舍档案安全

的保障。县区级教育部门要设置专门的校舍档案室，有专门的校舍档案管理员。学校档案室要有专门的校舍档案橱。档案橱要牢固、重心稳，防腐、防倾倒。不宜高于2米，否则一是查阅不方便，二是有一定的安全隐患。档案室要通风良好，做到防火、防水、防雷电、防虫，配备监控、防盗和通风实施。档案室配齐桌椅板凳、电子通信和消防器材。要设置查询台账，规范档案使用手续。学校档案管理员可以兼职，但是要做到上岗之前有培训，换岗之时有交接。

（四）严格规范档案管理程序，切实提高档案管理员素质

按照《中华人民共和国档案法》《中华人民共和国档案法实施办法》和《全国中小学校舍安全工程档案管理办法（试行）》的要求，中小学校舍档案应按综合卷（A）、规划和经费卷（B）、监督检查卷（C）、学校总卷（D）和项目分卷（E）进行分类立卷。

档案管理人员应认真学习和深刻领会《全国中小学校舍安全工程档案管理办法（试行）》和《建设工程文件归档整理规范GB/T50328-2001》，严格落实档案收集、鉴别、归档、整理、保管保密、查阅、借阅、转递等各项档案管理制度，保证材料收集完整，促进档案工作规范管理。在与排查鉴定、检测、勘察、设计、施工、监理等单位签订协议、合同时，应设立专门条款，明确有关方面提交相应项目文件以及所提交文件的整理、归档责任，并对项目文件的套数、费用、质量、移交时间等提出具体要求。项目实施期间应当按照《建设工程文件归档整理规范》及时积累、保管好建设工程文件档案资料及建设前后的图片和文字材料。实施过程中，应当督促建设、排查鉴定、检测、勘察、设计、施工、监理等有关单位按照协议或合同的要求及时做好项目档案的形成、积累、整理、保管、移交工作，属于归档范围的档案资料，应当及时与有关单位办理移交。对于无法取得原件的归档材料，可由提供单位确认一致性后将复印件加盖公章归档。《全国中小学校舍安全工程档案管理办法》第七条规定："项目档案的归档工作应与项目实施同步进行，排查鉴定时，即应开始对项目档案进行收集、整理和检查。校安办应在项目竣工验收后一个月内向校舍安全档案室移交该项目的档案资料。"竣工后，及时向建设单位和有关部

门移交。工程后期,校舍档案各卷首应编制文件目录,卷末设立备考表,标明立卷人和审核人。各类文档和图纸要折叠装盒入橱。我市在2014年曾经组织了近千人进行校舍档案整理培训,两天的时间,大到档案管理的规范和常识,小到小刀、胶水的选取以及自制工具的秘诀,收到了很好的效果。归档前,要对收集的资料进行整理和分析,除应完善手续和程序以外,还应考虑档案的内容是否正确和与其他档案资料的内容是否一致。对一幢校安工程建筑物来说,要保证在排查鉴定、规划和资金安排、招投标和合同、施工过程管理和信息系统等方面所归集的资料在内容上一致,要保证校舍工程内涵在不同载体上的统一性。

(五)提高档案管理的利用率,早日实现档案管理的信息化

档案管理的最终目的就是利用,各级政府之所以如此重视校舍档案管理工作,就是希望它能成为校舍安全的定心丸,成为出现纠纷时学校利益的保障,成为追究校舍安全事故的铁证。因此,应确保履行了合法手续之后,及时配合公检法提取查阅。校舍档案室应有专人值班,做到通信畅通。如实填写查阅记录,建立查阅台账。县区可通过举办校舍档案法规和制度讲座、开展校舍档案知识竞赛,尤其是县区主管部门、学校领导可通过对档案室工作年检等方式加强督查,提高管理人员和教职工的档案意识,促使他们自觉参与学校校舍档案建设,做到校舍档案管理与时代发展同步、与学校各项工作同步,逐步形成一个组织有序、人人参与、全过程管理、规范完整的校舍档案管理体系。坚决杜绝校舍档案工作“说起来重要,做起来次要,忙起来不需要”的实用主义行为,坚持树立“档案就是资源”的理念。

为查阅方便,还可在建立完整的纸质档案的同时,建立完善电子档案,实现校舍档案信息管理。通过管理软件能够更科学有效地管理校舍档案,特别是照片、声音和视频资料,这不仅提高了档案管理的技术手段,还为校舍房屋档案长期化的管理奠定技术基础。不仅增大档案库容量,同时可以方便地实现将档案资料按照分类、分项、分卷、分册进行系统的管理,从而形成快捷的查询、调用、数据分析使用。事实上,声音、照片和视频资料,是先有电子版,后有纸质版。甚

至视频资料转换成纸质版之后，信息几乎丧失殆尽。至于文件、表格、票据、协议、合同、图纸等纸质版，转换成电子版也十分容易。因此，校舍档案从纸质版向电子版的转换，是校舍档案管理的水平的一次飞跃，也是切实可行的实施方案。我省校舍档案管理平台临时还没有开放，各单位可以提前制作电子版校舍档案数据，也可以聘请专业人员先行制作单机版，为全省校舍档案平台开放做好准备。我市的校舍档案电子版就已接近尾声，各单位档案管理员表现出了极高的积极性和极大的热情。相信校舍档案信息化管理实现后，纸质校舍档案和电子校舍档案可以相互补充、相互印证、同步构建、形成体系。

随着经济的飞速发展，我国各项公共事业肯定会赶超世界一流，教育也将会蓬勃发展，我们的校舍一定都会像四川省彭州市白鹿中心小学的“最牛教学楼”一样，“我自岿然不动”。到那时，没有了校舍引起的纠纷，没有了校舍产生的安全隐患，也就没有了国家领导和普通百姓的担忧，校舍档案只凸显出其文化价值。但是，这将是一个漫长的过程。让我们为此而努力奋斗吧！

参考文献

[1]刘士祥.中小学校舍档案管理[M].青岛：中国海洋大学出版社，1992

[2]山东省普通中小学办学条件标准化建设领导小组办公室.山东省普通中小学办学条件标准化建设文件汇编[Z]，2012

[3]山东省教育委员会财务处.山东省中小学校舍设施管理文件汇编[Z]，2015

（作者单位：滨州市教育局）

高校公务卡结算模式探讨

王 琳　刘 欣　欧阳平

从2007年开始，在借鉴国际经验基础上我国实施了公务卡制度改革。目前，绝大多数中央部门及所属基层预算单位实行了公务卡制度改革，公务卡制度成为我国公务支出管理领域的一项基础性制度。因此，在国内各所学校的财务报销工作当中，实行公务卡的结算管理模式，是我国高等院校财务经济管理工作的必然要求。但目前很多高校的公务卡结算模式尚处于起步阶段，在实际的财务报销工作应用中仍然存在着许多的不足之处与问题，需要尽快采取措施加以解决。

一、高校使用公务卡结算模式的必要性

近年来，随着高校办学规模的不断扩大，高校经济业务也日益频繁，导致报销工作日益繁重，而先借款后报销的传统报销模式在客观上不仅浪费了高校教师宝贵的工作时间，而且还增加了该项财务业务的工作量，并且大量占用高校的流动资金。采用公务卡结算方式则能避免大部分的借款业务发生，可以规避使用现金和支票的风险，提高财务部门的工作效率，增强预算资金的使用效率，强化高校财政资金使用的透明度等等。因此，实行公务卡结算模式对于高校持续健康发展的作用是积极并富有成效的。

二、现阶段公务卡管理模式概述

公务卡作为一种新型的公务消费结算方式，其操作流程可以简单概括为："银行授信额度，个人持卡支付，单位报销还款，财政实施监控。"公务卡持卡人在进行公务消费时，可使用公务卡进行刷卡结算，但到期不需要个人进行还款，只需凭发票等有效凭证到单位财务处报销，单位财务人员依据财务报销规定将符合报销条件的单据上记载的消费款项打入公务卡账户。这就是说，公务卡既具有一张普通信用卡的基本透支消费功能，财政部门又可以通过报销所下载的消费明细对该单位的资金使用进行监督。因此，公务卡制度不仅仅是如何运用公务卡替代现金支付结算的一种制度，实施公务卡制度的最终目的还在于方便使用、借力金融、便于监管。

公务卡具有"消费留痕"的特点。我国公务卡管理制度是以加强财政资金监管力度为目标，将国库网上转账平台和公务卡作为中间媒介，建立以国库集中支付制度为依托平台的财政国库管理系统，并且逐步利用公务卡支付来取代原有方式的财政监督制度。通过此制度来减少预算单位现金使用，规范财政资金使用，增强财政信息的公开、透明度，达到防范腐败的效果。公务卡结算模式的基本构成要素一般包括持卡人、预算单位财务系统、代理银行及支付系统。其基本释义详见表1。

表1　　公务卡结算模式的基本构成要素及释义

基本构成要素	要素释义
持卡人	预算单位内无"不良信用行为"记录的在职职工
单位财务	负责公务卡的报销结算
代理银行	预算单位零余额账户的开户行及公务卡开户行
支付系统	可与财政、代理银行和预算单位联网使用的，用于日常公务卡结算的应用软件

这里需要说明的是，表1的代理银行包括预算单位零余额账户的开户行及公务卡开户行，也就是指公务卡的开户行和预算单位零余额账户的开户行不是一个银行，这对于还款程序来说会相对繁琐，图1将这种情况的公务卡还款流程用箭头标识出来，通过其直观的表现能清晰地看出公务卡结算的流程方式。

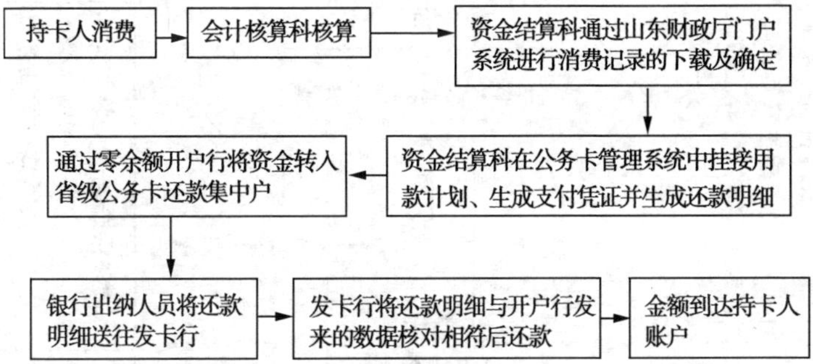

图1　公务卡还款流程

三、SWOT 模型分析

SWOT 模型分析在经济学意义上主要是对某个对象内外部条件的各方面内容进行综合和概括，进而分析其面临的优势、劣势、机会和威胁。运用 SWOT 分析方法对目前公务卡使用过程中面临的优势、劣势、机会与威胁进行分析，从而对目前公务卡制度的发展现状做一个系统、全面的定位。通过下图的 SWOT 模型对公务卡结算模式的分析，能直观地看出其在现阶段所处的机遇、挑战、优势和劣势，从而发现问题，找到产生问题的原因，提出解决办法，以便提高公务卡结算效率，促进公务卡制度的推广，使其更好地服务于财务报销工作并成为更好的财政管理工具及手段。

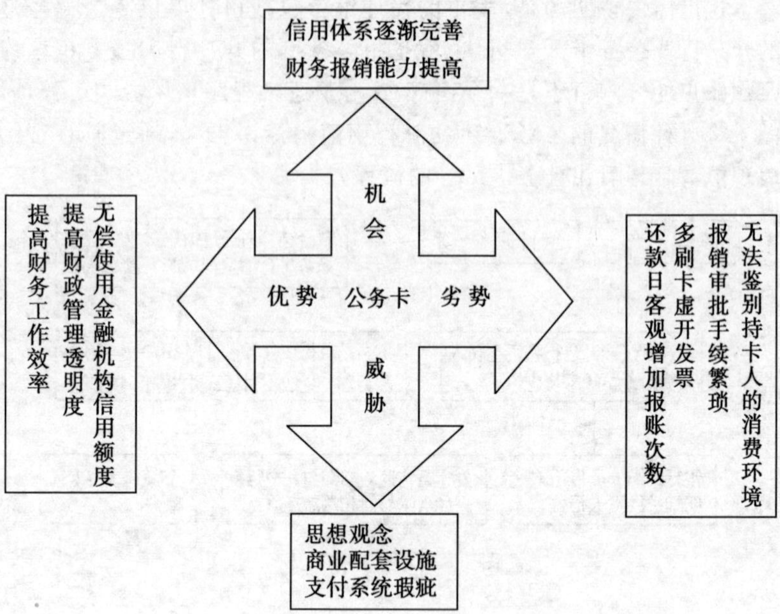

图 2　SWOT 模型分析

四、实施公务卡结算模式后结算方式变化情况分析

——以 L 大学某核算科为例

笔者在阅读大量关于高校财务管理以及公务卡结算的文献后发现，关于此类问题的研究已经颇为成熟，既可以为处于公务卡起步阶段的学校提供一定的经验借鉴，又可以为处在公务卡探索阶段的学校在相互学习中取长补短。

L 大学是一所省属地方性综合大学，学校占地近 3000 亩，全日制在校生 3 万余人，现有教职工近 2000 人，目前学校正处在全面推进转型发展的改革创新攻坚阶段，经济业务比较频繁，资金流量较大。L 大学于 2013 年 7 月份开始为教职工申办第一批公务卡，于 2014 年 8 月 31 日下达 L 大学校长办公室文件《关于转发贯彻执行差旅费管理办法及公务卡结算有关问题的通知》，通知要求自 2014

年9月1日起，凡属公务卡支付范围业务的，必须使用公务卡结算。公务卡结算模式在经过起初的探索阶段后慢慢成熟起来，因此本文选取了2014年1～6月份数据与2015年1～6月份数据进行比较，以期发现公务卡结算模式下的资金使用方式变化情况。

如图2及图3所示，2014年1～6月份未使用公务卡结算模式前库存现金发生额明显大于2015年1～6月份库存现金发生额，差别最大的月份在5月，相差将近10倍，这表明使用公务卡报销模式后能够减少现金支付的环节，大大减少库存现金流量，借此治理现金支付结算制度存在的弊端，进一步提高财务工作效率，推动高校财务管理水平提高。

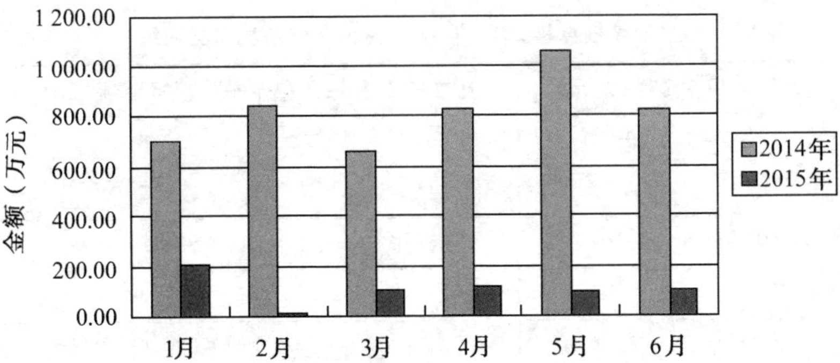

图3　实行公务卡报销模式前后库存现金借方发生额对比

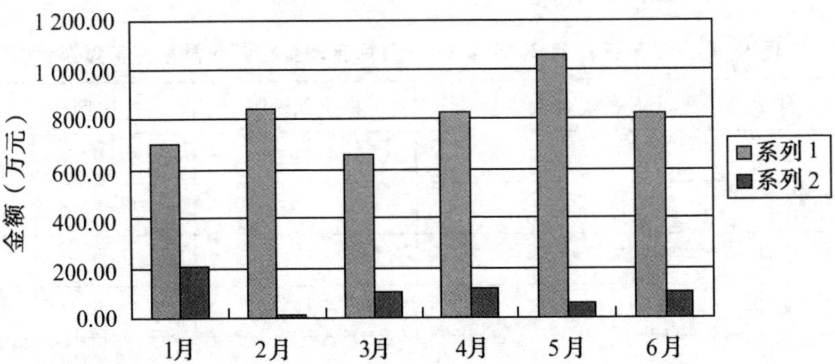

图4　实行公务卡报销模式前后库存现金贷方发生额对比

再者将实行公务卡报销模式后的各月的消费笔数进行比较，如表 2 所示，L 大学某核算科 2015 年 1～6 月的公务卡消费笔数显示，在经过 2014 年下半年来的摸索阶段后，公务卡推行情况已经达到基本普及，个人在公务消费时能够积极使用公务卡结算，这就大大降低了借款金额，提高了资金使用效率。特别需要说明的是，这里没有把公务卡消费笔数与现金消费笔数作比较，也没有把公务卡消费笔数与总业务笔数作比较，这是因为在一个会计凭证中通常只有一笔现金分录，而还信用卡的每笔零余额用款额度分录通常包含多笔消费记录，也就是会出现 2015 年 2 月份表 2 中出现的公务卡消费笔数 211 笔，而当月的业务总笔数只有表 3 中所列的 98 笔。

表 2　L 大学某核算科 2015 年 1～6 月公务卡消费情况明细

月份	金额(万元)	笔数(笔)	单笔平均消费金额(元)
1 月	29.62	291	1 017.87
2 月	16.58	211	785.78
3 月	29.07	348	835.34
4 月	37.03	415	892.29
5 月	25.56	248	1 030.65
6 月	41.80	432	967.59

表 3　L 大学某核算科 2015 年 1～6 月库存现金业务量及总业务量统计

月份	库存现金业务量	总业务笔数	比例
1 月	965	1 792	53.85%
2 月	15	98	15.31%
3 月	464	830	55.90%
4 月	646	1 191	54.24%
5 月	474	1 034	45.84%
6 月	567	1 142	49.65%

五、对公务卡结算使用过程中存在问题的思考及解决对策

目前从公务卡制度的执行情况来看，起初推行阶段进程较为缓慢，执行过程中也碰到一定困难，经过一段时间的摸索与改进之后，结算模式慢慢成熟起来，但是还是存在一定问题，这说明公务卡结算制度还有待完善。

（一）存在抵触公务卡的情绪

虽然公务卡结算模式已经顺利推行开来，但是某些人员还是从思想上对公务卡制度存在一些误解从而抗拒使用公务卡，编造一些诸如消费地点没有刷卡设备、忘带公务卡之类的理由来推脱使用公务卡。因此，必须通过宣传介绍，使教职工进一步了解和掌握推行公务卡的目的、意义，提高教职工对公务卡制度的认识，使其从观念上消除对公务卡制度的误解。此外，还要采取措施，进一步简化公务卡报销的手续和流程，通过对比传统的报销模式发现公务卡使用的便捷性，调动教职工的用卡积极性。

（二）设施保障有待提高

首先，最需要重视的一点是存在个别消费信息查询不到的情况，可能是数据导出导入存在不成功现象。其次，如遇银联系统升级，期间消费记录有可能查询不到。例如，银联系统于 2015 年 5 月 19～20 日进行系统升级，期间大多消费记录查询不到，这就给报销工作造成了一定的麻烦。再者，由于某些商户没有和银联系统签约，持卡人与其进行刷卡交易时，系统就会提示需要支付 1%不等的手续费，这部分金额无法在发票中显示，因此无法报销，需要持卡人自行承担。此外，还款周期问题也是一项限制因素，如出差时间过长无法及时报销需要自行还款。2015 年 6 月国库集中支付系统进行了系统调整，此次调整之后 2015 年 5 月 1 日之前的消费明细都无法查询，这就客观上要求持卡人必须尽早进行报销还款。

（三）非同一批次办卡，丢卡后补卡问题比较突出

由于国库集中支付系统中保存的数据是大批量办卡后一次性导入的，而某些老师由于特殊原因没有在当时申办公务卡，而学校又在

每年招聘大批的教师入校，新进教师也急需要办理公务卡来完成报销工作，并且时常发生教师丢卡现象，这些情况下都需要办理公务卡，而这些新成功办理的公务卡信息都没有在国库集中支付系统中存在，需要再次通过省行上传信息到系统中。

(四)退款问题

在实际操作过程中会经常出现零余额系统无法还款，通过一般户还款的情况，如果遇到还款未成功的情况，网银系统会显示“状态不明”，这种情况就需要资金结算人员致电银行客服人员，银行客服人员核实情况后将此信息发送给市级总行，市级总行将此反馈给省行，省行核实后完成退款过程。这个过程比较复杂，等待时间也较为漫长，大都会错过持卡人的还款期。上述情况下，如果持卡人单纯地认为只要通过单位财务报销欠款就会到达自己卡里而不在意是否接收到银行还款成功短信提示，就会影响到持卡人的银行信用，给自己造成很多不必要的麻烦。

六、建立和完善公务卡制度的建议

研究认为，公务卡制度推行工作是一项庞大的系统工程，也是一项继往开来的创举，需要涉及政府财政部门、预算单位、代理银行、持卡人等很多方面，并受相关政策、经济发展程度、人文环境等诸多因素影响，是协调配合性要求很高的工作，为了促使此系统运行地更加流畅，各部门应当分工协作，研究解决目前存在的各种问题，挖掘制约公务卡制度深化发展的关键结症。

(一)必须健全和完善相关配套制度

例如，英、美国家在公务卡管理制度的改革过程中建立了严格的监督机制，设有专门的审核人员、协调人员及时处理不断出现的各种问题，保证了改革的顺利开展。而目前高校公务卡管理制度在推行中并没有制定翔实的战略布局、推进相关会计制度改革并配套相应的人力资源管理。因此，高等院校公务卡管理制度改革要建立和健全配套制度，设立相应的职能部门及岗位，加强对公务卡运行程序的梳理，切实保障财政资金的安全、顺利运行。

（二）必须健全和完善监督机制

建立公务卡制度是财政财务管理领域的重要创新，是改革的必然趋势，但是公务卡管理制度在防止腐败方面并不是万能的。随着公务卡管理制度的不断发展，利用公务卡套取现金等现象也时有发生，这势必给财政资金带来损失。因此，高校在推行公务卡管理制度时，一方面要强化公务消费的监督，鼓励更多公务消费信息公开透明化，勇于接受来自单位内部和社会的监督。同时要完善各种制度，完善的法规制度是防治违规手段的重要保证，只有惩防并举，才能从根本上加大公务卡制度的执行力与监督力，公务卡制度向纵向深发展。

（三）银联系统的升级服务需要进一步加强

首先，需要拓展公务卡的使用范围，加大 POS 机的投放力度。银联系统需要出台相应的激励，政策对受理公务卡的定点商户给予适当的补贴或优惠，提高商家刷卡的积极性。其次，发卡银行要不断完善数据对接系统功能，提高对接系统处理的能力和效率，及时将数据导入到财政国库资金动态系统中，确保公务卡交易信息传送的及时、方便和准确，保证预算单位数据查询的要求。

（四）能够接受网络报销模式的挑战

考虑到当今飞速发展的互联网科技水平，网络报销模式越来越被各所学校所采用，在这种形式下，高校推行公务卡制度改革会出现什么样的问题也将是本部分将要考虑的问题。在信息安全方面，伴随着互联网、会计软件、移动储存设备等新载体的采用，会计信息系统将面临被外部攻击的风险，怎样防范会计信息被截取、泄露、丢失等危险从而最大程度上保证持卡人的用卡安全都是网络报销模式下使用公务卡结算模式需要考虑的问题。因此，发卡银行要强化监管职责，加强银行卡技术风险管理增强公务卡的安全性能；高校应举办多种途径的宣传活动向职工普及用卡知识，提高职工用卡安全意识；持卡人应树立安全用卡意识，保管好公务卡避免丢失和被复制，使用公务卡进行网络报销时注意网络安全。

参考文献

[1]金霞.高校公务卡结算运行现状与思考[J].淮北师范大学学报(哲学社会科学版),2013(4)

[2]韩朋吉,赵芷馨.高校公务卡与POS机联用推广的实践与建议[J].会计之友,2012(9)

[3]杨敏.公务卡制度执行中存在问题及对策探讨[J].会计之友,2010(11)

[4]高志勇.黑龙江省属高校公务卡改革问题及对策研究[J].商业经济,2014(2).

[5]黄茹.基于国库集中收付制度下高校推行公务卡制度探索[J].经营管理,2010(3)

(作者单位:聊城大学)

高校科研经费预算管理体制与机制研究

何维兴　苏立利　刘仁芝　辛　岩

近年来，高校承担的科研项目和筹措的科研经费均呈大幅增长趋势，科研项目经费的使用效益与预算管理水平越来越受到各级财政部门和项目主管部门的重视。加强科研经费预算管理工作，是新形势下做好高校科研工作的迫切需要，也是促进高校科研水平健康发展的重要手段。

一、高校科研经费预算管理体制与机制现状及存在的问题

(一)高校科研经费的状况

2011 年，我国共投入研究与试验发展(R&D)经费 8687 亿元，比上年增加 1624.4 亿元，比上年增长 23%；高等学校经费支出 688.9 亿元，比上年增长 15.3%。高等学校经费支出占全国经费总量的比重为 7.9%。

2012 年，全国共投入研究与试验发展(R&D)经费 10298.4 亿元，比上年增长 18.5%；高等学校经费支出 780.6 亿元，比上年增长 13.3%。高等学校经费支出占全国经费总量的比重为 7.6%。

2013 年，全国共投入研究与试验发展(R&D)经费 11846.6 亿元，比上年增长 15%。高等学校经费 856.7 亿元，比上年增长9.8%。高等学校经费占全国经费总量的比重为 7.2%。

以山东大学为例，2014 年，获得科技部主管项目经费占全部科研经费的 18.98%，其他各部委项目经费占 19.44%，基金类项目经费占 29.8%；我校获得财政资金占全部科研经费的 70.09%，社会资金占 29.91%。目前，国家科研经费拨款管理体制是采用条块分割的管理模式，重大科研经费拨款都是通过国家各部委立项、审批、下拨，经费管理实行财政部及主管各部委双重管理。财政资金类科研经费都需按项目立项任务书或预算书等执行，使用社会资金的也需要严格按照合同协议进行。

（二）现行的科研经费预算管理体制及运行机制现状

预算管理是现代财务管理的一种方式，科研经费预算管理水平的高低影响着科研经费的使用效率。就目前我国高校科研经费预算管理体制机制而言，绝大部分高校能根据科技主管部门的要求，进行相应的预算管理工作，在一定程度上保证了科研经费的合理使用和科研项目的顺利实施。高校对科研经费的预算管理多是采取科研、财务、项目负责人分工协作的管理模式。大部分高校设立了科研经费管理服务机构，配备了专职科研财务管理人员，科研项目较多的单位也自行配备了科研秘书。科研、财务等职能部门基本能够按照科研主管部门的要求进行预算审核、指导经费使用、定期进行财务检查等工作。项目负责人及课题组按照科研主管部门要求编制项目经费预算，合理使用经费，配合进行项目验收等工作。

（三）现行的科研经费预算管理体制及运行机制存在的问题

现行的高校科研经费预算管理管理体制与机制，经历了几十年的变革与发展，对指导科研项目开展和经费使用发挥了重要作用。但是，随着我国科研经费管理体制改革的不断深化，许多问题也凸显出来。

1. 高校科研经费预算管理体制机制不够健全。一方面，院（系、所、重点实验室、工程研究中心等）等基层科研单位管理的监管责任不到位；另一方面，管理部门在科研经费管理过程中缺乏沟通协作，难以形成对科研经费的有效约束和跟踪管理。科研管理部门负责项目管理，对后期经费的使用情况并不清楚；财务部门负责会计核算，但不了解项目申报、研究过程和后期成果管理等环节，对预算执行缺乏综合管理和监督；科研项目购置的固定资产等由课题组支配，资产管理部门不了解科研项目的房屋、实验设备使用情况和需求情况，导致有些设备重复购置，有些设备又长期闲置，设备利用率低，造成大量浪费。

2. 科研人员普遍缺乏预算管理的意识。部分科研人员的预算管理意识淡薄，对预算编制重视不够，预算支出的分配结构不合理，缺乏科学性和规范性。一般来说，纵向科研项目由科研主管部门进行预算审核，横向科研项目由出资方进行预算审核，高校财务部门和科研管理部门对预算审核工作参与不够。科研项目的执行过程中随意变更预算，不按主管部门批复的预算方案执行，预算缺乏约束力的情况普遍存在。

3. 高校普遍缺乏科研经费预算管理制度。不同来源、不同渠道、不同性质的经费，对预算编制、支出结构等的要求都不相同。甚至于同一来源渠道的经费，对预算编制的要求也不形同，科研经费预算基本上是按照来款单位要求进行编制，并没有遵循科研活动的一般规律。

4. 高校普遍缺乏预算绩效评估机制。我国科研主管部门针对现行各类科研项目，基本实施课题制管理。经费来自于财政资金的科研项目，大部分科研主管部门实行了预算评估评审和绩效评估机制，取得了良好的效果。但是，高校并没有建立相应的预算绩效评估机制，缺乏对课题经费实际使用过程中的财务分析，没有以预算为基础的考核，预算失去了应有的控制力。

5. 缺乏健全的监督体制。目前，高校基本都开展了针对科研经费使用情况的内部审计工作，但是对于科研经费预算编制、预算调整、预算执行等方面的审计工作却很少，审计重点还是所报销票据的真实性和合法性，对预算执行的效果关注较少，高校的审计部门不能发挥应有的监督作用。

6. 缺乏全成本核算机制。高校大多数科研人员承担着教学、科研双重任务，学校的房屋、仪器设备、图书馆、实验室等公共资源无偿为科研项目组使用。而这大部分课题在编制预算时，并没有完全按照国家和高校的规定提足间接费用的比例，科研经费没有实行应有的“全成本核算”。

二、重塑高校科研经费预算管理体制与机制

近年来，国家加大了对科研经费的监督检查力度。《国务院关于改进加强中央财政科研项目和资金管理的若干意见》(国发[2014]11号)等文件，明确提出了“规范项目预算编制，改进预算编制方法，完善预算编制指南和评估评审工作细则，健全预算评估评审的沟通反馈机制”等具体要求。新形势下，高校有必要进行管理创新，进行科研经费预算管理体制机制的系列改革。

(一)建立协同管理机制，发挥基层科研单位管理职责

改革高校科研经费预算管理体制，明确高校内部财务、科研、资产、后勤、人事、监察审计、基层科研单位等的预算管理职责和权限，将责任落到实处，形成“统一领导，协同合作，责任到人”的管理机制。财务部门负责审核经费预算是否符合国家相关财务制度、经费开支范围及标准等；科研管理部门会同课题负责人，结合课题目标任务对所列支出预算的相关性、合理性进行把握；课题承担单位、课题负责人对预算的真实性负责；资产、后勤、图书馆等部门负责资产调剂配置、资产使用费的计算分摊等工作；人事管理部门负责年度绩效考核；监察审计部门负责内部审计和监督检查工作。基层科研单位对本单位科研经费预算管理承担管理和监督责任，应根据本单位特点，组织专家对项目预算编制内容提供指导，监督本单位科研项目预算执行，参与绩效考核工作等。

(二)建立科研经费管理服务机构，加强科研管理队伍建设

高校应根据实际需要，设置科研经费管理服务机构，配备专业的财务、科研管理人员，充实科研经费管理服务力量。科研经费管理服务机构负责协助、指导项目申请人合理编制经费预算，提供从项目立项、经费分配、预算执行通报、经费使用建议、预算调整、决算编制等全过程服务，并有针对性地开展政策宣传、业务培训等相关工作。科

研经费管理服务机构中设置专门的预算管理岗位，对科研项目开展全过程预算管理工作。例如，进行预算审核、组织预算评估评审会议、编制预算执行情况表等。

（三）开展面向预算全过程的科研经费预算管理

科研经费预算管理是集预算编制、预算审核、预算执行、预算监控和预算考核为一体的科学管理机制，有必要开展面向预算全过程的科研经费预算管理工作。

1. 科学编制项目预算。预算编制是预算管理的基础，预算一经批准就具有法律效力。因此，学校财务、科研、基层科研单位高度重视，协调科研项目申请人根据有关科研经费管理方法的规定，结合科研活动的特点和实际需要，按照目标相关性、政策相符性和经济合理性的原则，科学、合理、真实地编制科研经费预算。

2. 严格进行预算审核。科研管理服务机构内部预算管理人员负责对科研项目申报预算进行初步审核，检查预算编制存在的问题，并将相关资料整理报预算评审委员会审核。

3. 建立预算评估评审机制。高校可根据实际情况，组织高校学术委员会、学部委员会等相关领域专家及科研、财务部门的负责人成立预算评审委员会。预算评审委员会下设预算编制管理工作组，对本校拟申报的财政资金支持的相关科研项目进行预算评审，提出预算审核建议。涉及重大仪器设备、重要文本文献等资产购置的，要综合考虑学校现有相关资产存量及使用情况、区域内资源配置及共享情况，避免重复购置和闲置浪费；涉及外拨经费的，必须充分调研论证，严格审核合作单位、参与人员、外协业务与科研项目的相关性。项目负责人应当根据预算审核建议进行调整，保证预算编制科学合理。

4. 严格预算执行。在经费使用过程中，做到专款专用，严禁随意使用。在科研管理服务机构内部明确科研项目经费管理岗位，定期对各科研项目支出数据进行收集、整理，指导项目负责人合理有效使用经费。经费管理工作人员定期出具预算执行报告，分析预算偏离原因，提出相应的解决措施，事后管理变为事前、事中、事后全过程跟踪管理。

5.加强预算监控。高校要制定相应的规章制度,进行适当的职责分离,明确职责权限;预算管理部门应会同项目负责人定期召开预算例会,分析预算执行情况、对照预算指标进行差异分析、提出预算反馈报告。建立科研经费预算管理预警机制,通过设立一系列敏感性财务指标,定期进行财务分析控制活动,对财务危机实施预测和提前预警干预。

6.规范预算调整程序。使用财政资金的纵向项目合同(任务书)一经批复,原则上不予调整,确需调整并符合相关科研经费管理规定的,应按规定履行相关调整程序;使用社会资金的横向科研项目预算的调整按照合同规定或当事人约定进行。属于学校预算调整权限内的一般预算调整事项,由项目负责人根据科研活动需要提出预算调整申请,经基层科研单位及学校科研部门审核同意,由财务部门批准后执行;重大预算调整事项,除履行一般预算调整程序外,还须经分管校领导批准后方可执行。对于涉及项目实施过程中研究目标、研究内容、研究进度和执行期、主要研究人员、合作单位等重大事项的变更,要组织专家论证,并按照项目组织单位或计划主管部门规定的相关程序、要求办理和执行。学校严格审核把关,防止利用任务调整降低研究目标、水平或造假。

7.完善科研经费预算绩效考核制度。高校应充分发挥评价的导向作用,调动科研人员开展科研工作的积极性,对于管理成效优、预算执行好、经费管理规范、使用效益高的科研团队和个人予以表彰和奖励,鼓励科研人员面向国家需求,潜心研究,为国家科技事业发展做出更多的创新性贡献。建立科研经费预算绩效考评制度,对科研项目经费使用的社会效益和经济效益进行评价;完善科研绩效档案,将考核结果作为项目申请、经费分配、绩效奖励和对科研项目支持力度的重要依据。

在项目结题后,课题组应及时做好资产的清理、移交工作,资产必须由学校统一保管和调配使用,不得再滞留在科研人员手中。高校资产部门对资产进行统一管理,出台资产有偿调配使用的管理办法，避免科研仪器设备重复购置，充分发挥高校已有仪器设备的使用效率。

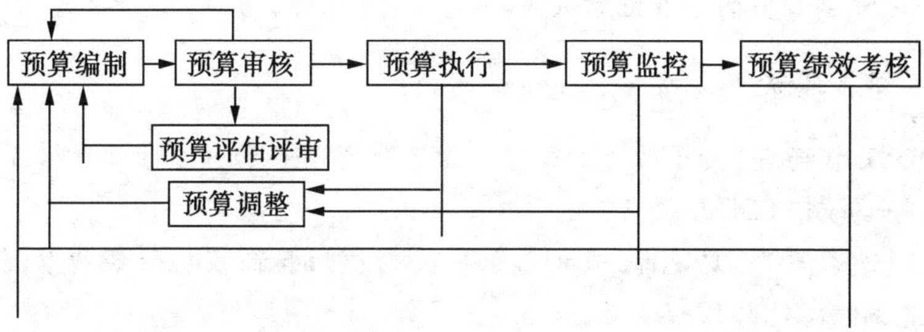

图1　科研经费预算管理流程

（四）完善科研经费管理信息系统

学校要统筹规划，整合现有信息资源，加强信息库建设，建立涵盖科研项目管理全过程及全要素的科研经费管理信息系统，实现项目、经费、人员、设备、图书等信息的全面管理和动态监管，完成科研、财务、资产、后勤、人事等部门和基层科研单位、项目负责人等信息共享，方便科研管理服务人员及科研工作者了解科研项目的动态信息，变被动式管理为主动式管理，由结果控制转变为全过程控制，实现科研经费管理的科学化、透明化和高效化。

（五）加强监督检查，落实责任追究制度

1.加强监督检查。学校监察审计部门应加强对科研经费的监督检查和内部审计工作，将科研经费预算管理情况纳入审计范围，从经济性、效益性和效率性的角度对科研项目进行全过程科学、客观的评价。审计部门要注重对科研经费预算管理进行事前、事中的审计监督，以加强学校科研经费管理，保障经费使用效益。

2.推进财务信息公开。高校要建立非涉密科研项目信息公开制度，在学校内部公开项目基本情况、项目组人员构成、协作单位及人员组成、预算批复、预算调整、预算执行、资产购置与共享等情况，增加科研经费使用的透明度，加大对预算管理的监督力度。

3.落实责任追究制度。高校要充分利用内部审计、财务检查、绩效考核等结果,对项目组织不力或行为不当的单位责任人进行批评教育。对发生违纪违法问题的单位和个人,应按照规定进行严肃处理,保障学校科研事业健康发展。

参考文献

[1]国务院.关于改进加强中央财政科研项目和资金管理的若干意见(国发[2014]11号)

[2]教育部、财政部.关于加强中央部门所属高校科研经费管理的意见(教财[2012]7号)

[3]教育部.关于进一步加强高校科研项目管理的意见(教技[2012]14号)

[4]教育部.关于进一步规范高校科研行为的意见(教监[2012]6号)

(作者单位:山东大学)

基于管理者视角的高校科研资金开支管理研究

耿晓霞　王海清　魏鑫　苏娟

随着高等教育事业的蓬勃发展，高校科研事业也快速发展，科研资金开支管理日趋复杂化、多元化。但在工作实践中发现，许多高校在科研资金支出管理方面存在制度不完善、预算内容不清晰、科研项目资金使用不规范、监管不力、内部控制欠缺等问题，导致学校科研经费的使用效益不高。本文从高校科研经费开支管理入手，在分析科研经费支出管理方面存在的突出问题及形成问题原因的基础上，提出改进科研资金开支管理、加强内部控制、防范财务风险的措施，对推动高校科研经费资金开支的规范化、精细化体系建设具有重要的意义。

一、加强高校科研资金开支管理的意义

近年来，政府财政性科研经费连年大幅增加，我国已成为仅次于美国的世界第二大研发投入国。国家统计局、科技部、财政部发布的《2013 年全国科技经费投入统计公报》显示，2013 年，全国共投入研究与试验发展经费 11846.6 亿元，比上年增加 1548.2 亿元，增长 15%；按研究与试验发展人员（全时工作量）计算的人均经费为 33.5 万元，比上年增加 1.8 万元。

随着高等教育事业的蓬勃发展，高校科研事业也快速发展，高校

承担的科研项目和筹措的科研经费均呈现大幅增长趋势，科研资金开支管理日趋复杂化、多元化、精细化和规范化。但通过实践发现，许多高校在科研资金支出管理方面存在制度不完善、预算内容不清晰，科研项目资金使用不规范、监管不力，内部控制欠缺等问题，导致学校科研经费的使用效率不高。对于高校财务管理者而言，如何实现对高校科研资金的科学、有效、合理和规范开支，在保证科研经费可以充分发挥最大效益的基础上，实现高校科研工作的顺利开展，是当前高校在科研经费开支管理工作中迫切需要考虑的问题。

本课题从高校科研经费开支管理入手，在分析了科研经费支出管理方面存在的问题及形成问题原因的基础上，提出改进科研资金开支管理、加强内部控制、防范财务风险的措施，对推动高校科研经费资金开支的规范化、精细化体系建设具有重要的意义。

二、高校科研项目资金开支的现状

（一）科研资金支出的定义及分类

1. 定义

高校科研项目资金支出是指在项目组织实施过程中与科研研究活动相关的、由项目资金支付的各项费用支出。科研支出属于高校不可控支出，其开支范围主要包括管理费、水电费、暖气费、房屋设备使用费、仪器设备购置费、协作费、科研材料费、劳务费、复印费、论文版面费、出版费、学术会议费、通信费、鉴定评审费、合同登记费等有关科研业务费。

2. 分类

一是按《事业单位规则》要求，科研支出可分为基本支出和项目支出。以L高校为例，科研支出主要是项目支出，基本支出的经费主要是基本科研业务费，2011～2013年每年支出不足1000万元，约占总支出的1.7%，主要用于科研临时聘用人员临时工资的发放。

二是按资金来源可分为纵向科研支出和横向科研支出。经费来源性质属于中央或地方财政资金，属于纵向项目，如国家自然科研基金支出，“863”、“973”、国家科技支撑计划项目资金支出，预算类科研经费支出等;经费来源性质属于社会资金,属于横向项目,它包含各类企业委托高校研究的技术服务费、科研成果转让等科研活动发生的支出。以L高校为例,纵向科研支出约占总支出的70%,横向科研支出约占总支出的30%。

三是按经济用途分类,科研资金支出可分为工资福利支出、商品服务支出(含试剂材料费、差旅费、会议费等)、对个人和家庭的补助、转移性支出、其他资本性支出、基本建设支出等。以L高校为例,2014年科研支出中工资福利支出约1264万元,商品服务支出约54866万元,其他资金性支出约4826万元。

(二)高校科研资金支出数据分析

以L高校为例,2011～2013年,科研支出每年以大约10%的比例增长。

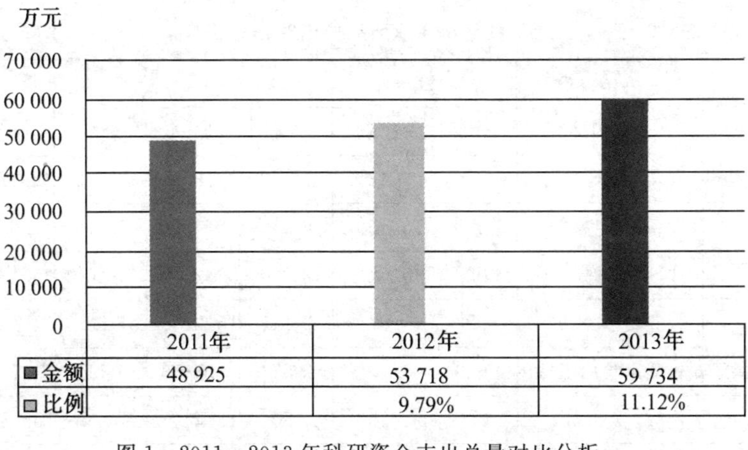

图1　2011～2013年科研资金支出总量对比分析

截至2014年底,L高校共有科研项目约1.4万个,科研实际支出6.09亿元,其中:纵向科研经费支出4.18亿元,占总量的69%;横向科研经费支出1.91亿元,占总量的31%。

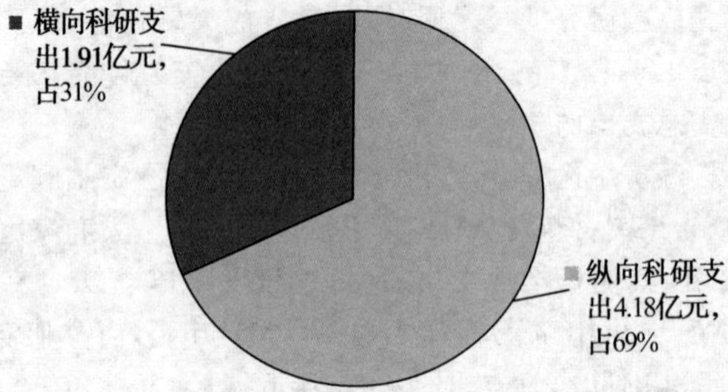

图 2　2014 年纵横向科研经费支出分析

2. 支出明细分析

(1)2011～2013 年科研主要支出，按经济用途分析

表 1　　**按经济用途所列支出明细分析**　　单位：万元

序号	支出按经济用途分类	2011 年		2012 年		2013 年	
		金额	比例	金额	比例	金额	比例
1	人员工资	960	2.42%	1 183	2.89%	1 142	2.37%
2	设备购置费	6 408	16.15%	6 310	15.40%	5 579	11.60%
3	试剂材料费	14 088	35.51%	13 200	32.21%	17 400	36.18%
4	劳务费	5 980	15.07%	6 146	15.00%	6 935	14.42%
5	测试化验加工费	2 523	6.36%	2 674	6.53%	3 116	6.48%
6	差旅、交通费	3 300	8.32%	5 509	13.44%	7 636	15.88%
7	会议费	484	1.22%	567	1.38%	665	1.38%
8	出国费用	637	1.61%	643	1.57%	788	1.64%
9	转拨支出	4 516	11.38%	4 277	10.44%	4 428	9.21%
10	公务接待费	1 738	4.38%	1 652	4.03%	1 552	3.23%
	合计	39 674		40 978		48 099	

(2)2011～2013 年科研主要支出三年平均分析

表 2　　科研主要支出三年平均分析　　单位:万元

序号	支出按经济用途分类	三年支出平均数	
		金额	比例
1	试剂材料费	14 896	33.85%
2	劳务费	6 354	14.08%
3	设备购置费	6 099	13.51%
4	差旅、交通费	5 482	12.14%
5	转拨支出	4 407	9.76%
6	测试化验加工费	2 771	6.14%
7	公务接待费	1 647	3.65%
8	人员工资	1 095	2.43%
9	出国费用	689	1.53%
10	会议费	572	1.27%
合计		44 012	

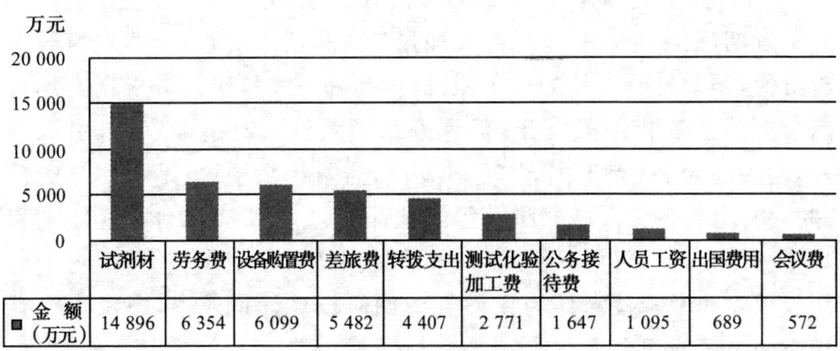

图 3　科研资金支出分析数据

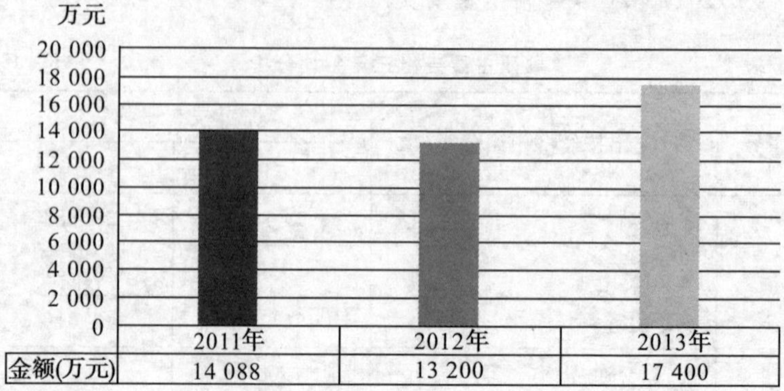

图 4　试剂材料费三年平均支出数据

从表 2 中可看出，平均支出排在前五位的分别是试剂材料费、劳务费、设备费、差旅交通费和转拨支出，分别占总支出的 33.85%、14.08%、13.51%、12.14%和 9.76%；三公两费支出中会议费和出国费用基本没有增加，接待费逐年减少；试剂材料费支出发生波动最大，三年增长了 3312 万元，平均增长率为 24%。

三、科研经费支出管理方面存在的问题及原因

1. 财务制度不完善，科研开支没有具体、明确的操作规范

近期，国家为进一步规范和加强学校科研经费管理，体现科研人员价值，调动科研人员的科研积极性，允许一线科研人员根据实际贡献公开公正安排绩效支出，但课题组绩效发放时由谁审核，由谁考评，发多少合适，支出内容，何时发放，需附什么手续，是否和工资合并扣税，是否按劳务费扣税等等问题，国家一直没有出台相应制度和具体操作规范。再如，现在科研经费提倡实行全成本核算，但对于科研成果时非专利技术作为无形资产如何核算计量成本，国家也没有相应的制度或规范。

2. 预算管理水平有待提高

高校的科研经费预算大多是由项目负责人，根据项目的实际需要和以往报账的经验自行编制的，编制预算时的随意性大。他们往

往对科研经费的管理和开支认识不足，认为科研经费是经过自己的努力申请得到的，应该归课题组所有，课题组可以任意开支科研经费，去财务部门报账只是走个手续。由于项目负责人对科研经费的归属认识不清，导致科研经费的预算管理流于形式。许多项目负责人名下有很多项目，某一类业务在这个项目无法报销时，便会直接换一个项目报销，资金使用的随意性很大，导致业务本身和项目无关的情况时有发生。而由于财务管理人员对课题内容的专业性认识不足，无法准确对科研经费支出的专业性和合理性作出正确的判断，从而导致科研经费的预算管理和执行与内部控制脱节。

3. 预算科目与会计科目不对应

高校会计科目是根据经济用途设置的，一类支出对应一个会计科目，但在工作中发现，科研经费预算支出有时会对应多个会计科目，如国家自然科学基金中的试制设备费、国家社科基金预算中的数据采集费和问卷调查费、重大专项中的间接费用、不可预见费用，这类预算支出会对应材料费、劳务费、差旅费等多个会计科目，加大了预算模板的控制难度。

4. 课题组负责人科研支出风险防范意识比较淡薄

高校部分经费负责人风险管理意识不强，往往认为科研经费是自己的钱，不是学校的钱，没有认清科研经费的公款属性，认为科研经费干什么都行，甚至有些老师都不知道从科研经费借款还要销借款。例如，××学院×老师从横向科研经费借款购置波纹管用于实验，一周后材料到货并投入使用，但该项目负责人一直没开发票，等三年后去找供货商，对方单位却已联系不上，导致学校资产流失。特别是对于差旅费的借款手续非常简单，项目负责人只要自己签上名字，学院盖上章，款项就可以直接打到借款人银行卡中，导致有些科研经费公款私用，国有经费没有发挥应有的作用，而是游离在学校监管之外。

5. 科研资金开支不规范，存在报销虚假或与科研活动无关发票的现象

审计署 2013 在年公布的审计报告显示，科技部预算执行中不合

规问题金额超 10 亿元，许多科研项目存在不按制度支出的情况。即课题负责人开支科研资金时，不按经费预算或协议，而是随意报销虚假发票或扩大课题经费开支范围，未经批准随意转拨经费，大额的材料费、测试加工费、办公耗材等不执行国家和学校的政府采购制度，劳务费支出不实行痕迹管理；会计核算不规范、假发票报销问题严重。如有的课题组负责人报销交通费时，多张出租车票连号报销，有的还在经费中支出食品充值卡、购物卡，套取国家财政资金。

6. 内部审计和监督体制不完善

目前，许多高校都设有审计部门和纪检监察部门，这两个部门大多由校长直接负责，甚至财务部门也设置了稽核岗位，但是这些部门和岗位，在一般情况下很少会主动对科研项目或者某些项目负责人进行专项审计，多数情况是配合教育部或者巡视组等部门的监察审计工作或有人实名举报，错过了事前发现问题和处理问题的时机。另外，受高校管理层的约束，高校的内部审计部门只能按照管理层的要求开展审计监察工作，缺乏独立性，无法发挥全面审计监督的职能，且审计部门的人员较少，缺乏相应的经验和业务能力，无法对所有的业务事项作出全面正确的判断，无法起到应有的、全面的监督作用。

7. 高校财务人员职业判断与业务能力高低不等

高校科研经费量每年持续增加，科研经费开支核算业务量也持续增加，核算内容越来越复杂。例如，现在许多高校都由小规模纳税人变为一般纳税人，科研经费来款不能向原来一样，核算只作一笔收入，月末一次性缴营业税，而是每笔科研经费到款都要开具增值税普通发票或增值税专用发票，每笔到款除学校、单位提管理费外，都要代扣代缴增值税、增值税附加、印花税、合同登记费等。由于高校财务人员的配置相对于快速增长的科研业务相对不足，很多财务部门存在着科研专业人员严重缺编的情况，如此大的业务量，导致财务人员根本没有时间接受正规的培训和学习，各种新的科研财务知识全靠自学，新的科研报销规定全靠自己理解，最终导致财务人员职业判断水平、业务能力差距很大。

四、科研资金开支应遵循的原则

目前国家对财政资金的监管呈高压态势，从严从紧管理科研经费开支成为了一种“新常态”，这期间国家出台了一系列文件，明确指出要加强科研经费管理。如 2012 年，教育部、财政部出台了《关于加强中央部门所属高校科研经费管理的意见》，其中第四条明确指出要加强管理，严格科研经费支出。2015 年，教育部《关于直属高校落实财务管理领导责任严肃财经纪律的若干意见》第七条也指出，要严格科研经费管理，切实做到规范科研经费支出管理。

在科研经费开支过程中，财务人员应坚持“公款公用，尺度统一，实事求是，警示教育”的报销审核原则。实践证明，这四个原则对切实做好科研资金的使用和管理发挥了重要工作。具体内容如下：

一是公款公用原则。即凡是以高校名义申请取得的各类科研经费，不论其资金来源渠道，都是公款，都是国家的钱，一定要纠正科研经费属于项目负责人个人所有的观念。财务部门在工作中要加强科研支出的票据审核，要按照国家的文件和学校有关科研经费管理办法开支，对课题负责人在经费中报销与科研工作无关的交通、差旅、餐费等票据，坚决不予报销。

二是尺度统一原则。即无论纵向科研还是横向科研资金，无论资金来源于何处，它们的开支标准和审批程序都是一致的。如公务接待费报销时，都需提供由学院（或科研机构）负责人审批签字的《科研业务接待清单》，不能有的科研经费附审批表，有的科研经费就不附审批表。

三是实事求是原则。科研业务要真实、合法，确实是科研或教学活动需要的行为，不能用假发票、假业务或真发票、假业务以及虚造学生名单等错误行为来套取国家科研资金，对于有些科研行为确实没有发票，要写明情况，相关职能部门特事特批，决不允许课题组采取凑票的方式报销。

四是警示教育原则。即学校对科研支出违法违纪案件进行通报，通过加强警示教育、示范教育，增强科研人员的廉洁意识。原来，高校管理层对于部分课题负责人的科研腐败事件常常掩盖，甚至包庇，充当了保护伞，现在高校对科研腐败的态度是零容忍，科研支出严格划出财经纪律的高压红线，严禁以任何方式套取、挪用、侵占科研经费，对科研资金支出报销过程中的错误行为，视情节轻重，采取约谈警示、暂停项目经费拨付、限制项目申报资格等处罚。对于违规的项目负责人，给予通报批评、暂停项目拨款、终止项目执行、追回已拨项目资金、取消项目承担者一定期限内申报资格等处罚措施，涉及违法的要移交司法机关处理。同时，对于在各类检查、审计中发现的问题要予以严肃处理时，并向社会公开，接受社会的监督。

五、改进科研资金开支管理，加强内部控制，防范财务风险的措施

(一)加强宣传，建立规范管理科研支出的大环境

要着力加强科研舆论的宣传引导，可通过校园网络、微信、大屏幕滚动播放、短信和邮件等多种渠道，采取召开宣传培训会等多种形式，对科研经费支出管理的各类法规政策，展开全方位的宣传，同时还要建立全过程、全方位的咨询服务体系，切实让课题组负责人准确把握科研支出文件精神，让师生充分认识加强科研管理工作的重要性、紧迫性，增强忧患意识、责任意识，尽快让科研经费规范支出管理的理念深入人心，在整个高校形成“花钱要先有预算，支出必须规范，业务必须真实，违规要严加问责”的良好风气，从而树立起人人重视科研经费支出管理的良好氛围。

(二)完善制度建设，出台科研资金支出具体规范

当前科研活动越来越复杂，科研经费类别也越来越多，如纵向科研经费包括“863”、“973”、国家科技支撑经费、国家自然科学基金、国家社科基金、民口科技重大专项、省优秀中青年科学家奖励基金等几十个大类，每类经费支出的范围各不相同。所以，高校科研和财务部门职能部门，应以国家近期新出台的科研经费管理办法的要求为基准，针对各类经费特点，主动适应市场经济的要求，大胆进行制度创新，制定具体有效的管理措施，出台详细的科研支出操作流程和实施规范，细化每类科研经费的具体支出范围，明确报销手续，确保科研

经费的合理使用与规范管理。高校下一步应完善科研绩效管理办法，建立鼓励创新、体现科研实绩的科研人员绩效管理机制。

（三）分科研资金不同支出项，采取具体管理措施

1. 强化科研支出中材料试剂费的管理

针对实验材料单价相对较低、种类繁杂、需求量差距很大等特点，高校财务部门可以采取相应的措施，加强对实验材料的监管，确保所报销款项均是真事真票，杜绝真事假票、假事真票、假事假票等情况的发生。具体措施：一是按照项目的资金来源和性质，并依据往年的经费使用情况，制定材料费预算。二是实行定点单位招标采购，谨防假票假事。每学期末，学校设备管理部门应将各个学院（系）、中心、实验室的试剂材料计划用度进行汇总，进行集中审核，批准后，由学校统一进行招标采购。三是运用现代化技术手段，建立试剂材料费网上虚拟采购平台。即学校可建立类似京东商城的网上材料试剂采购平台，由实验人员或各学院（系）安排的材料管理员在网上提交材料申请，对所需材料种类、规格、数量等信息作出明确说明，相关部门人员对申请进行审核后，在采购平台上选取供应商进行采购。

2. 强化科研支出中劳务费的管理

科研经费中的劳务性费用支出主要包括研究生助研津贴、临时聘用人员工资、临时聘用专家咨询费、科研人员的绩效支出等。虚报冒领劳务费主要存在以下几种情况：虚列参与科研的研究生、临时聘用人员、外聘专家名单，将科研经费转卡套现；虚增发放人数，规避缴纳个人所得税；编造虚假劳务合同，以临时聘用人员的名义虚报冒领。

为进一步规范科研经费劳务费的支出管理，高校需要设计科学合理的劳务费预算比例、发放形式、发放依据等，严格考评体系，从源头杜绝虚报冒领劳务费等现象的发生。具体措施：一是科学设定劳务费报销比例，严格按照预算支出，一律通过个人银行卡发放，以零现金方式支付。二是应根据发放人员的类型，分别设定不同的发放依据和扣税标准。临时聘用人员应签订劳务协议并经过人事部审核备案；发放临时聘用人员的劳务性支出时，应附劳务协议复印件并经

学院(系)领导审核通过,实名发放到个人的银行卡,谨防虚报冒领。对于科研人员的绩效支出,应附科研考核表,由高校主管部门和学院审核通过,据实发放。

3. 强化科研支出中合同的管理

与一般公司、企业相比,高校合同具有业务种类繁多、金额大小不一、签订主体较多等特点,但是现在管理者对高校合同管理的重要性认识不足、法律意识淡薄、风险意识不强等,导致很多合同的签订只是为了应付财务、审计,对合同的条款和内容不加重视。由于很多高校没有设置专门的合同管理机构,而且很多合同的签订都是以高校下属的学院、中心、部门的名义签订的,未使用合同专用章,未经学校法人授权,违反了《中华人民共和国合同法》规定的合同的签订主体必须是具有民事权利能力和民事行为能力,依法独立享受民事权利和承担民事义务的自然人、法人和其他组织。

有效的合同管理对于维护和保障高校的合法权益,有效降低高校的财务风险,避免不必要的合同纠纷具有重要意义。鉴于高校合同业务种类繁多,金额差距很大,高校应按照合同的金额大小、业务种类设置合理、严谨的合同审批制度。一是建立合同管理部门,制定合同管理办法,明确合同管理部门的职责、合同签订的流程及其规则,并由学校法律事务室审核,从而保障合同的依法、依规,以及合法权益的实现。二是建立完善的授权审批制度,例如学校的法人代表——校长不可能事事亲力亲为,需要授权专门的合同管理部门代为审批、签章,合同专用章的使用、保管应相互监督,对于每笔合同都应进行备份、登记、归档,保证有据可查。三是对于不同金额和业务内容的合同应分别审核,可由合同管理部门直接审批,或者先由学校的审计部门、法律事务室或其他相关部门先期审查合同的真实性、合法性,审查通过,再由合同管理部门进行审批,避免经济纠纷和财务风险的发生。

(四)加快科研资金支付信息化建设,提高经费使用效益,防范财务风险

由于科研工作的需要,高校与外单位的经济交往越来越多,资金

支付量也越来越大，实践证明，通过加强科研经费管理信息化建设，能起到事半功倍的作用。以L高校为例，2015年，财务部与会计软件公司、相关银行协作，对财务系统进行升级改造，推出科研资金支出全面实现对公网银转账支付，取得了很好的效果。一是保证了学校科研资金的安全。实行对公转账，供应商无法进行背书转让，从而不会出现背书错误重新开具支票的情况，同时国库转账支票背书至个人的情况不再出现，从而使科研资金的使用更加安全、合理、合规。二是提高了资金的支付速度及使用效益。支票、电汇改对公转账后，由原来的3～4天到账变为现在的即时到账，更加方便快捷。同时，由于支付速度快，进口设备付款时减少了汇率影响，为国家节省了大笔资金。三是节省了报销人来回跑腿的时间。实施对公转账后，报销人携带相关票据来财务报账大厅，初审合格后即可离开，无须再在前台等待拿取支票、免去了老师或同学送支票的麻烦，大大节省了师生的报账时间。

(五)加强科研资金规范支出报销业务的学习

2013年至今，国家陆续出台了一系列科研经费管理的政策文件，广大高校财务人员要深入学习，认清形势，统一思想。通过学习科研经费、项目预算、财务管理等文件，全面理解加强科研管理工作文件的精神，深刻领会工作要求，牢牢掌握政策规定，集中分析、研讨、探索处理实际问题的方式方法，提高业务处理能力，真正做到懂科研、懂制度、懂管理、会服务。

总之，规范科研资金支出管理是一项系统性、政策性、长期性和复杂性的工作，高校科研、财务、资产、招标办、人事、审计、纪检等各职能部门，要加强分工与合作，将责任落到实处，形成“统一领导，协同合作，责任到人”的管理机制，充分发挥各部门在自身科研管理与监督工作中的主体作用，在科研经费使用和管理方面，把握好整体和局部、全面和重点、管理和服务这三大关系，不断改进工作，提高科研支出的科学化、规范化管理水平，提高科研经费使用效益，从而促进高校科研事业健康可持续发展。

参考文献

[1]教育部,财政部.关于加强中央部门所属高校科研经费管理的意见(教财[2012]7号)

[2]教育部.关于进一步加强高校科研项目管理的意见(教技[2012]14号)

[3]黄永林,李茂峰.我国高校科研经费管理政策与制度存在的主要问题及其对策建议.教育与经济,2013(3)

[4]张莉,晋飞鸣,杨慧.关于加强高校科研经费管理的思考.科技视界,2015(2)

[5]雷芳,邱卫林.新常态下高校资金管理存在问题及对策.中国乡镇企业会计,2015(7)

(作者单位:山东大学)

内涵式发展背景下高等教育投入导向的研究

韩济长

我国已经进入教育优先发展的重要战略机遇期。党的十八大旗帜鲜明地指出,要"推动高等教育内涵式发展"。这就要求我们更加坚定地走中国特色高等教育发展道路,以提高质量为核心,坚持"有所为、有所不为,统筹兼顾,突出特色,保证重点,可持续发展、协调发展"原则,建立健全经费投入保障机制,科学把握高等教育的投入导向,以加快和促进高校内涵式发展。

一、高等教育内涵式发展的实质要义及存在问题

高校内涵式发展,就是通过战略、结构、制度、资源配置方式的变化获得提升与发展。高校的内涵主要体现为质量、水平、能力三个方面,其中质量是核心,以"质量"为核心的高校内涵式发展,主要是特色发展、可持续发展和协调发展。高校内涵式发展的标志是"稳定规模,提高质量,突出特色,增强实力";发展的主要目标是质量和效益;发展的实现方式主要通过增加政府投入和内部挖潜实现;发展的动力来源于现有教育资源的优化配置、学科及专业结构的调整;发展的形态表现为办学效益尤其是人才质量的显著提升。当前,我国已经建成世界上规模最大的高等教育体系,培养了数以亿计的高层次、高技能人才。但高等教育发展仍面临着不少问题,如相当部分高校办

学思路功利化、学科设置同质化、人才培养与国家战略需要和经济社会需求脱节、优质高等教育资源不足、贪大求全、高等教育发展水平东西部不均衡等。

二、高等教育经费的来源构成及差距不足

目前我国的高等教育经费来源，主要是政府的财政资金投入和高校学生的学费、住宿费收入，从我国目前高等教育的办学实际来看，政府财政资金和学生收费两方面再很难有大的提高和增长。第一，高等教育经费在整个国家教育资源配置中的占比一直比较高，政府对高等教育的财政拨款长期以来一直占整个教育财政拨款的25%左右，占比已经不低，想通过挤压其他行业或其他教育经费的方式再提高高等教育经费是不合适的，也是不现实的；依据《中华人民共和国教育法》和《山东省中长期教育改革和发展规划纲要(2011～2020)》，政府财政性教育经费占GDP的比例真正迈进4%的比例，政府对高等教育的财政资金会有相应的提高、增长，但高等教育承担的社会责任也不能过分依赖政府投入。第二，我国高校各省份学生的学费、住宿费标准尽管不同，且各省份之间差距有的较大，但就整体而言，对学生的收费已经很高，已经超过世界公认的教育成本的1/4的比例，给学生及其家庭尤其是偏远省份落后地区经济状况较差的家庭带来了沉重的经济负担。所以，今后高等教育经费筹措的重点应该是其他社会投入，包括教育、科研、咨询、讲学等社会服务收入，融资、捐资收入，在法律法规许可范围内(试行)发行教育债券等。目前我国高校社会投入普遍较低，普通高校社会投入占学校所有收入在5%左右，即使在中央部属重点高校也不到10%，甚至在地方高校中才占2%左右，通过服务地方产学研的高度融合发展，都还有很大的提升空间。高等教育的社会服务类型、方向应该与高校自身的定位、层次、类型相联系，研究性大学要侧重产学研的科研收入，地方高校需致力于其他社会服务收入。高等教育的捐资收入大有可为，任重道远，我们与发达的西方国家相比高等教育捐资收入还有很大差距。以美国为例，其研究性大学捐资收入占总收入的18%左右，而我

国中央部属高校的捐资收入占总收入的3%不到，普通高校和地方高校捐资比例更低甚至还是零捐资。我们应该通过减免税收等一系列方式方法唤醒有致力于教育发展的企业家、企业家集团、社会名人等捐资助学。

三、高等教育投入导向的基本原则和实践要求

我国改革开放30年实现了西方需要200多年才能完成的从精英教育向大众化教育的过渡。高等教育的高歌猛进和规模的快速扩张，也伴生伴随了很多问题，导致了教育整体质量的下滑和普遍浮躁。党的十八大明确提出了“走内涵式发展的道路”的要求，高等教育内涵式发展将是新常态，内涵建设永远在路上。面对新要求，适应新常态，我们要立足本职工作，勇于担当，不能等闲视之、坐而待之，科学分析探究高等教育的投入导向，将有限的资源、经费使用好，利用好，最大限度地发挥其效益。内涵式发展就是按照特色发展、可持续发展和协调发展的原则来分配、管理、使用经费，用市场化手段配置教育资源。高校的特色发展的具体体现是人无我有、人有我优、人优我特。高校有限的资源或经费要充分发挥成效或作用，就不能搞平均主义、撒“芝麻盐”，只能坚持“有所为，有所不为”，甚至“有所不为，才能有所为”。特色发展的主要内容是人才培养特色和学科特色。人才培养是高校的根本任务；学科特色是学校实力的集中体现，也是保持和提升学校核心竞争力的关键。可持续发展是注重长远、面向未来的发展，是持久保持和增强特色的发展，既要求传承传统的优势，又要求在未来的发展中与时俱进、持续发展。可持续发展的主要内容是队伍的可持续和工作的前瞻性。协调发展是指内涵式发展是系统工程，要实施协调推进，需要处理好系统内各方面的关系。避免短板，协调得当。协调发展的主要内容是学科间的协调发展、教学与科研的协调发展、事业发展与民生的协调发展。宏观方面投入导向要把握好四个方面的关系：一是保障和发展的关系，确定发展目标和速度，必须考虑财力约束，把握发展节奏，着力做好保障工作；否则，发展会影响生存。二是处理好规模、结构、质量、效益的关系。实现协

调发展，质量是生命线、是前提；结构是保证质量、打造特色、增强竞争力的关键；效益是增强实力、持续发展壮大的根本，没有效益就没有发展。三是民生与发展的关系。对学校、教工、学生、政府、社会相关利益者，要利益均衡、良性互动、共同发展。四是当前和长远的发展，即立足现实，着眼长远，实现持续发展。具体来说要坚持“以保证运转为前提，以促进内涵发展为重点，以提高教育质量为目标”的原则，科学编制财务预算和资金规划，用资金规划把握资金投入方向，用财务预算约束资金使用。一要加大教学科研投入促进内涵建设。坚持办学为本，学术为上，特色为重，人才为先的办学理念，以学科建设为龙头，以师资队伍建设为关键，以教学质量为生命，加大“四项教学经费”的投入力度，全面提高教育教学质量。二要调整人才引进和人才资源政策，控制人员经费过快增长。当前学校人员支出增长过快，支出比例急剧增加，学校一方面要稳步推行人事制度改革，优化人力资源运作，以人事分配制度为杠杆，妥善处理个人收入和学校事业发展的关系，调整内部经费支出结构，控制个人支出规模。三要严格控制非教学性支出，节约学校发展资金。在加大教学科研投入，压缩人员经费支出的同时，要大力加强对非教学性支出的控制，最大限度地减少不必要的开支。最大限度地优化支出结构，以支出结构彰显资金使用效益。

四、高等教育投入导向有效机制和保障重点

地方高校投入导向有效机制的建立是一个系统工程，是十分复杂和艰难的。有限的办学经费往哪里投，投入多少，没有固定的模板和程序，因此对于地方高校来讲，研究投入导向机制的有效建立和完善，必须契合国家战略，以实现转型为目的。新常态下地方本科高校的转型发展是一项系统工程，必须紧紧围绕学生这个中心，进行一体化的设计和改革。必须建立一个整体体系，具体包括德育系统建设、人才培养模式、学科专业结构、师资队伍建设、大学文化铸造、办学经费的投入等。其中办学经费的投入就是为学校转型发展提供坚强的资金保障，这需要建立科学有效的资金投入导向机制，“适应转型，统

筹兼顾，突出特色，保障重点，优化结构，提升内涵”。

(一)德育系统建设是转型发展的方向

大学历来被认为是社会道德的“良心”。大学必须要坚定社会主义办学方向，坚持社会主义核心价值观。党的十八大要求把“立德树人”作为根本任务。培养德智体美全面发展的社会主义建设者和接班人是高校的中心任务，立德树人是党在新时期人才培养的指导方针。学校应围绕实现中心任务规划德育系统工程建设，始终坚持“学生中心，全员参与，全过程覆盖，系统设计”的理念来构建各个实施环节，按照“教育科学化，管理精细化，服务人性化，拓展多样化”的实施要求，实现德育工作在时间与空间、内容与形势上的有机结合，形成全员育人、全过程育人、全方位育人的新格局，保障学生综合素质的提高。泰山学院党委高度重视大学生德育工作，积极探索新形势下德育工作的新思路、新方法，不断创新育人模式，强化师德建设，充分发挥教师在核心价值观教育中的主体师范作用和课堂主渠道作用，启动实施了“泰山学院 1244 德育系统工程”。德育工作经费设立专门预算科目，经费专款专用。德育系统工程的有效实施，不断凝练工作特色，培育工作品牌，在理论探索、实践创新和实施效果方面都有了很大提升，学校德育工作走在了全省高校前列，树立了学校德育工作品牌，取得了一系列德育工作先进成果和荣誉，深刻践行社会主义核心价值观，真正把“立德树人”落到实处，彰显德育教育办学特色。

(二)人才培养(模式)是转型发展的核心

大学的根本使命就是人才培养，学生质量是大学的生命线。要始终牢牢把握人才培养这个中心，为学生的质量负责。牢固树立教学立校理念，突出学生需求和社会需求，因材施教，个性化成才。我们一切工作的出发点和落脚点都要以学生成人、成才、成功为目标。人才培养是转型发展的核心，但实现核心的基础和手段是抓好本科教学。教育部《关于进一步加强高等学校本科教学工作的若干意见》中明确指出：“着眼于国家现代化和人的全面发展需要，加大教学投入，强化教学管理，深化教学改革，坚持传授知识、培养能力、提高素质协调发展，更加注重能力培养，着力提高大学生的学习能力、实践能力和创新能力，全面推进素质教育”；“自觉遵循教育教学规律，以更多的精力、更大的财力进一步加强教学工作，全面提高人才培养质量”。这里所说的“更大的财力”，在本科教学工作水平评估指标内涵中有明确的解读：“四项教学经费（本专科业务费、教学差旅费、体育维持费、教学仪器设备维修费）占学费收入30%以上，较好地满足人才培养需要；25%以上，基本满足人才培养需要。生均四项经费要逐年持续增长。”因此，应该不折不扣地抓好教学经费的分配落实，使教学日常经费优先得到保障，抓住核心不放松，提高人才培养质量。

（三）优化学科专业结构是转型发展的重点

大学的本质属性，决定了必须重视加强学科建设。学科特色决定办学特色，学科水平也标志着高校的办学水平、人才培养质量和服务社会的能力。高校应当把学科建设提到一个重要的位置，坚持其“龙头”地位，用其统领专业建设、人才培养和科学研究。要实现转型发展，就要优化学科专业结构。以学科建设为中心，遵循调结构、促特色、提质量的总体思路，努力打造具有优势和特色的学科专业群，使其与其他高校错位发展，与地方产业结构经济发展匹配建设。在专业结构调整优化方面，要顺应转型发展的人才培养需要，遵循以优势学科为支撑，以“壮士断腕”的果断勇气，调整优化专业。对招生报考志愿率低、社会经济发展需求度低、就业难的专业实行退出机制，停止招生；适应地方支柱产业和战略新兴产业发展的增设新专业，重点建设直接为地方和企业服务的新专业。专业建设要按照合格、特色、品牌三个层次加强建设。学科、专业建设应该坚持“顶天立地”“扶优、扶强、扶特”的原则，大部分学科专业要脚踏实地地培养适应地方经济社会发展的技术性、技能型、应用型人才；少数优势学科、品牌专业要“冒尖”“顶天”，彰显学校优势和特色。近年来，我校按照“做强理（科）、做优师（范）、做特旅（游）、做实（应）用”的思路，遴选优势学科和特色专业，利用中央财政资金专项、骨干学科建设等资金支持，实行资金倾斜政策，重点扶持催化、建设化学化工、计算机等省级重点学科实验室。以此为依托，2015年两个二级学院国家自然科学基金立项5项，在同类院校中取得了“顶天”的科研突出成绩。学校旅游特色专业是省级建设的品牌专业，目前已经成为省内首屈一指、国内有相当影响的招牌专业。

(四)师资队伍建设是转型发展的关键

新常态下，实现地方本科高校的转型发展的关键是教师队伍建设。教师的素质直接决定了学校的办学实力和发展潜力。教师是大学发展的核心力量，打造一支高水平的教师队伍是实现人才培养目标的根本保障。教师要具备宽厚的专业基础知识、扎实的行业实践知识、较强的专业应用能力、实践教学能力、应用研究能力和社会服务能力。教师队伍建设是一项长期的系统工程，学校要有前瞻的、超前的人才理念，师资队伍建设要靠“稳定、培养、引进”三个方面。稳定人才，就是充分尊重现有的人才，建立事业留人、感情留人、待遇留人的良好用人机制，快乐工作，愉悦人生，享受生活；培养人才，就是宽松环境、创造条件，鼓励青年教师深造提升，强化梯队建设和团队建设；引进人才，就是加大人才引进力度，灵活政策，因人而异，不拘一格，要敢于引进“大师”“高手”“怪才”，无所不用，为我所用。

(五)大学文化铸造是转型发展的灵魂

大学是人类发展到一定阶段的产物。传承文化、创新文化，用文化育人和服务社会，是大学的基本职能。先进的大学文化可形成品牌，是学校综合能力与独具特色的彰显，包含着其个性功能与强烈的社会责任感，文化的继承发扬与创新成果是学校丰富的内涵所在，是一笔宝贵财富，更是学校继续创树文化品牌，增强核心竞争力，实现发展目标的坚实基础、不竭源泉和创新动力。通过大学文化创新，可以使大学适应高校改革的教育环境和复杂多变的社会环境，并且在大学自身的改革中发挥积极的引导作用。

总之，高等教育面临着新的形势和任务。当前，我国已进入教育优先发展的重要战略机遇期。必须按照“统筹兼顾，有保有压，突出特色，保证重点”的原则，进一步理顺财务管理体制，节约挖潜，不断加强财会队伍和财务制度建设，把财务管理纳入制度化、规范化、科学化、精细化轨道，建立健全投入导向机制，优化支出结构，最大限度地提高资金使用效益，真正做到以保证学校正常运转为前提，以促进内涵质量提升为重点，以突出办学特色为杠杆，以提高学生综合素质为目标，坚定不移地走内涵式发展道路。

（作者单位：泰山学院）

财政滚动预算改革下的高校预算编制研究

葛玉杰　朱丽敏　范暖　王雪飞　吕向钧

《中共中央关于全面深化改革若干重大问题的决定》要求建立跨年度预算平衡机制,《国务院关于实行中期财政规划管理的意见》(国发[2015]3号)提出,推进跨年度预算的统筹协调,编制三年滚动财政规划,加快推进重点领域三年滚动财政规划,编制部门三年滚动财政规划,加强部门预算总量约束,在编制2016年部门预算时,同步编制中央部门2016～2018年滚动财政规划。财政推行滚动预算以及目前高校年度预算模式中出现的诸多问题要求高校进行滚动预算的编制。

一、高校目前年度预算模式存在的问题

目前各高校的预算基本上是按照会计年度编制,预算虽然在年度工作计划的基础上编制,但又常常与长期规划缺乏有机的结合,二者的脱节往往造成预算执行的不稳定,影响工作计划的完成和战略目标的实现,并造成资金大量沉淀,影响了资金整体效益的发挥。

1. 不利于优化资金支出结构。年度预算时间跨度限定为一个会计年度,较少考虑高校的中长期发展规划和学校资金供给之间的联系,难以瞻前顾后地统筹考虑长期收益和长期成本支出,项目预算编制决策缺乏前瞻性,对于如何确定各项目的优先安排顺序,如何优化

资金结构，年度预算所涉及的时间跨度太短，不利于高校长期规划的实施，易导致短期行为，不利于集中财力保证重点项目及大项目。

2.目前高校内部的中长期规划、决策和预算编制相脱节，中长期规划及工作要点研究延迟，填报财政部门预算时下一年度工作要点尚未确定，从而使得目前高校财政部门预算和内部二级预算两套预算的现象普遍存在。

3.年度预算难以反映项目支出的完整信息。对于跨年度的项目，年度预算只能反映项目支出的部分内容，难以反映项目各年度的整体情况。

4.年度预算易导致潜在的财务风险。跨年度的项目，由于政府招标采购的时间跨度较长，使得资金安排的年度和项目执行进度存在不完全一致的客观事实。同时，目前财政资金普遍存在年末资金收回的政策和年度预算的执行进度要求，这些因素也导致了年末赶项目、急于花钱、不求绩效的现象。

二、高校实行滚动预算的意义

滚动预算，又称“滚动式中期财政计划”“永续预算”或者“跨年度预算”。编制滚动预算对于高校预算更符合中长期规划、优化支出结构、跨年度资金管理等具有很重要的意义。

1.滚动预算能够打破传统年度预算在时间上的限制，提前规划，前瞻性地考虑项目经费收支和高校的持续发展，使得高校的领导层能够用发展的眼光看问题，不只关心一年的发展计划，更关注学校的中长期发展规划，有利于保障学校长期规划的实现，树立以战略目标为导向的理念。

2.滚动预算可以优化资金支出结构，跨年度统筹规划资金分配，整合资金，集中财力优先用于高校重大项目的发展和执行，避免学校聚焦于短期项目，更多地考虑可持续发展的项目，有利于预算资金的合理分配、资源的有效配置。

3.滚动预算体现了项目预算的整体性。对项目支出实行跨年度预算管理，根据资金支付进度分别在各年度安排预算，体现了预算支出的连续性和整体性，滚动预算可全面反映跨年度项目的各年度收支全貌。

4. 可以给予部门在多年内完成项目的灵活性，避免目前“年末财政忙着收回资金、单位忙着支付资金”的怪象，从根源上杜绝年底突击花钱的现象。

5. 加强财务预算的管控能力。滚动预算可将多年资金进行统筹管理，避免年度预算中片面考虑年度预算可能导致的资金链断裂或资金需求的不足。

6. 提高预算编制的准确性。滚动预算每年对预算进行调整完善，使预算更符合实际情况。

三、高校滚动预算编制应注意的事项

1. 高校滚动预算涉及时间以 3～5 年为宜，由于高校预算比较稳定，除重大政策性调整外，滚动预算可 1 年更新一次。

2. 高校需提前制定 3～5 年规划，并按年度滚动进行修订。滚动规划的编制为下一步滚动预算的编制提供了重要依据。

3. 根据高校的中长期规划，在年度预算的基础上，编制以后几个年度的指导性预算。以 3 年为例，如 2015 年在编制 2016～2018 年预算时，除编制 2016 年当年的详细预算外，应同时编制 2017 年和 2018 年年的初步预算；在 2016 年编制 2017～2019 年预算时，细化 2017 年初步预算，同时对 2018 年初步预算进行修正，并编制 2019 年初步预算。

4. 项目支出预算的编制是滚动预算的核心，这就要求高校建立动态的中长期项目库管理系统，充分运用项目库的项目统筹作用。做好项目库管理首先要确定有序的项目库运行机制，切实做好项目的申报、评审、分类、立项、建设、评价等工作，项目库的管理应发挥相关职能部门的业务统驭能力。各相关人员根据规划论证编制相关项目建设方案，方案中明确项目的详细方案评审时间、预算确定时间、具体方案立项时间、项目招标采购时间、项目建设时间、资金的支付时间等。

5.需要设立跨年度预算稳定调节基金。项目支出根据支付进度在相应年度安排预算资金,设立跨年度预算稳定调节基金能够调节各年度间收支的不平衡因素,便于跨年度统筹资金、安排项目预算。

6.建立专项经费项目建设任务书制度。对于安排预算的项目库项目,由建设部门撰写项目建设任务书,写明项目的绩效目标、详细实施方案、项目工作进度、阶段性目标及具体的资金使用计划等内容,作为后期绩效考核的依据。

7.加强项目执行管理,定期进行预算执行分析,并将分析结果运用到滚动预算的编制中。

四、高校滚动预算编制程序的实证分析

以某高校 A 为例,2015 年编制 2016 年预算时可获取基础资料如下:2015 年在校生为 10000 人,2016 年毕业 3100 人、招生 4100 人,2017 年毕业 3300 人、招生 4300 人,2018 年毕业 3600 人、招生 4500 人;目前该高校学费标准为理科 5000 元/生(在校生 5000 人,2016 年毕业 1500 人,2016 年预计招生 2000 人),文科 4800 元/生(在校生 4000 人,2016 年毕业 1300 人,2016 年预计招生 1600 人),艺术 7000 元/生(在校生 1000 人,2016 年毕业 300 人,2016 年预计招生 500 人);该校目前在建实训楼一座,概算 7000 万元,财政已安排资金 5000 万元并支付完毕,尚有 2000 万元尚未支付,该校生均拨款标准为 12000 元/生。

以 3 年滚动预算为例,A 高校滚动预算编制程序如下:

(一)编制 A 高校的中长期发展规划

A 高校应成立各关键部门、关键岗位和各类专家组成的中长期规划委员会,负责在各二级部门中长期发展规划的基础上,组织制定全校的 2016～2018 年的中长期发展规划,并对中长期内的规划项目进行轻重缓急的排序,以确保重点项目资金得到保障。此项工作应于 2015 年 4 月份之前完成。

(二)要建立 A 高校的滚动期项目库

A 高校的 2015～2018 年中长期规划确定之后,财务部门应组

织各部门根据其中长期规划申报2016～2018年项目库项目，项目申报内容应包含项目申报的依据及必要性、项目主要内容、项目总体目标、阶段性目标、项目组织实施条件、项目预算金额、预算测算的详细依据、项目所需建设时间、项目资金使用计划等。二级部门申报的项目，应按项目类别将项目申报书报主管职能部门（如修缮类、软件类、实训条件类、设备采购类等），主管职能部门对项目申报书的内容、材料完整性与真实性审核后，组织专家对项目的规划设计、必要性、可行性、预期效益及预算等进行详细论证。通过论证、评审的项目纳入职能部门项目库，并由主管职能部门报财务部门，纳入学校备选项目库。未通过论证的项目退回申报部门。财务部门将申报的项目报预算工作委员会，预算工作委员会组织校内外专家对备选项目的预算依据、资金支出计划、预计绩效等方面进行评审，按照择优筛选、轻重缓急的原则进行排序，为项目支出预算的编制奠定基础。

（三）编制进行A高校滚动收入预算

高校收入预算主要包含财政拨款、学费、住宿费、教育服务等事业收入，根据目前的财政拨款政策，各年度按照生均拨款政策，结合可预知的招生政策等进行测算。

根据上述资料分析：A高校2016年在校生人数预计为11 000人，2017年在校生人数预计为12 000人，2018年在校生人数预计为12 900人；2016年文理科学生数据明确，可直接测算；2017年和2018年无直接文理科数据，可在2016年已考虑文理科结构的基础上直接按学生总数测算；住宿费暂按平均数据600元测算。测算结果见表1：

表 1　　**2016～2018 年收入预算测算表**　　单位：万元

序号	项目名称	2016 年预算金额及测算过程	2017 年初步预算金额及测算过程	2018 初步预算金额及测算过程	备注
1	按学生人数财政拨款	1.2 万元/人×11 000 人＝13 200 万元	1.2 万元/人×12 000 人＝14 400 万元	1.2 万元/人×12 900 人＝15 480 万元	
2	财政专项拨款	2 000	2 000	2 000	
3	学费	0.5×5 500＋0.48×4 300＋0.7×1 200＝5 654	5 654/11000×12 000＝6 168	5 654/11 000×12 900＝6 631	
4	住宿费	0.06×11 000＝660	0.06×12 000＝720	0.06×12 900＝774	
5	创收净收入	300	300	300	
合计		21 814	23 588	25 185	

（四）编制A高校滚动支出预算

A高校组织各部门进行2016～2018年刚性支出预算编制，主要包含高校的人员及课酬经费、固定运行经费（含水电暖经费、燃气、物业、安保、网络、日常零星修缮及行政运转等各类日常经费）、教学经费、奖助学金经费、学生活动经费、基建经费及年初预留机动资金等。

各部门申报2016～2018年刚性支出预算情况见表2：

表2　2016～2018年刚性支出预算测算表　单位：万元

序号	项目名称	2016年预算金额	2017年初步预算金额	2018年初步预算金额
1	人员及课酬经费	12 500	13 500	14 500
2	固定运行运转经费	3 300	3 600	3 900
3	教学经费	2 500	2 800	3 000
4	奖助学金经费	350	380	410
5	学生活动经费	300	330	360
6	基建经费	1 500	500	
7	机动资金	500	500	500
合计	20 950	21 610	22 670	

（五）计算A高校各年度可用于发展的资金（见表3）

表3　2016～2018年发展性资金测算表　单位：万元

序号	项目名称	2016年	2017年	2018年	合计
1	收入预算	21 814	23 588	25 185	70 587
2	刚性支出预算	20 950	21 610	22 670	65 230
3	发展性资金	864	1 978	2 515	5 357

(六)结合A高校的发展性资金安排滚动期项目库项目预算

A高校2016～2018年项目库项目排序统计见表4。

表4　　2016～2018年项目库项目排序统计表　　单位:万元

项目排序	项目代码	项目建设时间	项目预算额度	2016年资金使用计划	2017年资金使用计划	2018年资金使用计划	2019年资金使用计划
1	2017001	2017年	2 000		1 600	400	
2	2016001	2016年	600	400	200		
3	2018001	2018年	1 300			1 000	300
4	2017002	2017年	800		600	200	
5	2018002	2018年	2 000			1 500	500
6	2016002	2016年	400	300	100		
7	2017003	2017年	200		200		
8	2018003	2018年	600			600	
9	2016003	2016年	300	160	140		
10	2018004	2018年	200			200	
11	2016004	2016年	4 000	2 500	1 000	500	
12	2017004	2017年	1 500		1 000	500	
13	2018005	2018年	1 800			1 400	400
14	2017005	2017年	1 200		1 000	200	
合计			16 900	3 360	5 840	6 500	1 200

若按照传统年度预算以收定支、收支平衡的预算编制原则,2016年预算必然根据2016年当年项目库排序,优先安排2016年项目排序中序号为2016001、2016002、2016003的项目(项目预算总额为1 300万元、2016年资金使用计划为860万元);2017年发展性资金1 978万元,扣除安排2016年三个项目的后期资金440万元后可安排发展性资金1 538万元,不足以安排2017年第一个项目2 000万元的首年资金1 600万元,为保证当年收支平衡,只能退而求其次,选择安排排序比较靠后的其他项目;2018年发展性资金的安排

同2017年。

根据滚动预算编制原则，为更好地实现A高校长期发展战略目标，对三年的项目库项目进行统一排序，统筹使用各年度发展性资金，根据三年可用发展性资金，应优先安排滚动项目库中前四个项目，即项目代码为2017001、2016001、2018001、2017002共计4700万元的项目，三个年度的资金使用计划为4 400万元，剩余资金957万元转入以后年度使用。

通过年度预算和滚动预算两种方法安排项目库项目的对比，可以看出：

1. 三年项目排序中比较靠后项目代码为2016002、2016003的项目在年度预算中可以安排预算资金，三年中按轻重缓急排序第一位的项目代码为为2017001的项目，在年度预算编制模式下反而难以保证资金，影响了重点项目的推进和高校的发展，而滚动预算更有利于统筹资金安排重点项目、实现长期发展战略目标。

2. 年度预算模式下，2016年安排的三个项目，在2016年资金使用计划为860万元，但涉及2017年需要支付的资金440万元，未考虑到以后年度资金情况，易导致资金连断裂。

(七)A高校安排预算的项目撰写项目建设任务书

A高校安排预算的四个项目要撰写项目建设任务书，写明项目的绩效目标、项目工作进度及具体的资金使用计划等内容，作为后期绩效考核的依据。

(八)设立A高校跨年度预算稳定调节基金

根据部门撰写的项目建设任务书，对应年度资金使用计划，假定项目建设任务书中资金使用计划与申报项目库时完全一致，则2016年发展性资金为864万元，扣除2016年资金使用计划400万元，即2016年中464万元计入跨年度预算稳定调节基金；2017年发展性资金由1 978万元相应地增至2 442万元，扣除2017年资金使用计划2 400万元，剩余42万元计入跨年度预算稳定调节基金；2018年发展性资金由2 515万元相应地增至2557万元，扣除2015年资金使用计划1600万元，剩余957万元计入跨年度预算稳定调节基金。

(九)对A高校已安排预算项目进行过程管理

预算下达后，A高校各相应职能部门应根据项目建设任务书，加强对口管理的下达预算项目的跟踪管理,及时掌握下达预算项目的动态情况,定时向预算工作委员会报告项目执行情况。对因国家政策调整或其他情况变化需要调整项目内容的已下达预算项目,相关部门应及时提交预算工作委员会研究。财务部门应定期组织建设部门对专项资金按照项目建设任务书进行执行进度分析,对因建设条件长期无法落实难以实施的项目及时撤销,以递补新的项目。

(十)项目支出的绩效考评与监督检查

项目执行完成后,执行部门应提交项目绩效报告,主要包括项目执行情况、预算执行情况、资金使用效果等。学院审计处对项目的预算执行、资金使用效果进行绩效评价,实施追踪问效,评价结果将作为以后年度预算安排的重要依据。

(十一)以后年度滚动安排预算

2016 年编制 2017～2019 年滚动预算时,需提前进行中长期规划的滚动调整,在 2017 年初步预算的基础上,根据可获取的变动信息,编制 2017 年的详细预算,同时对 2018 年初步预算进行修正,并编制 2019 年初步预算。项目库 2016～2018 年未安排资金的项目按照项目变化因素进行调整完善,与 2019 年申报项目及 2017～2018 年增补的项目同时进行排序。

参考文献

[1]白彦锋.中期预算改革与我国现代财政制度构建[M].北京:中国财政经济出版社,2015

[2]孙晓斌.高校中期滚动预算管理模式研究[J].新会计(月刊),2015(3)

[3]徐琴.跨年度预算平衡机制对高校预算管理的影响与对策[J].教育财会研究,2015(4)

[4]孙培清.高等学校滚动预算编制方法探讨[J].财会研究,2015(2)

[5]王莹,梁清泉,苑春雷.高校实施滚动预算编制的思考[J].行政事业资产与财务,2015(10)

(作者单位:青岛职业技术学院)

高等学校内部控制问题研究

刘 倩

近年来,随着国家经济持续快速发展,以及“科教兴国,人才强校”战略的实施,高等教育已经进入了快速发展的时期。高校规模的不断扩大,国家财政投入的不断加大,资产总量的不断攀升,使高校的经济活动越来越复杂。高校管理的资金总量和范围的不断扩大,导致高校的财务风险不断扩大,由此造成近年来高校经济犯罪案件频频发生。这些违法违纪案件的出现,除了涉案人员自身法律意识淡薄、道德品行低下外,很大程度上在于高校内部控制制度缺失。因此,高校急需建立一套完善的内部控制体系,保证资金筹集及使用过程中的合法性、合规性和效益性。本文将以财政部2012年出台的《行政事业单位内部控制规范(试行)》和COSO委员会发布的《内部控制—整体框架》为依据,探索建立符合高等学校实际的内部控制框架体系。

一、高等学校内部控制的目标

根据高等学校内部控制的定义,高等学校内部控制的目标表现为五个方面。一是高等学校的教学科研等活动必须在遵守国家法律法规的基础上开展,保证学校健康、有序、可持续发展;二是通过制定内部控制制度,采取必要措施,避免国有资产流失,提高资金的使用效益，保证高等学校资产的安全完整和资金的有效性；三是通过梳理需纳入流程的内部控制环节，规范财务会计处理行为，确保提供的财务数据真实、准确、及时和完整；四是运用内部控制制衡原理，通过有效的内部控制措施，发挥单位业务环节控制等作用，有效防范舞弊和预防腐败，提升单位公信力；五是结合高等学校管理的特点，通过健全有效的内部控制体系，不断提高教学科研活动的效率和效果。

二、我国高等学校内部控制现状

(一)控制环境方面

鉴于高校目前的治理结构，高校所有者“缺位”和“越位”现象同时存在。部分高校在运营管理、办学模式和理念上还没有适应市场经济的新变化。另外，部分高校管理者对内部控制的重要性认识不够，或者是将内部控制仅仅理解为财务控制或审计监督，在高校中缺乏一个良好的内部控制文化环境，导致内部管理松弛，内部控制逐步弱化，各种风险随之发生。

(二)风险评估方面

随着高校规模的跨越式发展，高校经济活动的内容越来越复杂，而高校在风险评估方面的工作却不完善。尤其是对重大投资、大额资金的支出、银行贷款等事项缺少一套完整的评估分析机制。在没有进行项目可行性分析的情况下，相关风险发生的可能性和影响也就无从得知。高校管理者对影响投资或贷款行为的潜在事项无法作出正确的分析，评估没有得到有效性验证，缺少有效的风险控制措施，导致财务风险逐步加大，这将会给高校带来重大的经济损失。

(三)控制活动方面

控制活动是针对目标实现的各种风险而采取的各种措施和手段。高校目前缺乏系统的内部控制规范，目前高校的内部控制制度，仅仅是财务方面的内部控制制度或是单项的财务管理办法，内容缺乏系统性和规范性，内部控制措施和手段也比较单一，仅限于不相容岗位相互分离等控制措施，这对于高校内控来说是远远不够的。

(四)监督方面

高校内部控制的监督包括内部监督和外部两种监督形式。内部监督通常由高校的内部审计部门来实施,由于内部审计部门的工作一般偏向于事后审计,缺乏事前和事中的监督管理,内部控制的作用被削弱。另外,学校内审人员一般来说配备较少,综合素质参差不齐,审计能力不足也影响了监督的职能。外部监督通常指政府监督,这部分监督通常由政府部门委托会计师事务所等机构对某一专项或项目进行审计,外部监督通常具有随机性、事后性和专项性的特点,远远满足不了高校内部控制的要求。

(五)信息与沟通方面

目前,高校内部各部门都实现了电算化,但是只是停留在数据统计层面,各部门之间也未建立相应的平台进行数据交换,部门之间难以实时数据共享,管理层与基层之间的信息传达不能及时得以体现,从而严重影响工作的效率和效果。高校自下而上、自上而下以及横向的信息沟通能力欠缺,导致高校内部控制不能发挥应有的作用。

三、高等学校内部控制存在的问题及原因分析

(一)单位层面内部控制存在的问题及原因分析

从高等学校内部控制的现状来看,单位层面内部控制一般存在以下几个问题:一是部分高校领导对内部控制制度构建的意义认识不够,没有制订相应的内部控制制度,或者是制订了内部控制制度却没有有效地执行,影响了高校内部控制实施的效率和效果。二是没有建立完善的风险评估机制,风险识别、风险分析、风险应对没有形成一套完整的评估体系,或是风险评估工作只停留在表面,不够细致全面。三是组织机构和人员队伍建设不健全,内部控制人员综合素质较低,对本单位人员的内部控制培训工作做得不够,这些都使高校的内部控制制度难以有效落实。四是内部控制监督不足,高校的内部监督往往依赖于内部审计或纪检部门,与校内其他部门属于同一层级,只能按照学校管理层的要求开展工作,缺乏权威性和独立性。另外,高校审计纪检人员较少,由于知识结构的限制,往往将监督的

重点关注到财务领域，没有从内部控制全局的角度去监督评价。五是尚未建立良好的信息沟通机制，体现在职能部门的电算化技术只停留在数据操作统计层面，面向管理层的数据分析系统尚未建立，或者是建立了较好的计算分析系统，但是高校领导层与校内职工的沟通渠道、职能部门之间的沟通渠道尚未完全畅通。

（二）业务层面内部控制存在的问题及原因分析

从高校内部控制业务层面的现状来看，一般存在以下几个问题：一是预算管理方面，部分高校因预决算的议事决策机制和监督检查制度不健全，预决算归口管理部门和预算执行主体职责不清，分工不明确，导致预算编制不规范，预算审核不准确，主观随意性较强，预算没有反映项目真实的资金需求情况，使预算在执行时遇到困难。二是收支业务控制方面，存在自行设立收费项目和提高收费标准的现象；单位自设“小金库”，收入业务未全额纳入财务部门核算，未能确保所有收入项目应收尽收。学校未能建立完善的支出审核报销制度，授权审批制度不健全，未能严格执行国库集中支付制度，导致经费滥用或资金损失。三是政府采购业务方面，由于对采购申请审查不严、招投标或定价机制选择不当、政府采购制度不健全等，导致采购的货物未能满足要求、资金受到损失或采购的货物闲置浪费的情况。四是资产控制方面，由于资产管理制度不完善，资产的申请、购置、处置等流程手续不完备，导致资产配置不合理、使用不当、资产使用效能低下等情况。五是建设项目控制方面，在项目规划、工程招标、项目施工、项目竣工等环节均存在风险点，导致工程的质量、进度和资金安全存在隐患。六是合同控制方面，由于合同的归口管理部门不明确，合同专用章保管不善，合同未能按照约定履行等原因，导致学校利益受到损失。

四、加强高等学校内部控制的建议

（一）单位层面内部控制

1. 树立内部控制意识

高校要高度重视内部控制工作，首先高校管理层应当树立正确的内部控制意识，加强对《行政事业单位内部控制规范》的学习，积极建立健全单位内部控制制度，确保内部控制制度的有效执行。高校应在认真分析本校内控存在问题的基础上，结合本校的特点、难点建章立制，构建本校的内部控制框架，落实好内部控制的具体实施措施，注重内部控制的整体性建设，从而确保各项业务都按规章制度合理、高效、有序地办理。

2.设置内部控制职能部门或牵头部门

高校的内部控制可以分为学校广义的内部控制和部门狭义的内部控制。广义的内部控制指高校要设置内部控制职能部门或牵头部门，牵头部门一般由财务部门负责，内控职能部门或牵头部门负责学校内控体系的建设。狭义的内部控制指部门或关键岗位的内部控制，负责梳理本部门的业务流程，对本部门的内控工作进行抽检，对内控风险点提出解决方案，对关键岗位人员要进行岗位轮换，通过轮换可以使大家互相监督检查工作，也避免长期担任某一项工作导致以权谋私的事情发生。

3.建立健全信息与沟通渠道

在信息与沟通方面，高校应当建立健全信息与沟通渠道，整合高校信息化资源，建立全校信息化平台，实现财务、资产、人事、科研、学生等信息资源共享，确保高校上下级之间信息能有效地传递，部门与部门之间信息能得到有效的分享。同时在进行信息化建设时，要将学校构建的内部控制流程镶嵌到信息系统中，通过计算机自动控制不相容岗位的业务约束，减少人为干预。例如，前台核算工作人员制单后，通过另一工作人员复核，然后进入出纳付款环节。整个流程由计算机根据不同业务岗位进行授权，减少人为操纵业务的行为。

4.构建并完善内部监督体系

高校应该构建并完善内部监督体系，并发挥内部审计机构和纪检监察部门的监督作用。内部监督需要先看全过程，再看不同的阶段；重视分析整体与环境、整体与局部的相互依赖、相互制约关系，重视关键信息的采集和综合分析，通过对内部控制建立与实施的有效性进行监督评价，查找发现内控漏洞，提出改进建议并进行落实。

(二)业务层面内部控制

1.预算业务控制

首先,高校应当合理设置预算工作领导小组和预算工作岗位。预算工作领导小组由校长、分管校长、财务部门和其他重要部门的负责人组成,履行审定预算草案、预算追加调整方案、制定预算政策、审定决算等职能。预算岗位的设置应符合预算编制与审批、预算审批与预算执行、预算执行与分析评价不相容岗位分离的原则。其次,高校应当建立"预算编制有目标、预算执行有监控、预算完成有评价、评价结果有反馈、反馈结果有应用"的全过程预算绩效管理机制。

2.收支业务控制

高校的收入与支出都要真实地反映到账面上。对于高校的收入业务,重点是明确财务部门是收入业务管理和监控的牵头部门,确保收款、会计核算等不相容岗位分离,严格执行高校"收支两条线"的管理规定,确保各项收入应收尽收,严禁设立账外账。高校收费的矛盾主要集中在学费等收费项目,因此高校要做好收费许可证的年检工作,严格按照物价部门的批示收取费用,确保各项收费项目符合国家有关规定,并做好收费项目公示工作。对于高校的支出业务,要建立支出报销的审批流程,健全经费支出财务制度,明确各项费用的报销标准,如制定高校差旅费管理办法、会议费管理办法等等。

3.政府采购业务控制

政府采购业务是高校内部控制的一个重要内容。通过设立高校政府采购工作办公室和政府采购岗位,将政府采购需求制定与审批、招标文件准备与复核、合同签订与验收、验收与保管等不相容岗位分离。另外,建立政府采购监控体系,一是加强对政府采购过程的监控,在招标采购大厅安装监控系统,记录整个招标过程并予以电子存档;二是不定期由审计人员抽取招标档案,审查采购人员与供应商是否保持非业务合作的关系,审查供应商提供的货物相比于同类产品的其他供应商是否物美价廉,避免滋生腐败。

4.资产控制

加强高校资产控制,要强化高校领导者资产管控意识,成立国有资产管理委员会，制定货币资产、实物资产、无形资产、对外投资和其他资产的管理制度，实施不相容岗位分离控制。例如，对于固定资产，在固定资产预算购置申请环节就要考虑学校的发展、学科建设、原有设备存量情况等因素，进行全面的规划，避免重复购置；在固定资产购置环节符合招标限额的要严格履行招投标手续；在固定资产日常使用管理环节，应当设置固定资产使用明细账，详细记录固定资产的购置、领用、变更、处置等过程，确保责任落实到人；在固定资产处置环节，应规范固定资产处置程序，成立固定资产处置技术鉴定小组，负责固定资产处置的技术鉴定工作，确保固定资产的处置合规进行。

5. 建设项目控制

建设项目资金量大，是近几年高校经济案件发生的重点领域，因此要加强对高校建设项目的内部控制。明确建设项目的归口管理部门，将不相容岗位分离。学校内审部门应当对建设项目从项目立项、招标、变更、结算、决算等过程进行跟踪审计，确保每一笔支出都符合规定的程序；也可以引入外审机构，对项目立项前的项目建议书、可行性研究报告、项目变更、项目决算报告等进行审核，根据不同文档审核的侧重点应当不同。另外，对于完工项目应当将效能和预期目标进行比对，实施建设项目绩效考评制度。

6. 合同控制

学校办公室应是合同业务的归口管理部门。在合同订立环节，要考察合同方的相关资质，制定合同订立的文件规定，明确聘请律师等专业资质人员参与订立的合同范围，合同文本要规范，用词要精准，避免出现歧义。合同专用章由专人负责保管，合同专用章的使用要进行记录。合同生效后要按照约定进行履行，不能擅自允许单方面毁约。无法协商解决的问题，必须通过仲裁或法院来解决。

总之，健全、完善的高校内部控制体系是学校践行依法治校要求的重要途径，是保证学校经济活动真实有效、合法合规，保证学校财务信息真实完整，保证学校资源有效使用，从源头上防治腐败的长效机制。高校应以《行政事业单位内部控制规范（试行）》为依据，结合学校实际情况，尽快将内部控制制度建设纳入学校整体战略规划，分步骤逐步做好落实建设工作，为学校健康、可持续发展保驾护航！

参考文献

[1]财政部.行政事业单位内部控制规范(试行)，2012

[2]方红星.内部控制整合框架[M].大连：东北财经大学出版社，2008

[3]张兆亮，赵鸿雁.COSO报告对我国高校内部控制构建的启示[J].长春理工大学学报(社会科学版)，2011(3)

[4]黄岩，陈燕平.构建高校内部会计控制制度的思考[J].教育财会研究，2012(4)

[5]李万明，孙亚军.高校内部控制框架体系构建研究[J].财会通讯，2012(5)

(作者单位：山东大学)

财务风险管控视角下的高职院校内部控制问题研究

曲海娟　潘罡　魏源　孙静　王媛

本课题从高职院校财务内部控制的主要问题入手，通过深入分析现阶段我国高职院校内部控制体系面临的困境和原因，从财务风险管控的视角来研究高职院校内部控制框架体系，以期为高职院校内部控制框架体系的构建和完善提供一些建议，达到优化高职院校财务管理，增强应对风险的能力，保障经济活动有序、健康运行之目的。

一、我国高职院校财务内部控制现状

(一)内外部资金控制不合理，经费运营透明度差

高职院校计划财务部门通常非常重视外部收入的收缴，确保对各项符合国家相关法律法规的收入进行基本收缴，同时及时足额上缴政府财政专门账户。但是高职院校的内部资金管控环节则相对薄弱，这经常会影响学校正常运营工作的开展，具体表现在各类支付风险增加(比如使用效率风险)，资金安全风险、短缺风险等。

另外，提高财务管理质量和监管效果的有效途径之一是提高经费运行的透明度，而运行的透明度不足将导致内部管理制度的作用难以充分发挥出来，造成最终的决策结果存在很大的随意性和偏向性，甚至会造成管理人员贪污腐败的现象，给高职院校的财务管理工

作带来很大的障碍。

（二）“外部投资开拓”与“投资可行性分析”决策失衡

高职院校决策者往往在对外投资策略选择过程中，在尚未建立起完善科学的研究体系的前提下，缺乏对该决策投资风险和内外投资环境的理性分析，而仅仅是单方面关注投资项目短期内给学校带来的收入，忽视了项目本身所付出的代价，其结果经常是得不偿失。长期以来，高职院校投资决策者盲目地在固定资产、合作办学、校办经济实体等各领域的投资，使得学校蒙受巨大损失，导致财务风险骤升。

（三）财务预算控制下忽视对营运绩效评价

预算控制是量化组织营运目标和资源配置，并对经济活动实施控制的总称。经济活动的本质就是资金的运用，而对于高职院校财政资金最基本的管理方式就是预算，预算工作在行政事业单位财务管理中的重中之重的地位已毋庸置疑。而在现行高职院校预算体制中，财政在资金分配或高职院校在预算资金内部切块时，缺乏对资金使用效益的考量，致使资金投入目的性不强或投入后创造效益不高。

二、高职院校内部控制薄弱问题原因探究

产生高职院校财务过程风险的原因，主要是在高职院校进行财务活动的过程中，由于各种内外因素的影响导致高职院校最终的财务收益与预定计划相违背，从而给高职院校造成经济上的损失。

（一）高职院校的内部控制环境存在缺陷

高职院校的财务管理模式属于从上到下的管理模式，一般由学校管理部门制定统一的管理模式，再采取分层管理的机制。学校的财务收支被纳入了预算管理的范畴，仍采取计划经济体制下的管理模式，在内部监管制度和风险控制机制上的投入明显不足，高职院校应对财务危机的能力严重偏低，在内部管理机制上的问题尤为严重。内部管理机制上的问题主要体现在管理计划制定的不合理，管理过程没有按照标准的规范来进行，资金的运作也没有进行有效的监管。

(二)新形势下高职院校的财务风险增加

当前,大部分高职院校的财务会计系统在内部控制系统中通常处于较为脆弱的部分,高职院校财务系统的职能只能实现事后控制,也就是基本完成了算账报账工作,期间的经济交易不能完整记录。这对保证会计信息质量带来负面影响,进而影响会计监督职能的发挥,打乱学校战略部署,增加财务风险。此外,我国高等教育改革背景下,国家下多运营自主权放过,特别是高职院校独立借贷自主权极大,使得财务风险预防迫在眉睫。另外,扩大招生规模背景下,高职院校进行适度举债运作,除去办学资金中财政投入资金和自身资金以外,扩大借贷资金规模举措不可避免。借贷本息压力的增加会导致财务情况整体失衡。由此可见,防范和控制财务风险已成为高职院校内部控制非常重要的任务之一。然而,在传统财务管理理念及运作模式的影响下,学校管理层风险防范意识普遍较为淡漠,同时对财务风险的识别能力也相对缺乏。

(三)治理监督环境尚不成熟

高职院校的内控设计需要与特定的法人治理结构环境相适应,一旦离开了完善治理结构的支撑,内控就没有了完整性。现阶段,我国高职院校的治理监督结构存在较多的问题。首先,我国高职院校虽然实施的是法人治理结构,但在现有制度下,法人的实体地位并未得到落实。在法律意义上,对高职院校法人地位的认可并没有改变高职院校对政府的从属地位。其次,高职院校的财务管理人员素质普遍偏低,缺乏专业的会计能力,在一些基本的管理流程上都存在很大的问题。在工作的过程中,财务管理人员没有明确自身的职责和工作内容,在监管过程中也没有按照既定的要求来进行,工作分工不明确,工作秩序混乱,对于工作中出现的一些问题也没有进行及时的整改。

(四)预算管理体系不合理

高职院校内控的最基本活动之一就是预算控制,而现阶段我国高职院校的预算管理体系存在大量的问题。首先,在预算编制时,预算管理大多走过场,短视现象也十分严重,且在进行成本核算时较少考虑金额的合理性。其次,在预算管理时,实际执行过程过于随意和流于形式,很少按照编制的预算程序来。在预算执行的核算、监督环节也缺乏合理明确的标准。再次,在预算的执行过程中,有许多高职院校没有严格按照要求进行,财务管理的流程也趋于形式。监管制度上的缺陷和漏洞使得管理工作存在很大的随意性和不合理内容,使得高职院校的经费使用情况存在很大的问题。比如有些项目,都是施工在前立项在后,预算都是后期随意追加,还有些项目更因为随意增加预算而出现较为严重的预算超支现象,从而收支出现严重不平衡,更浪费了学校宝贵的资源。另外,预算管理缺乏精细化的管理,相关财务流程不够细化,一方面弱化了财务制度的权威性,另一方面,易使个别会计人员利用制度漏洞实施犯罪行为,大大削弱了预算执行的严肃性。

三、财务风险管控视角下高职院校内部控制框架体系的构建与完善

在目前的环境背景下,高职院校面临的财务风险越来越严重,急需通过构建适合高职院校运行特征的内部控制体系,并完善其实施措施等,来加强对高职院校财务风险的防范与治理。

(一)建立健全财务内部控制制度

只有拥有良好的内部监督机制才能确保财务活动的合理性和有效性,从而确保财务决策的正确性。内部监管机制的建立依赖于高效、科学的资金管理机制,只有这样才能减少决策的随意性和盲目性。高职院校的内部监管体制可以从以下几个方面来完善:首先是建立高效的决策层内部管理机制,在财务决策上确保其科学性和有效性。其次,在执行机构上也要进行完善,通过建立内部审计制度、财务管理制度等来完善财务管理的流程。除此之外,资金使用制度、资产管理制度、项目投资方案、基础操作流程等方面也需要进行相应的整改,以提高高职院校财务管理制度整体的合理性和高效性。

(二)强化风险意识,建立风险预警防范机制

目前高职院校面临的风险以财务风险为主。在国家预算约束下

成长起来的高职院校首先要强化财务风险意识，健全风险预警机制，合理规划资金用途，在重大项目实施前，要做好项目的立项评审工作，做到反复论证，全方位、多层次考虑。其次，落实风险责任制，明确问责对象。在确认风险后，要及时有效地制定风险应对措施。最后，为了严格加强财务核算与分析，控制融资风险的无限扩大，高职院校应建立健全融资管理制度、风险监控体系以及经济责任机制，建立高职院校财务风险预警机制，随时监测学校的财务风险显现与变化情况。

（三）明确责任分工，提升治理效率

对于产权界定、资产的评价以及资产收益的分配，要政府的相关部门必须认真对待，并对投资项目进行审批，做好国有资产保值、增值的检查和监督等工作，确保资产监督管理职能的行使，而不能由校方单方面决定。对于岗位的分工，要权责明确，防止推卸责任的情况出现。责任与权利要对应，领导层要适度放权，将权利中心下移，增加下层利益相关者的积极性。各个岗位要严格按照岗位职责行事，要有强烈的责任感，不能私自转移岗位职责，要认真核对发生的业务，做到心中有数。同时，高职院校可以效仿国家管理国有大中型企业的方法，引入现代企业的管理理念，在校内建立监事会。监事会能通过科学的外部机制来约束高职院校法人的权利运作行为，监管高职院校财务情况并指引学校办学方向。它可以由政府或主管部门委任，对政府或其主管部门负责。

（四）实施全面预算，完善各项控制活动

全面预算管理是通过规划未来的发展从而指导现在实践的一种预算管理方式。必须加强管理会计体系建设，发挥管理跨级的作用，使其具有良好循环及沟通效应，将高职院校的经营目标和资源分配予以量化，实现资金控制和资金活动的控制。要合理预算，严格执行，使高职院校的资金发挥最大的效用。在预算资金合理控制后，还要加强内部审计。内部审计制度是贯彻内部控制的有效手段，通过预算执行情况审计、决算审计、资产审计、负债审计、净资产审计等一系列审计，构成审计体系，做好内部控制工作。要在短期预算的管理下有效衔接日常的教学科研活动和高职院校的战略部署及长期规划，形成规范财务会计管理体系的预算体系。另外，要保持各部门的充分沟通，以增强下级部门执行预算的意愿，增强预算管理的效果。高职院校在执行部门预算的实际过程中，应该考虑建立起一整套完备的绩效考核体系，以督促开展部门预算。同时，还应完善与之相对应的问责机制，并通过制定详尽的预算考核指标体系，建立责任人负责的监督制度和奖惩体系。

四、小结

目前，高职院校发展的步伐越来越快，资金使用量越来越多，内部控制体系建设对于确保高职院校发展中良好绩效目标的实现起着至关重要的作用。新的环境和形势使得我国高职院校的财务内部控制在实施上发生了较大转变。因此，完善高职院校内部控制体系建设需加强财务管理、提升人员素质、完善监督治理制度、强化预算管理并提高资金使用效率，实现财务内部控制水平的整体提升。

参考文献

[1]李佳媚.高职院校内部控制缺陷及优化对策的探讨[J].全国商情(理论研究),2011(16)

[2]刘宇.我国高职院校财务困境成因与预警研究[D].天津:南开大学,2009

[3]刘小峰.高职院校资金安全与学校内部制度建设[J].当代经济,2012(16)

[4]晚常青.我国高职院校内部控制存在的问题及对策[J].财会研究,2011(22)

[5]王卫星.高等院校内部控制框架体系的构建及其应用研究[D].南京:南京理工大学,2008

(作者单位:青岛酒店管理职业技术学院)

我国高校财务信息披露体系研究

许美坤　秦书亚

最近几年,随着国内高等院校招生规模的扩大和办学机制的不断改变,高等院校的资金来源不再仅仅局限在政府拨款,筹资方式越来越趋向于多样化,这在很大程度上改变了高校的资金结构,并带来更多的委托代理关系。如何更好地回避委托代理关系所带来的一系列麻烦呢?这就需要高等院校积极主动地公开更多更详尽的财务信息。但是,从信息披露的渠道、披露的内容和披露的详细程度来讲,国内高等院校披露的财务信息不够系统,不能充分满足利益相关者的决策需求。一方面受政府信息披露详细度影响,另一方面高等院校到底应该公开哪些信息、如何公开、怎样建立起较为完善的高校财务信息披露体系,缺乏较为权威的理论依据。本文首先总结我国高校财务信息披露存在的问题,并对如何构建高校财务信息披露体系进行分析。

一、高校财务信息披露的必要性

(一)高校财务信息披露是财务监督的重要手段

高校经济责任审计作为一种监督手段,是对各类经济案件进行调查和处理的重要手段,但这只是一种事后监督。规范定期的公开高校财务信息,能够做到对高校经济业务的全程监督,及时整治各种腐败现象。及时规范的公开高校的财务信息能够保证财务信息的透明度,提升高校财务信息的质量,将一些经济问题扼杀在萌芽中,是一种有效的财务监督手段。

(二)高校财务信息披露是信息使用者用于决策的重要依据

投资者和债权人对学校当前和未来的价值进行评估,主要是通过学校公开的财务信息,他们期望能获得更多的信息,期望学校能够及时规范地公开披露财务信息。高校管理层在制定高校的发展方针和作出投融资决策时,需要进行可行性论证或作出财务风险预测,这些论证和预测的基础数据便来自于高校公开的会计核算数据和披露的财务信息,这些信息是其决策的重要依据。

二、我国高校财务信息披露的现状及存在的问题

(一)我国高校财务信息披露的现状

教育部2010年颁布了《高等学校信息公开办法》,并随后发布了一系列规范高校财务信息披露的方法措施。最近几年,《高校财务制度》和《高校会计制度》相继颁布和实施,2014年教育部又颁布了《关于公布〈高等学校信息公开事项清单〉的通知》,这些制度对高校财务信息的披露内容、披露方式、披露时间以及披露主体加以规定,为实现高校财务信息披露的规范化和制度化奠定了基础。

自《高等学校信息公开办法》颁布与实施以来的五年时间里,我国高等院校财务信息公开体系逐渐丰富并不断趋于完善。从财务信息披露的渠道来讲,我国大部分高校基本上能够遵循《高校信息公开办法》进行信息披露,大多数高校都设置了财务信息披露的网站,并按照披露目录和披露指南进行分类,有利于投资者对高校财务信息运作情况进行了解。但是,高校财务信息在披露的完整性和及时性方面与国外高校存在一定差距,在高校财务信息披露的规范性和透明性方面存在许多不足。

(二)我国高校财务信息披露存在的问题

1. 财务信息披露不完整,无法满足信息使用者的信息需求

当前,我国高等院校大部分仅仅根据已有的制度规定的固定格

式向部分信息使用者提供有限内容的财务信息。然而，当前高校存在众多的利益相关者，他们在作决策时需要不同的高校财务信息，从高校公开财务信息的内容和详细程度来看，并不能够满足不同利益相关者的需求。我国高校在公开其财务信息时，往往仅仅披露较为笼统的财务信息，缺乏细致的财务数据，比如有关预决算的相关信息的披露，大多数高校仅仅是公开预决算编制的相关规定，而对于具体数据并没有涉及，这对于信息使用者来说，缺少实际意义，不能充分满足其对信息的需求。

2.披露的信息之间缺乏逻辑性，不利于信息使用者的综合分析

通过查看各高校财务信息披露的情况，发现高校披露的财务信息比较分散，没有事先进行合理的归纳整理。当高校的利益相关者需要依据财务信息作出决策时，就需要查阅高校披露信息的网站，而这些网站上公开的信息往往缺乏条理，在网站上的分布也是杂乱无章的，事先没有经过精细的归纳整理，需要利益相关者自行整理，这就大大降低了其获取信息的效率。

3.财务信息披露及时性较差，且缺失前瞻性信息的披露

目前，大部分高校只是公开年度报告，而对于季度报告和月度报告仅有少部分高校公开。公开财务报告的周期过长，这就导致披露的财务信息及时性较差。另外，目前高校披露的财务信息缺少前瞻性信息，所谓前瞻性信息是关于高校未来可能发生的经济事项或者是未来可能做出的行动，这样的信息有助于信息使用者的预测与决策，用处很大。但从高校披露的财务信息来看，前瞻性信息严重缺失。

4.财务信息披露缺乏绩效评价指标，不利于社会公信力的建设

从本质上来看，高校正在逐步地由“重投入”转为“重效益”的财务管理理念，现行高校所披露的财务信息不足以满足利益相关者的决策需求，对于高校资金的具体使用情况、资产的管理情况，以及公共产品的投入产出及效率的相关信息，并没有进行具体的分析，我国高校并没有相应的财务绩效报告供利益相关者对高校履行受托责任情况进行评价，不利于社会公信力的建设。

三、我国高校财务信息披露体系设计的基本理念

(一)拓展披露范围,丰富披露内容

1. 公开披露高校财务信息与非财务信息

当前,我国高校只是定期向向上级部门汇报有限的财务信息,尚未公开披露。这使得其他相关主体无法获得他们需要的信息,不利于对高校的运作与管理进行有效监督。定期披露高校财务信息和非财务信息,实现普通大众对高校经营管理的监督,对于提升高校管理水平、促进高校资金的高效运作具有积极作用。

2. 积极披露前瞻性信息及不确定信息

借助于前瞻性信息,高校的信息使用者能够对高校的发展前景,未来能创造的价值作出预测,对高校发展目标的确定也有积极作用,可以有力促进高校的平稳健康发展。除此之外,高校还应该主动公开各种不确定信息,例如应该在知识资本、知识产权、人力资源等无形资产信息方面加大公开力度。同时高校还应该主动公开有关软资产的财务信息以及其存在的潜在价值。只有这样,才能更加准确地体现高校的真正价值。

3. 增加披露社会成本与社会效益方面的信息

当今社会,高校是否履行社会责任越来越受到重视,关于社会成本和社会效益信息的公开披露能够使高校的利益相关者及时掌握高校履行社会责任的情况,也能促使高校更加有效地履行其所承担的社会责任,从而对高校的发展产生深远影响。

(二)充分利用网络技术提升高校财务信息披露质量

1. 财务信息披露的多元化

充分利用现代科学技术为信息披露提供的强有力的机会,利用网络技术提供更为广泛的财务信息。从时间上看,要实现现时信息、分析预测信息和历史信息并存;从空间的角度讲,要实现可以充分揭示,也可以根据不同的用户类型提供不同详细程度和不同范围的信息;从内容上看,要提供包括内外各种管理、控制、预测、分析和决策所需的各个方面的信息。

2.财务信息披露的实时化

利用网络技术，动态跟踪各项经济业务的变化，利用实时在线报告，动态反映高校的财务状况，方便信息使用者进行动态查询。对内实现各种业务的实时处理与实时管理相结合的信息交流；对外实现各种外部业务与活动相关的信息交流。以网络技术为载体的财务信息库的处理不受时间和空间地域的限制，信息需求者可以根据需求随时查阅所需信息，根据获取的最新财务信息，及时快速地作出正确的决策。

3.财务信息披露的透明化

借助于网络技术，学校内外的各个机构可以根据授权在线访问，直接查阅财务信息，使得财务信息由封闭走向开放，增强高校财务信息的透明度，避免财务处理的暗箱操作，实现对财务信息的社会监督和政府监督。

（三）借鉴国外高校财务信息的披露模式

1.可量化信息和非量化信息结合披露

笔者通过查阅国外高校的财务年报发现，国外大部分高校能够实现可量化信息和非量化信息同时披露，只有同时获取这两种信息才能够对高校的绩效作出准确无误的评价。对于高校的外部利益相关者来说，量化与非量化信息的结合不仅能够实现信息之间的相互印证，而且对于其作出综合分析也十分有利。

2.反映财务状况与反映运营成果的信息双向披露

国外大部分高校不仅定期公开反映财务状况的信息，还定期公开运营情况方面的信息。在国外高校公开披露的年报中可以清晰地查阅到高校各项资金的来源和具体使用去向，这不仅能够使社会公众对高校资金运用情况做到随时监督，同时对合理评价高校的实际价值也十分有意义。

3.注重披露业务活动及其结果

国外大部分高校会及时详尽地公开高校各项经济业务的具体进程和最终结果，使得社会公众和其他利益相关者能够充分掌握高校的资金运作情况，这不仅能够督促高校更加高效率地运作公共资金，而且还可以此来对高校的财务运作绩效作出评价，能够大大提升高校的公信力。

四、我国高校财务信息披露体系的具体构建

（一）高校财务信息披露体系的内容设计

1.改进财务会计报表体系，综合反映高校财务状况

笔者认为高校定期披露的财务会计报表不仅要反映高校整体的财务状况，同时更应该反映高校各项业务的开展情况及预算执行信息、明细信息、绩效信息。根据当前高校会计制度的相关规定，高等院校的会计报表体系包括资产负债表、收入费用表、收支预算表以及收入支出情况说明书等。而实际上大部分高校仅仅披露收入支出表和资产负债表。笔者认为高校财务信息披露体系应在现有会计报表基础上简化收入费用表，增设现金流量表，保留收支预算表，改进资产负债表，增加支出明细附表，以综合反映高校的财务状况。

2.完善表外信息，全面反映高校经营状况

表外信息主要是在基本报表之外公开的相关财务信息，报表附注、附表都属于表外信息。表外信息不仅拓展了披露范围和内容，重要的是帮助报表使用者更加全面透彻地解读报表信息，全面掌握高校整体情况，进而作出科学合理决策。

3.提供高校财务绩效分析报告，充分反映高校运营绩效

高校财务绩效报告能够充分反映高校的经营状况及运营绩效，能够反映公共资源投入产出情况以及公共资源的使用效率。这些财务信息是高校管理层制定发展目标和进行决策的重要参考因素，是外部信息使用者考量高校受托责任履行情况的重要依据。

（二）高校财务信息披露体系的制度保障

1.建立高校管理层信息真实性承诺制度

高校管理层应该为其所披露信息的真实性和客观性提供保证，这些信息包括对反映高校财务状况的信息和反映高校管理层受托责任履行情况的信息。为了明确高校管理层对所披露各项信息所承担的责任，应该提供信息真实性承诺书，以将其所承担的责任落实到实处。

2.建立披露虚假高校财务信息的追究制度

为了进一步将高校管理层所承担的责任落实到实处，应该建立虚假财务信息披露的责任追究制度。高校的利益相关者根据获取的虚假财务和相关信息进行决策而造成的损失，应该由高校管理层承担相应的责任，直至追究相关人员的民事和刑事责任，这样才能真正确保所披露信息的真实性。

3.完善信息公开监督制度和激励机制

首先，建立国家、社会、高校自身“三位一体”的多角度的监督体系，改变高校财务信息“不公开和公开一个样”的现状，积极构建国家监督和审计监督为主、社会公众监督为辅的监督模式，促使高校全面、真实、及时地开展财务信息公开工作。其次，要建立激励机制，以激发高校财务信息公开的内部驱动力，推动高校主动公开其财务信息。

五、结论及应用展望

随着资金来源的多样化，高校也有着复杂的利益关系和委托代理关系。因此，信息使用者所需要的财务信息越来越多，需要通过完善的财务信息披露体系才能够获取。目前高校财务信息披露存在诸多问题，如财务信息披露不完整、及时性差，信息与信息之间缺乏逻辑性，尤其是缺少对前瞻性信息和绩效评价指标的披露等。为解决这些问题，应当在基本理念和具体构建两个层面对我国高校财务信息披露体系进行设计。首先，在基本理念上要拓展披露范围，丰富披露内容，充分利用网络技术提升高校财务信息披露质量。其次，要从改进财务会计报表体系、完善表外信息及提供高校财务绩效分析报告入手，对高校财务信息披露体系的内容进行具体设计。另外，要建立高校管理层信息真实性承诺制度、披露虚假高校财务信息的追究制度及信息公开监督制度和激励机制，为高校财务信息披露体系的构建提供制度保障。在实践中，我国高校财务信息尚未公开，高校财务信息披露体系尚未在高校中得以应用和验证，因此，财务信息披露体系的验证研究将成为后续研究的课题。

参考文献

[1]姜宏青.非营利组织透明信息的机理和途径分析[J].山东社会科学,2012(2)

[2]李亮,于沛利,胡胜.谈高校财务信息披露改革[J].财会月刊,2008(2)

[3]张沛.我国公立高校财务信息披露体系研究[D].青岛:中国海洋大学,2013

[4]梁勇.论高校财务信息的公开[J].教育财会研究,2011(2)

[5]商兰芳.高校财务信息披露质量问题研究[J].中国高教研究,2013(3)

(作者单位:潍坊学院)

高校财务信息公开问题探析

杨琳琳　宁 冰　孟凡勇　朱付杰

高校信息公开，是政府信息公开在教育领域中的延伸，是学校民主政治建设的一项有力举措。为督促高校信息公开，自 2010 年以来，教育部先后发布多项规定：2010 年 9 月 1 日，发布《高等学校信息公开办法》，明确规定建立信息公开工作机制和各项工作制度，要求主动公开财务制度、经费来源、经费预决算方案、物资设备采购等 12 项信息。2012 年 11 月 16 日，发布《教育部关于做好高等学校财务信息公开工作的通知》，详细说明了财务信息公开的时间、方式以及需公开的具体事项。2014 年 7 月 25 日，发布《高等学校信息公开事项清单》，明确了招生考试信息、财务、资产及收费等 10 项须公开事项，加强公开监督检查，确保信息真实、及时、有效。2014 年 10 月 8 日，发布《教育部办公厅关于做好高校信息公开工作年度报告工作的通知》，规定了年度报告的具体内容，并特别要求高校需详细说明在财务等重点领域的公开情况，再次强调了高校信息公开的重要性。2015 年 10 月 14 日，发布《教育部办公厅关于进一步落实高校信息公开清单做好高校信息公开年度报告工作的通知》，要求各高校主动发布公开信息的范围和目录，细化公开信息内容，做好动态更新，加快落实实施“阳光财务”。每年 10 月 31 日前，公开信息的年度报告应通过各种渠道（主要为学校网站首页信息公开专栏）发布。

作为高校信息公开的重要组成部分，高校财务信息公开可以有效满足利益相关者对相关信息需求，可以有效制约资金运作和管理，可以有效遏制高校腐败事件的发生，同时也可提高会计人员专业素质和完善会计执业环境。

一、研究现状

袁敏、许霞(2015)以教育部网站“部属高校信息公开专栏”链接的75所院校为研究对象，以《高等学校信息公开事项清单》中要求高校公开的第15～21项财务信息为主要研究内容进行调查，指出虽然部属院校信息公开情况整体较好，但仍缺乏主动性，财务信息缺乏规范性和可比性，网络信息公开的平台存在缺陷等。姜宏青、孙晓琦(2014)通过对大陆、香港、台湾三地特定高校财务报告信息的分析比较，提出应建立绩效会计系统，以绩效报告作为财务信息披露的主体，并完善内部控制和外部审计监督，以提高财务信息披露水平。杜俊萍、田洁(2014)以山西省21所本科院校为调研对象，从收费情况、年度预决算等8个方面详细分析了其财务信息披露状况，得出信息公开披露存在不主动、不及时，渠道不畅通等问题，并给出了解决建议。商兰芳(2013)在总结财务信息披露存在问题(内容不全面，信息不真实，时间不及时，形式不丰富，层次不清晰)的基础上，分析了产生这些问题的缘由及解决对策。

综上，我国关于高校财务信息披露的研究集中于必要性分析、域外经验借鉴以及针对某类或区域高校财务信息公开现状的分析。对于高校财务信息公开的全面分析还不够系统和深入。

二、高校财务信息公开存在问题及原因

(一)存在的主要问题

自2010年9月1日，教育部发布《高等学校信息公开办法》以来，高校信息逐步对外公开。通过笔者对部分高校门户网站的信息公开内容的访问以及查阅现有的信息披露数据和样本，得出虽然教育部连年出台相关信息公开文件，但高校财务信息公开数量和质量

仍不尽如人意，甚至有相当一部分高校无法从其官方网站获取相关财务信息（主要原因之一为高校未将财务信息列入信息公开中）。即便可以获取，公开的财务信息也存在着诸多问题。因此，面对教育部强制性信息公开规定，仍然出现了高校有规不循或消极对待的情况。

1.财务信息公开内容不全面

《高等学校信息公开事项清单》中要求高校披露7项财务信息，即：财产、资产管理制度；受捐赠的财产使用与管理情况；校办企业资产、负债、国有资产保值增值等信息；仪器设备、图书、药品等物资设备采购和重大基建工程招投标；收支预算总表、收入预算表、支出预算表、财政拨款支出预算表；收支决算总表、收入决算表、支出决算表、财政拨款支出决算表；收费项目、收费依据、收费标准及投诉方式。但已有数据显示大部分高校不能按照清单的要求列示该财务信息，或者只有目录没有内容。

2.财务信息不真实

由于高校内部管理及财务制度本身的缺陷以及高校财务报告缺乏独立审计，造成了高校财务信息普遍失真的现象。例如，固定资产折旧的计提仍没有付诸实施，很多应该报废的固定资产长期挂账等。这就导致固定资产数据失真。

3.财务信息缺乏规范性和可比性

虽然《高学校信息公开办法》《高等学校信息公开事项清单》等规定了财务信息公开的内容，但是对每一项财务信息具体披露哪些内容、披露到何种程度、侧重哪些方面披露并没有要求。这模糊了信息的披露范围，使得信息披露弹性增强。即使是同一类信息，不同高校从不同角度披露，使得财务信息没有可比性。另外，相关制度没有规定财务信息披露的统一格式，导致各高校以不同的方式罗列信息，增加了不同高校同类信息获取的难度。

4.财务信息公开平台存在缺陷

《高等学校信息公开办法》第12条规定："高等学校应当根据实际情况，通过学校网站、校报校刊、校内广播等校内媒体及社会上的杂志、广播、电视等校外媒体以及新闻发布会、年鉴、会议纪要或者简报等方式予以公开;并根据需要设置公共查阅室、资料索取点、信息公告栏或者电子屏幕等场所、设施。”但是,大部分高校将仅将学校网站作为信息公开的主要载体。而且通过访问各高校官方网站发现,信息公开栏目不统一,对应需要披露的财务信息,有些高校设置于信息公开栏目下,有些高校直接设置于网站首页,有些高校设置于财务处网站下,有些高校则隐藏于各种信息间,不易被发现查阅。另外,有些高校将应主动公开的财务信息设置了查阅权限,使得许多信息需求者无法获取所需财务信息。

(二)问题存在的主要原因

虽然教育部频出关于高校信息公开的文件,但是很多高校仍缺乏信息公开的主动性,应付了事。缘由主要包括:

1.不愿、不敢公开

我国高校信息公开工作开始较晚,基础薄弱,政策不健全。在2010年《办法》出台前,高校财务信息属于机密,大部分信息需求者无从获取;《办法》出台后,财务信息需要公布于众,接受信息需求者的监督。对财务信息拥有者而言,需要有个心理转换的过程,对有些信息,一些单位领导目前不愿公开。有些高校管理者认为,在信息化时代,信息需要者的素质参差不齐,财务信息被误读、利用后的成本、代价难以计算。财务信息的公开可能会扰乱正常的教学和科研秩序,会分散高校办学的精力,提升管理难度,增加高校的管理成本,因而不敢公开。

2.理论薄弱,制度缺失

目前对高校财务信息公开的研究较少,缺乏相应的理论指导。相对于企业尤其是上市公司信息披露制度,高校财务信息披露制度过于宏观,缺乏具体的指标体系和格式准则。另外,由于教育部发布的《办法》《通知》的法律效力有限,监管部门并未对披露不详细的高校进行严格的惩罚,较低的违规成本,使得某些高校管理者并不重视推进信息披露工作。另外,相对于企业,高校特定信息使用者较少,缺少信息公开激励机制,信息公开的内在支持力度不足,使得财务信息公开难以得到有效落实。

三、推进高校财务信息公开的建议

(一)借鉴企业财务信息公开发展路径,循序渐进,逐步完善

我国企业财务信息公开的改革进程,是一个循序渐进的过程,是一个不断完善现有会计规范、扩充财务信息披露含量、提高披露质量的过程。高校作为公益性单位,虽与企业的财务管理有很大不同,不能直接借鉴企业财务信息公开制度及理论,但企业财务信息公开改革的实践过程可以为改进高校财务信息公开提供一定的启发,如我国企业会计规范的改革路径、充分披露的理念等。

在高校信息公开刚刚起步的情况下,高校的信息公开只是一种制度,而非一项法律法规,所以高校的信息公开仅停留在制度层面,缺乏法律的强制力。法律规范会产生法律后果,不按规范行事,必然承受法律制裁的责任。只有这样,规范才能得到普遍遵从,才能体现其价值。这是信息公开制度所不及的,没有法律的强制力,必然导致信息公开制度推进乏力。所以应将信息公开作为一项独立的法律法规加以规定,增加其不公开的成本。

法律法规需要建立,制度也需要不断完善。没有制度的足够指导,很难保证财务信息公开的质量。所以制度应该明确财务信息公开的方式方法、途径,构建财务报告体系,明确规定每一项财务信息披露的具体内容、披露程度、披露侧重点等,确保高校财务信息公开、有章可循,减少实施财务信息公开的弹性。

(二)引入第三方审计

没有通过独立第三方审计的财务信息,可靠性和完整性无法得到保证。注册会计师审计范围应加入高校会计报表审计。高校财务信息由注册会计师出具相关审计鉴定后再正式披露,是信息披露真实性的有力保障。同时也能够避免因内部控制缺失而导致的内部审计失效,能够更好地发挥审计监督的作用。

(三)完善财务信息公开的途径

财务信息公开的途径在财务信息公开中有着极其重要的作用。公开的途径是否合理直接决定着信息需求者获取信息的能力和便捷

程度，在一定程度上可以决定信息公开的效率和效益，进而影响公众对信息的接受和了解程度。目前，教育部网站中加入了部属高校的门户网站链接，构建了简易的部属高校信息公开的统一平台，方便信息需求者的查阅，但其他地方性院校却缺乏统一的公开平台。各省或全国建构建一个高校信息公开统一平台，可以为信息需求者查阅包括财务信息在内的高校信息提供便捷。

参考文献

[1]袁敏，许霞. 教育部部属高校财务信息披露比较[J]. 中国内部审计，2015(9)

[2]商兰芳. 高校财务信息公开存在的问题及对策——基于信息公开质量视角[J]. 会计之友，2013(4)

[3]姜宏青，孙晓琦. 我国大陆、香港、台湾高校财务信息披露比较与借鉴[J]. 财会通讯，2014(6)

[4]冯宁. 高校会计信息披露问题研究——基于新事业单位会计准则视角[D]. 青岛理工大学，2014

（作者单位：济南大学）

新制度下高校会计监管机制研究

吴 鑫

一、高校会计监管概述

(一)会计监管的含义

会计监管作为一个相对独立的会计学术概念被提出后,不少学者对其开展了研究,成果颇多。但是理论界对于会计监管的定义尚未达成一致。

会计是以货币为主要计量单位,以凭证为主要依据,借助于专门的技术方法,对一定单位的资金运动进行全面、综合、连续、系统的核算与监督,向有关方面提供会计信息、参与经营管理、旨在提高经济效益的一种经济管理活动。

会计监管的定义有多种观点,可归纳分为三类:一是政府部门通过直接或间接介入的外部干预手段进行的监督管理;二是单位通过会计检查、督促、控制等对经济活动的内部管理活动;三是认为会计监管是两者的结合。

如果会计监管只是强调管理机构监管会计工作的“干预”行为,则这种行为只是具有片面性的事后行为。没有健全的内部会计监管机制,外部监管必然很难顺利实现监管目标。没有强有力的外部监管保证,内部监管也将会流于形式,效果打折。

站在不同角度会计监管概念确实有其不确定性，本文主要研究的会计监管是单位利用管理手段实现保护其资产安全，保证其活动符合国家规定，保证其会计信息真实完整的内部管理方式和程序。

（二）高校会计监管的范围

目前我国大多数高等学校为国家出于社会公益目的而设立举办的事业单位，其特点是不以盈利为目的，财政及其他单位拨入的资金主要不以经济利益的获取为回报，其性质是国家机构的分支。因此高校在完成其单位职能的过程中更有必要发挥内部会计监管的主动性，执行国家政策法规，提高财政资金使用效益，保护国有资产安全，预防舞弊发生。

二、高校会计监管要素

（一）目标

财务会计的目标主要有“决策有用论”和“受托责任观”两种不同的观点。无论哪种观点，都要求所提供的信息是客观真实的。高校会计监管同样需要围绕该目标，利用会计监管手段，保证经济活动符合法律法规，确保会计信息准确，最终达到维护各产权主体产权的目的。

（二）主体

会计监管主体是监管行为的具体实施者。《会计法》明确规定：“单位负责人为会计行为的主要负责人，是单位会计行为的责任主体，要切实对单位的会计工作和会计资料的真实性和完整性负责。”因此，从高校自身角度出发，会计监管的主体应该是单位负责人、财务部门、审计部门等。

（三）对象

会计监管对象，也就是会计监管的客体，既包括单位的经济活动，也包括会计信息和会计行为。

（四）方式

会计监管方式是会计监管主体依照有关法律法规对单位经济活动和会计行为进行监管所采用的方法和形式。高等学校常采用的会计监管方式包括内部稽核、不相容岗位分离、内部审计等。

三、高校会计监管现状

(一)会计监管效果不佳

目前很多高校都存在会计监管内部制度建设不健全的情况,许多业务常常需要摸着石头过河,即使想监管也无法可依;有些已经存在的制度也存在落实困难的现象。会计人员配置方面,人员不足、平均年龄偏高的情况也比较普遍,随着学校和政府管理要求越来越高,新的财政制度和会计制度对日常工作提出了更高的要求,会计人员往往疲于应付日常工作和上级部门的新任务而无暇充分履行其会计监管职能。人员的不足也使得内控制度无法有效落实。

(二)会计机构独立性不强

各高校的会计机构负责预算、核算、决算的全过程,参与整个经济活动的运行过程,承担学校资金的运作监督责任。会计机构的独立性与其发挥其作用的有效性有着密切的关系。而实际情况是会计机构作为高校的内部部门从人员任命到工资薪酬完全都是由学校控制,即使《会计法》赋予了会计人员相应的权利,现实情况下会计人员在面对一些违规问题时也困难重重,他们害怕得罪领导或其他部门同事而在以后的工作中影响个人的发展,因此会计监管的有效性大打折扣。

(三)审计监督力度不够

内部审计部门作为高校内控的重要一环应该充分发挥其监管作用,与会计部门形成互补,但目前高校的审计部门与会计部门一样存在独立性差的情况,因而难于充分发挥监管职能。

四、新制度的特点

(一)新预算法的特点

2014 年 8 月 31 日,第十二届全国人民代表大会常务委员会第十次会议通过了修订后的《预算法》,新预算法从 2015 年 1 月 1 日起实施。新预算法的一些要求将促进高校会计监管的实施。

1.预算细化

新预算法第32条、37条、46条等多处作出明确规定,强调今后各级预算支出要按其功能和经济性质分类编制。按功能分类能明确反映政府职能活动,知道政府支出是用到教育上还是其他方面上;按经济分类则明确反映政府支出按经济属性究竟是怎么花出去的,知道有多少用于支付工资、多少用于办公用房建设等。两种方式不能偏废,分别编制支出功能分类和经济分类预算有利于更全面理解预算是怎样实现的。

2.预算公开

与原预算法相比,新预算法首次对"预算公开"作出全面规定,第14条对公开的范围、主体、时限等提出明确具体的要求,对转移支付、政府债务、机关运行经费等社会高度关注事项要求公开作出说明,并在第92条中规定了违反预算公开规范的法律责任。

将预算公开实践成果总结入法,形成刚性的法律约束,是预算法修改的重要进步,有利于确保人民群众知情权、参与权和监督权,提升财政管理水平,从源头上预防和治理腐败。

3.违纪追责

相对于原预算法仅就擅自变更预算、擅自支配库款、隐瞒预算收入等三种情形设置了法律责任,且不够具体明确,新预算法重新梳理了违法违纪情形,加大了责任追究力度,在第92条、93条、94条、95条里集中详细规定了法律责任。

(二)新高校会计制度的特点

2013年12月30日,财政部发布了新的《高等学校会计制度》,新制度借鉴了事业单位会计制度的优点,按照财政管理体制改革要求,完善了会计核算,以更好地反映高校经济情况。新制度增加调整了部分科目,如支出类科目设置了"教育事业支出""科研事业支出""行政管理支出""后勤保障支出""离退休支出""其他支出"等九个一级科目,支出科目按支出类别进行划分,按照该科目体系核算将为教育成本的核定提供详细的依据,解决长久以来学生教育培养成本基础数据不详实、不准确带来的困难。

五、新制度下会计监管机制的构建

新制度为加强会计监管机制建设提供了有利的政策支持，各高校应该结合本单位实际构建会计监管机制。在健全会计监管的过程中可以从以下几个方面着手。

(一)发挥预算在监管中的核心作用

预算是整个单位经济运行的纲领，也是会计部门的核心工作，通过制定详细的预算可以实现对单位收入、支出的把握，对整个单位的经济运行进行监管。高校的预算一般是按照财政部门和教育部门下达的编制要求采用“两上两下”方式，结合学校近年预算的编制和执行情况编制。收入预算按照学校的收入来源，征集职能部门基础数据后进行测算；支出预算采用基础定额、专项结合的方式，优先保证学校正常运行和民生后结合学校发展计划经学校党委研究确定。预算的制定过程也是学校宏观和微观两个方面计划的制定过程。宏观方面，预算安排决定了学校的重点发展方向；微观方面，预算安排决定了一个项目资金使用的具体比例。例如，宏观方面学校对于需要重点建设的专业学科可以加大设备、人才引进的预算安排；微观方面学校可以对诸如各部门招待费、差旅费的预算安排进行比例或者金额控制。

(二)将预算监管嵌入到信息化系统中

将预算管理嵌入到信息化系统中是实现预算监管不可或缺的手段，是提高会计工作效率和质量的有效途径，也是内部控制规范的具体要求。预算细化必然伴随着项目细化和更高的管理要求，想要实现精细化的控制必须通过信息化系统建设来避免人为因素带来的干扰，因为会计人员不可能记得清每个项目的预算细节。根据新高校会计制度的要求，学校预算管理应该设立功能分类、经济分类、资金来源、部门、项目等多个维度，这对信息化建设提出了新的要求，否则依靠人工将会产生巨大的工作量以及因理解差异而产生的数据不准确。如果不能解决该问题，预算监管的效果将大打折扣，甚至无法实现。

(三)健全会计核算,赋予会计人员监管权利

会计人员应该按照财务规章制度加强财务核算,将会计监管与预算管理、资产管理、政府采购、财政支付等各项经济活动紧密结合起来,在日常核算过程中落实会计监管职能。同时,政府主管部门和学校管理层应该切实赋予会计人员依法进行会计监管的权利,保障会计人员在工作过程中依法开展工作,不受打击报复,从而实现内部会计监管的高效性。

(四)定期编制财务报告,分析运行情况

定期编制财务报告,可以全面反映一个阶段学校的各项收支情况以及学校年度工作完成情况的好坏,影响学校事业发展和规划。分析运行情况可以了解日常项目的运行情况是否正常、重点项目进展是否顺利等。财务部门根据运行情况分析可以及时对资金进行调度,保障学校资金流的顺畅;学校可以通过通报等形式对运行情况缓慢的项目进行督促。这样,就能保证整个学校的经济运行能够在有序的控制和监管下正常高效运行。

(五)推进财务信息公开,引入外部监督

《预算法》突出强调的预算公开将引发一场政府财务信息公开的变革,而且财务信息公开的范围越来越广,高校财务预决算透明化将是未来发展的方向。目前财务信息公开的范围只是部分预算、决算报表,下一步可能会是整套的财务报表和基础数据。《预算法》对会计监管提出了更高的要求和目标,势必对会计监管的工作发展产生极大的促进。另外,在财务信息公开之外学校还应该引入外部监督机制,例如采用委托会计师事务所对学校财务情况进行审计、让学生参与到学校的政策制定过程中等。只有整合各种监管资源,形成监管合力,才能使学校的经济运行更加阳光透明。

六、加强会计监管的意义

(一)提升会计信息的使用价值

高校会计监管机制的建立,有利于保证会计制度和规范的严格执行,有利于发挥会计人员的职业素养,承担起准确记录会计信息的

职责,营造高效的会计环境,提升会计信息的使用价值。

(二)降低政府监管成本

仅靠政府进行外部会计监管的成本必然是巨大的,而且不同的管理部门需要从不同的角度去监管,其效益相对低下,因此加强高校内部会计监管,发挥会计监管的事前和事中效果,避免通过事后的检查和处罚才是既有效又高效的监管方式。

(三)预防腐败犯罪

建立健全高校的会计监管机制,运用制度管钱管事,有利于用制度预防腐败,防范和约束滥用权力的行为发生。如果说绝对的权力必将导致绝对的腐败,那么在高校中推进会计监管工作,将高校中关于“钱”的重大事项置于监督之下,对高校党政领导的权力必然是一种有效的制约。随着导致腐败的绝对权力受到牵制,腐败现象出现的概率也会大大降低。

参考文献

[1]林英,汤小艳.行政事业单位会计监管与反腐机制建设[J].齐鲁珠坛,2014(6)

[2]季小琴.会计监管理论:综述及其引申[J].中南财经政法大学学报,2006(6)

(作者单位:齐鲁工业大学)

浅谈信息化管理在高校财务管理中的应用

张 杰　张智群

加强高校财务管理信息化建设是提高财务管理效率、提升管理水平的有效途径。本课题针对高校财务管理信息化建设中存在的问题以及解决对策进行了科学的分析和探讨，并对高校财务信息化建设的目标进行了思考。

一、高校财务管理信息化的内涵

近年来，社会各个领域的信息化普及越来越广泛，应用层次也开始向基础化、深入化、全面化和移动化发展，就连普通家庭都开始普及智能化客厅等应用。高校财务管理信息化建设作为高校财务管理改革和高校数字化校园建设的重要组成部分，对促进高校教育事业的高效发展起着重要作用。

高校财务管理信息化是以先进网络技术和信息管理技术为手段，对高校财务工作系统模式和资源进行升级改造，对高校财务管理活动与以计算机软硬件系统信息技术进行整合重组，将财务信息有效集成和优化，实现对学校内部各项信息资源的共享，以提高高校财务管理效率和服务质量。其内容涵盖会计核算信息化、预算管理信息化、资产管理信息化、收入核算信息化、学费收缴信息化、支付信息化等。

二、高校财务管理信息化建设的意义

1.应用场景变化的需求。高校规模越来越大，资金管理和支付的规模也日益增加，新的应用场景不断出现，传统的财务管理手段开始力不从心，高校财务管理信息化建设的不断完善是保障新常态下高校财务管理正常运行的有效手段。

2.财务公开的需要。高校财务公开同政府的“三公”经费公开一样，是大势所趋。近几年主管部门的相关政策都包含了财务信息公开的内容。公开什么？如何公开？只有财务管理实现信息化，才能真正做到有选择的、特定范围的公开。

3.提高工作效率的需要。财务管理信息化相对于传统办公环境最明显的优势就是速度快、准确率高、可追溯性强，工作效率的提升是财务管理信息化建设的最大动力，决策者和师生都能感觉到信息化对传统应用场景的影响。

4.提供决策参考的需要。管理层对高校未来发展的规划和日常决策离不开财务运行的支持，财务管理信息化对财务运行有效指标的快速提取对决策参考的支撑是必要的。

5.绩效考核和质量评价的需要。传统的财务管理会计核算功能只能体现整个学校整体的财务运行质量，对于二级单位的财务绩效考核和质量评价则无能为力，只有立足于财务管理的全过程信息化，才能实现财务运行总体的或局部的考评。

三、高校财务管理信息化的现状

1.实施高校财务管理信息化的硬件条件基本具备。数字化校园的建设已基本在高校普及，作为高校财务管理信息化的基础，网络和硬件已经不是信息化建设的短板，特别是当前最热的移动网络应用、财务软件完善才是信息化建设的重点。

2.师生员工对财务管理信息化的认识不足。学校决策层对信息化建设的重视程度和认识不够，特别是地方性新上本科院校，局限于学校办学经费的短缺，管理者对于财务主动或者被动公开的疑虑，管理者和使用者观念的保守和使用习惯变化的不适应都是财务信息化建设过程中的障碍。

3.财务管理人员专业素质参差不齐。当前高校的用人机制都是向教学倾斜,有的高校甚至将财务管理部门作为人才引进政策中的家属安置部门,有的高校出现队伍断层,老会计人员对信息化知识的学习缺乏动力,懂财务管理的不一定熟悉信息化等等,也是高校财务管理信息化建设中亟待解决的难题。

4.财务管理软件功能相对于高校的实际需求有差距。财务管理软件大多是软件开发商针对通用财务管理场景的解决方案,而对于特定的环境和需求,或力有未逮,或者需要二次开发,建设成本明显增加。

5.财务管理信息化的安全性。主要包括:(1)信息传递过程中的安全,主要表现为信息的完整性、精确性、稳定性和保密性;(2)内控制度的安全,主要是指财务管理信息化建设的目标一定要考虑到信息化的特点,通过有效的内控制度,排除人为因素的影响。

6.对高校财务管理的结果应用程度不够,不能对学校的发展方向提供有效的参考。当前环境下单纯的决算报告,已不能适应高校的财务管理需求。

四、对于高校财务管理信息化建设的建议和具体实施

我校作为地方性新上本科院校,在财务管理信息化建设过程也遇到上述问题。现以我校为例,针对高校普遍存在的问题,提出以下解决对策。

1.进一步完善信息化软、硬件建设,重点放在软件建设和新技术的应用上,针对学校亟待解决的问题,增加经费支持,通过潜心调研、科学筹划,完善财务管理的信息化覆盖率。积极同全校师生、其他业务部门以及软件企业沟通,解决和数字化校园其他模块的互联互通和数据共享,全面提升信息化水平。

2.积极运用现有的信息化手段提取数据,为管理者提供决策和判断依据。要让高校管理者认识到财务管理信息化建设的意义,使

管理者重视和支持财务信息化建设工作;加大宣传力度,做好全校师生特别是部门财务协管员的教育、培训工作,让使用者感受到财务信息化带来的便利性、高效性,消除和转变保守的思想观念。

3.多措并举,提高财务管理人员素质。第一,加强财务人员业务培训。努力增强财务人员的理论素养和实践操作能力,重新审视在信息化条件下的工作职责,逐渐培养一支素质和能力成熟的信息化队伍。第二,积极引进人才。积极引进适应高校财务管理信息化建设的专业人才,引进兼具管理、软件开发、系统维护以及计算机应用等方面的复合型人才,为信息化建设提供智力支持。第三,努力开展对外交流。向财务人员提供交流和学习的机会和平台,使其了解和学习财务管理信息化建设的先进做法和管理经验,进一步提升财务管理水平和服务质量,加速财务管理信息化的步伐。

4.结合现有的信息化基础,结合学校实际需求,自主开发实用的财务管理软件模块,弥补现有成品软件功能的局限性。如我校自主开发的财务报账辅助平台——批量对私转账模块(B/S版),针对批量对私支付的报账需求,用信息化手段,限定提交的信息,利用代理银行开放的接口,对户名、户号等提报数据提交进行前置验证,避免了因提交数据错误带来的错发、退款等问题。

5.合理规划网络,严格按照安全手册制定网络安全访问策略,实行多级访问控制。建立健全病毒防护体系,对财务数据进行安全保管和定期备份。不管是对商购软件还是自主开发软件,对信息的传递和保存都要做到可监控、可追溯。完善内部控制制度,规范信息化系统的岗位责任制、权限限制,规范业务操作流程和信息管理模式,对流程进行全程监督和岗位牵制。

6.积极利用信息化手段,加强预算管理、过程监控和绩效考核评价,提升对财务管理结果的应用水平和层次。财务管理除了服务于教学,还应该能反映办学水平,体现学生培养成本。

五、对于高校财务管理信息化建设的思考

高校财务管理信息化建设,不能仅仅局限于采购速度更快、容量

更高的服务器，也不能局限于配置功能更全的软件，而应该着眼于更高层次的需求，强调对于财务管理结果的应用，特别是对大数据和移动网络的应用。财务管理信息化建设的目标，应该是通过建立科学的数学模型，提取有效指标，对财务管理过程能进行监控、分析和预警，对财务运行结果能进行绩效考核和评价，对学校发展能提供有效的决策参考。因此，高校财务管理信息化建设的研究，对服务于高校财务管理体制的改革、提高学校的办学水平、应对政府高校生均拨款政策改革，都具有重大的研究意义和现实意义。

参考文献

[1]李青春.对高校财务管理信息化建设的思考[J].会计之友，2012(7)

[2]王洁.浅议高校财务管理信息化建设[J].现代商业，2013(5)

[3]高振东，佟怡伶，王正勇.E时代下高校财务管理信息化建设研究[J].现代经济信息，2014(12)

（作者单位：滨州学院）

信息化管理在高校财务管理中的应用研究

魏中芬　陈丽莉

高职院校财务管理是高职院校整体管理工作的重要部分，在高职院校整体管理中具有十分重要的地位。科学、高效的财务管理工作能为高职院校正常运转提供稳定的资金支持，还可以节约使用资金，加速资金周转，提高资金效益，促进高职院校发展。近年来，随着现代信息技术的蓬勃发展，高职院校财务管理信息化广泛而深入地推进，财务管理效率和水平明显提高，并呈现从管理型向服务型发展的趋势。进一步提升高职院校财务管理，需要从信息化管理角度进一步优化高职院校财务管理业务流程，推动人、财、物等资源合理配置，加强各部门信息集成共享，更好地为高职院校战略目标和决策提供服务。

一、信息化管理对高职院校财务管理的重要意义

信息化管理是围绕组织目标、借助信息技术手段和工具、有效利用各种资源、以适量投入获取最佳收益的过程，是信息技术与组织管理相互融合创新的动态过程，其核心是业务流程的优化或重组，精髓是信息集成，关键要素是数据平台的建设和数据的深度挖掘，实现信息共享，最终目的是实现组织价值的最大化或战略目标。从信息化管理角度看，高职院校财务管理信息化具有重要意义。

一是可以提高高职院校财务管理的效率。在高职院校财务管理中，强化信息化管理，可以充分借助信息技术发展的成果，充分运用互联网通信、共享平台等途径，提高财务信息的流动速度，为财务信息需求者及时提供准确的财务信息。

二是可以提高高职院校财务管理集中管理能力。当前高职院校的规模普遍较大，教育经费、研究经费、专项资金及日常支出等繁杂、琐碎，有时还很巨大，特别是很多高职院校存在多个校区、分级管理，因此高职院校的财务管理、集中核算遇到不少问题。而高职院校财务管理信息化，解决了多校区、分级管理中高职院校财务集中管理的问题，也有利于多校区以及不同部门之间财务资料及时传递和核算，提升了财务管理的控制力。

三是可以提高高职院校财务管理信息分享能力。随着高职院校财务管理信息化的深入，可以面向财务人员、教师、学生等人员提供信息服务，方便需求者进行财务查询。同时，与财务部门相关的机构，如审计、财政、银行等部门，也可以通过授权及时查询财务信息，有效地跟踪有关业务开展，有利于对高职院校财务工作的监督管理。

四是可以提高财务管理服务高职院校决策的水平。通过强化信息化管理，高职院校财务管理可以更加及时、全面地提供各种财务信息及分析，方便、及时、全面地掌握资金存量、使用进度、流向等，便于高职院校作出科学决策。

五是可以提高高职院校资源配置能力。通过强化信息化管理，高职院校财务管理可以更准确地根据教学科研任务配备各类教师、管理和后勤人员，以及教室、实验室、设备、宿舍和食堂等后勤设施，同时及时了解分析各类资源和教学科研任务配置变动情况，调整中间差距，科学配置资源，避免闲置浪费。

二、信息化管理在高职院校财务管理中的应用现状

从当前高职院校财务管理的现实和信息化管理的内涵要求相比，高职院校财务管理在信息化管理应用方面也存在一些问题。

一是财务管理信息化平台建设滞后。在财务管理信息化数据平

台建设上，目前没有明确的规范和标准，高职院校在财务管理信息化平台建设过程中缺乏引导，存在自定标准、各自为政的问题。这对整个高职院校财务管理信息化的规范造成困难，部分已建成的财务管理信息化平台在今后的规范化管理中面临存废或者大面积改造的问题。

二是财务流程滞后。信息化管理要求，信息技术与组织管理的结合是一个融合创新的动态过程，需要对各项业务流程包括财务流程进行优化，以获得最佳效益。但目前高职院校的财务会计流程有不少还建立在传统的劳动分工基础上，财务会计流程和财务管理之间存在时间、空间上的脱节，业务流程、财务会计流程以及管理流程之间合作不密切。

三是信息标准化不高。信息化管理的精髓是信息集成，信息共享是其重要目标，这对信息的标准化提出更高要求。虽然经过多年信息化建设，高职院校部门管理大都实现了信息化，但相关部门在进行信息化管理的时候一般都以部门为单位，信息规则、标准不同，造成同样的信息不能在不同部门之间直接使用。如有的学生信息、教师信息和资产信息，部门间信息规则不同，采用时费时费力，部门间使用时共享程度低。由于信息标准化程度低，财务部门在向不同部门提供财务信息时，有时造成不同部门理解口径不同，出现理解差异，或者不同部门在向财务部门提供信息时，由于规则不一所提供的信息不能使用，影响高职院校财务管理信息化水平。

四是不同信息管理系统融合度低。高职院校不同部门信息管理系统基本上立足于部门内部，按照自己的系统格式要求处理数据，系统相互之间缺乏数据接口中，对外提供有的仅限于网上查询。高职院校目前基本上没有对整体高职院校管理信息进行集成形成管理平台和数据中心。

五是财务管理信息系统功能不完善。首先，信息采集不全面。重视高职院校经济业务数据的采集，对管理信息的采集重视程度不够甚至忽略。其次，信息录入不够及时，信息共享程度不够。目前高职院校财务信息系统一般包括工资管理、学生收费管理、财务管理、网银管理、财务信息查询等一些功能，大多只能对过去发生的经济业务进行汇总，因此财务部门提供的会计信息往往只是对有关历史数据和基本信息的解释，反映过去一段时间内高职院校财务运行的状况，缺乏时效性，无法支持财务工作中的决策、规划、分析活动，降低了财务管理信息系统的使用价值。再次，信息挖掘程度不够，提供的会计信息比较单一，不能满足信息使用者的需要，也不能很好地支持财务工作的规划、分析和决策活动以及高层管理需求。

六是传统内部控制环节限制财务管理信息化水平。内部控制与高职院校财务系统的建立基础是职责分工和不相容职能相分离，高职院校内部控制也不例外。高职院校财务管理信息化更加重视信息的输出控制、信息的数字化控制等重点环节，推崇降低重复、提高效率，而传统的内部控制则推崇会计监督职能为主。因此，两者存在矛盾。如果内部控制不能顺应信息化系统的发展特点和要求，不能及时对原有的授权与批准制度进行调整，则会对财务管理的信息化应用范围与深度造成不利影响。

三、构建具备决策支持的高校财务信息化系统

高校财务系统中经费项目、科研项目等财务经费控制设置比较复杂，需要处理的资金分散，在业务处理过程中涉及的项目名称重复录入，工作量极大。同时，由于费用报销业务使用手工模式，报销时间长，工作效率低；进行经费等报销时需要查询相关财务数据，无法实现经费实施控制与查询。在经费报销处理过程中，进度查询信息不透明，使相关信息使用者无法获取报销进度的相关信息，耽误下一步工作的规划与开展。对于整个学校来说，由于银行账户多，资金分散，不能及时准确了解各账户信息和各账户资金头寸，无法有效集中学校的闲余资金，不能最大化地发挥资金规模优势。

以上问题在高职院校尤为突出，为解决改善济南职业学院引入了浪潮 GS6.0 集中式软件，建立完善集中式管理模式，通过建立分级管理和控制体系，完善资金集中管理模式，实现数据集中、管理集中、控制集中。

(一)财务管理信息系统构建模块

按照财务管理集成需求,结合本院现阶段财务管理信息化重点,此次信息化建设内容主要包括财务核算、网上报销、资金管理、经费管理四个模块。从目前管理需求上来说,上述四个方面的财务管理内容息息相关、紧密集成。为切实强化财务监督管理职能,并有效提高财务管理效率,就要求财务管理系统中的财务核算、网上报销、资金管理、经费管理四个分子系统之间,必须实现数据共享,必须做到从网上报销→经费管理→财务核算→资金支付的一体化处理。

1.网上报销

办理来自收付申报、网上报销等业务模块的收付款申请。制作网上申请报销单据(含借款和报销两种单据)时,填写或选择银行账户信息和经费信息。银行账户信息中包括收款方名称、收款方账号、开户银行、结算方式、报销金额。经费信息包括经费开支部门、经费项目名称以及资金来源。

2.经费管理

经费管理系统主要针对经费相关的业务进行管理,包括编制设定、经费编制与审核、经费的执行与控制、经费分析等多方面的管理活动。其中,经费执行控制是经费管理的核心,通过与财务核算系统、网上报销系统等进行无缝集成,实现经费执行情况的实时控制。同时,业务系统中的执行数据也会实时归集到经费管理系统中,便于管理人员进行分析决策使用。

3.财务核算

信息化系统中财务核算仍以总账、往来、辅助、报表等几大传统模块为主,与传统会计核算不同的是,制单的切入口由传统的人工制单转变为网上报销环节审批自动生成。同时,审核无误的业务则根据网上报销提交的银行信息生成资金支付申请单,传递到资金管理模块中。

4.资金管理

根据资金支付申请进行网上银行支付,支付信息的业务编号填写上资金支付申请摘要中的凭证编号,生成财务的银行对账信息。

(二)构建财务管理信息系统模块间的无缝对接

只有实现信息系统中各模块间的无缝对接,才能提高信息处理的时效性,提升资金信息的质量,为高校管理层的及时决策提供强有力的保障。对于各个模块的无缝衔接工作,目前主要进行了以下尝试:

1.报账人员通过网上报销提供两个信息,一个是用于下一步支付的银行支付信息,另一个是通过填制统一的报销表单提供规范的报销信息,以便经费审批和控制。同时,单位相关责任人可通过网络签审及查询使审批方便、快捷、高效。

2.财务人员根据报销信息,生成财务凭证,进入经费管理环节。系统支持科目控制项目控制以及科目+项目控制的方式。同时,系统对超出经费预算的业务处理提供了允许制单、不允许制单、警告并允许制单等多种方式,满足不同的经费管理的需要。

3.审核无误的业务通过制单、记账凭证复核、记账、报表进入账务核算的环节,同时根据网上报销提交的银行信息生成资金支付申请单,传递到资金管理模块中进入支付环节。多个收款方可生成多个资金支付单,同时生成网报凭证编号到资金支付申请的摘要中。

在各模块处理过程中,支持客户端WEB化查询。提高信息处理过程的透明度,增强高校财务管理信息对称性。方便各类信息使用者在系统允许的权限内进行相关信息查询,便于作出下一步工作决策。

(三)本系统建设的意义

1. 实现了各项经费的全方位统筹管理

经费项目、科研项目财务经费控制设置灵活,可以进行经费项目、部门双控制体系,并实现经费科目百分比控制,实现经费数和完成数的灵活分析和对比。

2. 实现网上报销信息化处理

实现网上报销业务,缩短报销时间,优化财务人员办公环境,提高工作效率。

实现全方位的内、外部支付结算管理功能,及支付结算的审批及授权流程，实现以农行公务卡(财政支付)为主的银企直连业务。

3. 实现财务、经费、资金、网上报销无缝连接

经费的拨付与使用、资金的收入与支出、网上报销等经济业务可以直接录入原始单据，系统可以自动生成财务凭证。经费地使用、资金的流向以及网上报销进程都可以在本系统中追踪到，使相关信息使用者都可以及时了解资金状况及动态。

实现对浪潮财务系统总账制单的控制，可以实现 excel 凭证导入、导出等，可以按照单位、部门、科目、专项、记账方向等实时控制发生金额。

4. 实现学校资金的集中管理

在本系统中，可以通过信息化手段规范学校资金管理基础工作，管理分散在各家银行的资金，实现跨行资金的监控和调拨，实现对学校内沉淀资金的科学归集，形成学校的资金池，更高效地实现内部资金的调剂，构建有效的经费管理体系并实现有效的计划经费管理。通过建立统一的资金管理中心，对系统内各单位实行资金集中结算，调剂资金余缺，减少中间环节，加速资金周转，提高资金使用效率。强化资金经费管理，对内部成员单位的资金经费进行汇总、审核、平衡，并对资金经费的执行情况进行监督与考核，实施资金动态实时监控，提高资金的安全性，控制财务风险。

四、在高校财务管理中加强和改进信息化管理的措施

一是进一步推进财务管理信息化平台建设。政府管理部门要加强财务管理信息化平台的研究，厘清当前高职院校财务管理信息化过程中存在的薄弱环节和问题，研究高职院校对相关政策的需求，完善高职院校财务管理信息化平台建设的有关制度、标准与规范，明晰高职院校管理者在信息化平台建设中的责任，提出财务信息化平台建设的大致规划、约束引导措施，促进高职院校管理层对财务信息化平台建设的重视，加强规范管理。同时，对高职院校管理层来讲，财务管理信息化平台要作为高职院校管理中信息高度集成、共享和管理的平台，要作为“一把手工程”，实行全面统一规划，协调好各有关

部门，敢于投入人力、物力、财力解决信息化建设中出现的各种困难和问题。

二是优化高职院校财务流程。大力转变高职院校财务工作信息化建设中先功能和流程、后开发系统的做法，发挥信息技术在再造财务流程的先导引领作用，建立业务内容导向的财务管理信息处理流程和科学完善的预算体系，使财务流程更适应信息化管理对信息集成、挖掘、共享的要求，更大程度发挥财务管理信息化平台的作用。

三是强化信息标准化基础建设。信息化管理是一个综合性、系统性工程，财务管理信息化是其核心内容。高职院校财务管理信息化要服从高职院校整体战略目标和发展阶段性目标，对高职院校各部门信息规则、标准进行统一，统一标准数据和结构。同时，与外部其他相关系统进行有效整合，使得通过高职院校财务管理信息化系统能方便快捷地获取外部数据，为高职院校财务管理信息需求提供高效快捷的服务。特别重要的是，要在推进信息数据标准化的同进，加强对财务人员和其他部门人员的培训，不断统一对信息数据的理解口径，减少理解差异，保证信息标准化全过程实施。

四是提高不同信息管理系统融合度。高职院校各部门要强化集体意识和协调配合观念，树立信息数据共享理念，促进部门间实时信息沟通，促进不同部门管理信息系统相互协调，做到信息口径一致，规则一致，提高数据共享程度。可建立跨部门、跨组织信息系统，把高职院校财务部门与高职院校各部门以及高职院校管理机构边栏，实现即时和弹性的信息分享，强化财务管理信息化系统在预算计划和财务预测、监督、控制、分析，实现资金实时划拨与控制，发挥财务信息在加强高职院校管理方面的支撑作用。

五是完善财务管理信息系统功能。结合实际，全面分析高职院校对财务管理的需求，建立和完善实时性、开放性、共享性程度高，具有服务查询和决策功能的财务管理信息系统。要提高信息采集的全面性、及时性，重视管理信息的采集和使用，提升信息共享程度，做好财务信息挖掘和加工，支持财务工作中的决策、规划、分析和决策活动，更好地服务查询和决策，增加财务管理信息系统的使用价值。

六是高度重视财务管理信息系统的风险防范。防范风险是财务管理信息系统的重要目标,要针对现实威胁和潜在隐患加强风险防范。要加强数据安全管理,系统中各种数据及时备份,尽量采取双机同时备份,防止数据文件被破坏和损害。要加强计算机病毒防范工作,规范移动介质使用,安装防病毒软件,定期对系统检测查杀病毒。要运用防火墙技术,加强网络活动监控,保证财务管理内部网络安全。要强化网络内部权限认证,细化对相同权限的用户进行分组,改变逐条设置权限做法,使权限随岗位变化直接发生变化,防止权限混乱。要提高工作人员防范意识,严格个人口令、密码保管,并定期更改密码。

七是建立适应财务管理信息化的内部控制。要适应信息化管理的要求,在优化业务流程的同时,相应改进内部控制制度,如对重点业务如数据管理制度、内部审计和岗位责任制度重新确定。要按照不违背系统维护岗与系统使用岗分享、信息录入岗与信息复核岗分享、不相容岗位分享与相互监督等内容控制设置原则,建立和改进内部控制制度,保证内部控制效果。要加强对内部控制的监督与落实,及时解决控制过程出现的问题,保证财务管理信息化系统可靠。

八是培养适应财务管理信息化要求的复合型专业人才。要加大培养具有财务专业知识、现代管理理念和信息技术应用技能的复合型人才。对现有财务人员,加强信息技术知识培训,使其参与信息化建设,提高协助信息技术人员完成转化系统需求分析、用户测试工作,使财务管理信息化系统符合财务工作要求。同时,在引进财务人员时,注重引进具有财务专业知识和网络专业知识的人才,加强信息化人才储备,推动财务管理信息化建设高质量发展。

参考文献

[1]欧柯.高职院校财务信息化建设的探讨[J].时代金融,2015(1)

[2]刘雅荣.高职院校财务信息化建设的问题与对策[J].山西财税,2015(2)

[3]赵亚珊.高职院校财务管理信息化建设的探讨[J].生物技术

世界,2015(2)

[4]张迎迎、牛明媚.高职院校财务信息化建设与信息安全管理探析[J].创新教育,2015(1)

[5]邓振华.高职院校财务信息化应用研究[J].合作经济与科技,2015(5)

(作者单位:济南职业学院)

全面推行财务管理信息化势在必行

赵颜成　于爱萍　王厚明　姜美娟

新会计制度出台后，在进行年终决算和编制报表时，不同的人编制的决算或报表会出现不同的结果。这是因为新会计制度对收支类科目中的功能分类、经济分类以及资金来源、预算类别和支付方式等核算提出了新的要求，特别是季度报表要填报资金的结转和结余情况，而原有管理模式和财务软件却不能对此加以严格区分，需凭借报表人的经验分析填列，这不仅给报表编制带来很大的麻烦，而且还使对外提供的财务报表缺乏唯一性。相对于传统的手工记账，电算化使会计人员劳动强度大大降低、工作效率普遍提高，是会计发展史上的一次革命。随着财政体制改革的不断深入，社会各界对财政资金的监督更严格，对财务信息的时效性要求更高，信息公开的范围也更广，全面推行财务管理信息化势在必行。

根据教育部《2014 年教育信息化工作要点》，省教育厅下发了《山东省教育厅落实教育部〈2014 年教育信息化工作要点〉实施方案》，要求全省高校推进数字化校园建设。财务管理信息化是数字化校园建设的重要组成部分，因此对高校财务管理信息化建设进行深入研究变得尤为重要。

一、原财务管理模式的弊端和我省高校财务管理信息化建设现状

原财务核算制度是以收付实现制为基础的，以预算管理目标为追求的会计目标，核算的功效是按照规定的开支标准审核各种支出的报销，其功能主要是反映预算执行情况。财务报告从会计信息的真实和合法程度反映高校的资金收支结果和资产负债状况。新制度提出了全面预算的理念，引入了“累计折旧，累计摊销”科目，部分业务的核算使用权责发生制，对收支类科目既要按照功能分类、经济分类设置，又要按照资金来源、预算类别和支付方式核算，在会计功能和财务报告中加入了成本核算、绩效评价和现金流量状况等因素，如果仍然沿用以前的财务管理模式，必然会出现“会计目标单一，会计功能单纯，会计成果单薄”等弊端。

财务管理信息化在高校财务工作中有着急切的工作需求和强烈的呼声。信息化管理可实现办公自动化和业务自助化，不同的财务信息需求者通过网络可以即时查询所需信息、数据，实时掌握各自业务开展情况，极大地提高工作效率，从而满足新会计制度要求。同时，内部控制标准对经济业务的约束也需依靠信息化手段实现。高度发达的网络、软件技术为财务管理信息化提供了技术保障，但也会在技术和业务层面出现一些问题，需要一批精通网络、软件的综合型会计人员，短期内只能通过聘请专业技术人员、进行短期培训等措施逐步改变。新会计制度实施后，沿用以前的管理模式和财务软件所带来的弊端逐渐显现，我省已有部分高校尝试在预算、项目控制、合同管理等方面进行信息化管理，但面上发展不平衡、总体上缺乏科学的统一规范。

二、高校财务管理信息化建设的必要性

财务管理信息化是财务制度改革和高校发展的必然趋势。财政体制改革后，财政资金实现了信息化管理，日常业务需通过财政业务综合管理平台办理，促使基层单位尽快实现财务管理信息化。高校由扩大规模向内涵发展的转型过程中，加强财务管理，适应新会计制

度和各界对高校财务信息的要求，也需通过财务管理信息化建设来实现。

财务管理信息化是信息公开、加强财务监督的必然要求。《中共中央关于全面深化改革若干重大问题的决定》关于财税体制改革的表述为："改进预算管理制度。实施全面规范、公开透明的预算制度。……建立跨年度预算平衡机制，建立权责发生制的政府综合财务报告制度，建立规范合理的中央和地方政府债务管理及风险预警机制。"要实现以上目标以及"三公"经费公开等，都需要财务管理信息化加以实现；财政和主管部门对所属单位进行有效监督，也需搭建信息技术平台。

财务管理信息化是内部控制体系建设的技术保障。新制度引入了全面预算、成本核算和绩效评价，要求加强资金投入的科学决策，进行科学化、精细化管理，实施财务管理信息化是实现这一目标的重要手段。《中共中央关于全面推进依法治国若干重要问题的决定》指出，加强对"政府内部权力的制约，是强化对行政权力制约的重点。对……权力集中的部门和岗位实行分事行权、分岗设权、分级授权，定期轮岗，强化内部流程控制，防止权力乱用"。资金是风险控制的最重要的一道关口，财务信息化管理通过程序设定可以把"分事行权、分岗设权、分级授权"以及内部流程控制措施固化在管理系统中，从而形成长效机制，因此，"以绩效评价为导向，以成本费用核算为目标，以预算管理为主线，以资金管控为核心，以信息技术为手段"就顺理成章地成为建设内部控制体系的总体原则。

实施财务管理信息化，通过数据平台实现财务与职能部门资源共享，实现学生交费与注册直接挂钩、业务部门网上自助查询，加快了学生与学校、学校部门之间沟通的速度，工作效率和管理水平会有显著提高。

三、财务管理信息化系统的构成

信息化管理系统是依托于校园网的智能化综合管理系统。系统以实施集中式财务核算为基础，以强化资金管控为主线，以实现从预算、收支、核算到考核评价的一体化管理为目的。具体包括财务核算模块、预决算管理模块、收费管理模块、工资管理模块、资产管理模块、校园卡模块、综合查询模块、网上报销模块、网上互联模块等。

四、财务管理信息化的相关要求

财务管理信息化以预算、收支、政府采购、资产、建设项目、合同管理六大业务为框架,以不相容岗位控制、内部授权控制、归口管理、预算控制、财产保护控制、会计控制、单据控制、信息公开"八大控制方法"为控制基础。对制度建设要求完善一系列的规章制度,包括岗位责任制、操作规程、保密制度、系统维护管理制度、内部控制制度等。对机构设置要求建立适应财务管理信息化的协同合作组织架构。对人员素质要求"年轻化、专业化、知识化"。系统突出的是信息化、自动化和智能化,对软件的系统应用架构、软件开发工具、模块要求具备开放性、标准化、参数化,对软件功能要求有容错、警示等功能,对于系统运行要求具备可靠性、兼容性、易用性、安全性。硬件一般要求有独立的服务器、适量的用户端和客户端、数码照相机、扫描仪以及自助查询设备。

五、积极做好财务管理信息化工作——以烟台职业学院财务管理信息化建设为例

2014 年 11 月,烟台职业学院党委和院长办公会研究决定,更新沿用多年的财务软件,进行财务管理信息化建设。

(一)整体工作思路

信息化建设的目标是财务核算制度的完善和业务流程的再造。信息化建设不单纯是网络和软件技术应用的问题,而是对管理方面进行全过程、全方位的重组和组织机构改革,它代表着管理流程和管理模式的改变。为此,烟台职业学院确定的整体工作思路是:全面发动、全员参与,对制度建设、机构设置、财务核算制度、会计业务流程等进行全面整合重组,建设中突出组织架构专业化、业务流程和内部控制自动化、具体模块智能化。

(二)制度建设和机构设置

烟职院在修订完善内部控制、保密、财务服务承诺等相关制度的基础上,制订了信息化管理操作规程、信息化管理员工作职责等制度,调整了财务处原有科室工作职责,并在财务处和各院、系设置专业组织机构,专门负责办理财务信息化管理相关事务。

(三)完善财务核算制度

在完善财务核算制度方面,烟职院主要从三方面入手:一是对会计目标进行修订,从传统预算管理目标转向财务管理、绩效管理目标,对部分业务采用权责发生制;二是拓展会计功能,从反映预算收支平衡转向成本费用核算,逐步实现由支出管理向成本费用管理的转型;三是改进财务报告构架,构建立体多维的财务报告体系,从不同层面、不同角度,全面、系统、完整地报告学校财务状况和财务成果。

(四)业务流程再造

业务流程再造就是打破原财务业务流程,根据会计制度和财务软件设置对所有业务流程进行整合、优化。

1.财务报销和资金收支流程的再造主要是通过网络远程办理填写报销单据、领导审签、传递原始凭证等手续,最终以网上银行收支方式办理资金划转,形成资金收付无现金化。

2.编制会计凭证流程的再造主要是通过程序设定,把网上报销时填写的部门、项目、金额等要素在管理系统中自动转化成会计语言数据,制单时只需点击“自动凭证”键,便可生成记账凭证。

3.提供财务报告和会计信息流程的再造主要是把常用的财务报表通过智能化程序设定,实现财务报表即时、自动生成,财务报告和信息在传递时只需点击“信息传送”键即可完成,对于不同的会计信息需求者可在授权后通过网上查询实现信息查询自助化。

(五)内部控制自动化

烟职院把财务报销标准和内部控制管理规定中涉及的部门岗位职责、流程标准、金额权限、审批审核以及“八大控制方法”固化在系统管理程序中,达到内部控制标准对经济业务约束的自动实现。

各环节财务控制节点如下：

1.原始凭证报销汇总单录入环节，主要审核原始凭证的真实性、合法性、规范性，控制出差误餐补贴、市内交通费及出差补助天数等。

2.经费报销预算审核环节，主要审核所报销经费的预算控制。

3.会计稽核环节，主要审核所报销经费列支会计科目、资金功能性分类以及借款和往来款项核销情况。

4.操作员权限分配环节，主要对于不同操作员分别授予不同权限，实现岗位职责、金额权限、审批审核等的分权管理。

5.自动编制凭证和报表编制环节，主要通过后台映射对应关系和取数公式实现功能，然后通过授权由指定人员进行人工修订。

6.工资审核环节，通过对同类别人员工资数据纵向和横向差异分析、异常变化警示等功能达到审核工资的目标。

7.资产保护环节，主要是通过后台映射自动生成指定科目的会计分录，从而保证资金账与资产数量账同步一致，与教学信息平台对接后通过资产使用年限和资产使用率的自动计算，实现资产维护、保养及合理调配提醒和警示功能。

(8)综合查询环节，通过分级授权实现不同层次信息需求者的自助查询，达到信息公开的要求。

(六)具体模块智能化

1.工资模块实现自动计算各类计算型项目，对多次发放的工资进行自动、分段、累计计算个人所得税，与税务部门、住房资金管理部门以及学校内部人事、教务等平台对接后自动生成各种报表、自动划转各类款项。

2.账务核算模块采用多种辅助核算方式对各收支项目按照支出功能、经济分类、资金性质、支出方式、项目、部门等口径进行分类统计，解决了财务决算和季度报表唯一性的问题，便于进行科学化、精细化管理，实现科学决策、绩效评价、内部成本费用核算。

3.预算模块建立预警机制，把当年预算作为控制数输入到系统中，日常核算中系统各环节实现对项目预算的自动控制，职能部门通过网上查询可及时了解预算执行情况和事业发展进度。

4.资产管理模块除了按照部门、存放地点、使用人等要素实现对资产的有效管理外，与教学业务平台对接后还可即时掌握资产使用、维修等状况。这既是对资产的有效保护，又能合理调度资产，提高资产使用效率。

5.收费管理模块实现学生缴费、查询自助化，与教务部门的学生信息系统对接，将缴费情况与学生注册、培训等业务关联起来，用缴费情况控制其他业务的办理。

（七）网上报销

对报销流程进行重新打造，实现网上报销。以员工出差为例：出差业务有网上申请、审批、报销等程序，出差前登录系统进行申请，填报“出差申请单”后进入审批流程，“出差申请单”与报销汇总单关联，在申请、审批、制单环节可通过联查预算信息进行预算控制，报销汇总单生成时报销标准及相关规定在系统中实现自动控制和提示，稽核界面可以选择借款核销功能，在稽核的同时完成核销，稽核通过后自动提报出纳进行打卡报销，差旅费报销完毕后，系统提供自动生成凭证。

（八）财务分析报告

通过多种辅助核算功能能实现各种资金横向和纵向分析对比，可以有效地满足新会计制度要求，更便于建立跨年度预算平衡机制、建立权责发生制的政府综合财务报告制度，有效实行分事行权、分岗设权、分级授权。

综上所述，通过财务管理信息化建设，实现了办公自动化、业务自助化，工作效率和管理水平明显提高，解决了新会计制度实施后出现的诸多弊端和异地办公带来的不便。建议各地教育部门敦促所属高校加强对财务管理信息化的研究，尽快落实《山东省教育厅落实教育部〈2014年教育信息化工作要点〉实施方案》，加快财务管理信息化建设工作，努力开创高校财务工作新局面。

参考文献

[1]中华人民共和国预算法(2014 年修正)[S]

[2]财政部.新旧高等学校会计制度有关衔接问题的处理规定[S](财会[2014]3 号)

[3]山东省教育厅.山东省教育厅落实教育部《2014 年教育信息化工作要点》实施方案[S](鲁教信字[2014]1 号)

[4]韦锦义,尹丽.新预算法视角下完善高等学校会计核算制度的思考[J].教育财会研究,2014(6)

[5]高勇.基于业务流程再造的高校财务核算模式创新探析[J].教育财会研究,2014(6)

(作者单位:烟台职业学院)

论管理会计在高校财务管理中的应用

伦宗健　孟凡华

管理会计是会计工作的重要组成部分。财政部部长楼继伟指出："我国会计管理体制是行之有效的，为促进经济社会发展和市场经济转型作出了重要贡献。现在的短板是管理会计不足。"

2014 年 10 月，财政部颁布了《关于全面推进管理会计体系建设的指导意见》，确定了管理会计体系建设的指导思想、基本原则和主要目标，其目标是通过应用管理会计，促进企业逐步完善现代企业制度，改善管理体制，增强核心竞争力，激发创造潜能，加快经济结构转型升级。高校多年扩招，已逐步从外延式转向内涵式发展，但依然面临诸多困难。因此，高校应该顺应国家财政改革的潮流，充分发挥管理会计的优势，强化绩效管理，增强核心竞争力，有效降低办学成本，促进高校内涵式发展。

一、管理会计在高校应用研究的必要性

（一）符合财政体制改革的基本要求

绩效管理是管理会计的重要思想和闪光点。近年来，按照公共财政体制改革的要求，财政部印发了一系列与高校绩效管理相关的文件，如《财政部关于实行中央级普通高校绩效拨款与项目支出预算执行挂钩办法的通知》（财教［2011］39 号）、《财政部、教育部关于建

立完善以改革和绩效为导向的生均拨款制度加快发展现代高等职业教育的意见》(财教[2014]352 号)等。上述文件凸显了绩效管理的重要性,确立了“统筹兼顾,勤俭节约,量力而行,讲求绩效和收支平衡”的原则,明确了“用财要问效,无效要问责”的管理体制。通过运用管理会计,对财政拨款在高校教学、科研等领域的绩效作出科学、准确的考核评价,有效推进高校预算绩效管理。因此,管理会计在高校应用符合我国财政体制改革的基本要求。

(二)推进高校治理现代化的必然选择

高校肩负培养并输送高级管理人才的社会责任和实现国家宏伟战略的重大使命,在全面深化改革的重要时期,高校必将在加快推进治理体系和治理能力的过程中发挥引领示范作用,而提高管理效率将是推进高校治理现代化的第一要务。管理会计立足于信息的高效利用,从而进行科学规划与经济决策,具有明显的科学性和先进性,同时与高校现代化的治理理念高度匹配,对改善高校财务管理发挥重要作用。管理会计的有效运用,可以理顺不同岗位、不同环节之间的衔接关系,切实强化流程管理,提高管理效率。管理会计的应用还有助于推进高校加强预算绩效管理、决算分析和评价工作,构建顺应时代要求的高校财务制度,促进高校治理体系和治理能力的与时俱进。因此,管理会计是推进高校治理现代化的必然选择。

(三)完善高校财务管理体制的必经之路

会计的职能是包括反映、监督、预测和决策。传统会计侧重于前两个基本职能,管理会计更加注重预测和决策职能,更加注重为单位内部管理提供服务。目前,我国高校主要采用高等学校会计制度进行账务核算,其缺点是不能为管理决策提供充分依据。面对复杂的核算对象,运用管理会计可以实现规划、预测、控制、评价,满足高效管理决策需要。按照管理会计的分析思路,从不同的备选方案中选择最优方案,为高校投资方案的选择、保本招生数的制定等提供依据。因此,高校在经济活动中充分发挥管理会计的优势,对其各项经济活动加以反映、监督、预测和控制,能够充分提高决策的科学性。

二、管理会计在高校财务管理中的应用

(一)标准成本在高校中的应用

管理会计与成本会计同质,管理会计的“根”是成本。余绪缨指出:“标准成本系统,是管理会计的雏形。”本文从“标准成本”入手,探讨标准成本在高校中的应用。标准成本是培养一名合格大学生的标准支出。“标准支出”具体核算方法如下:

1.数量标准

(1)教职工标准人数和资产的配置标准。按照教育部印发的《普通高等学校基本办学条件指标合格标准》进行测算。

(2)学生标准人数。以本科生为基准。专科生、硕士生、博士生分别按照折算比率折算成本科生标准人数。

(3)公用经费的定额。办公费、手续费、邮电费、水费、电费、差旅费、培训费、会议费、教学仪器设备维修费等参照定额执行。

标准数量仅考虑培养一名合格大学生的全部标准支出,不考虑实际的占用或耗费,例如编制超编或缺编、资产短缺或闲置、费用浪费或节约等。

2.支出标准

(1)工资标准参照不同层级专业技术人员、行政管理人员的平均工资和津补贴。

(2)学生的奖助学金等参照同类高校的平均标准。

(3)教学仪器设备的采购价格按政府采购价或公平市价。

(4)定额公用支出的标准按政府采购价或公平市价。

按照上述标准,培养一名合格大学生标准成本的测算公式:相关成本项目标准成本合计/相关专业本科生的标准折合量合计。测算培养一名合格大学生标准成本,一方面可以作为财政拨款和学费收缴的依据;另一方面可以将实际成本与标准成本对比,其中量差属于可控成本,作为成本改进的重点。

(二)投资决策在高校中的应用

我国高校已进入快速发展阶段,办学规模不断扩大,投资活动日

益增多，如何低成本扩张，将会是投资决策中的一个重要研究领域，管理会计中的投资决策分析方法为如何实现低成本扩张提供有益指导。高校管理会计中的投资决策，主要指其在教学、科研、经营过程中为实现某一特定目标，解决某一特定问题，结合当前条件和对未来的分析预测，从多个备选方案中决定选定最优方案的决策过程，决策的基本步骤是：确定决策目标；提出备选方案；比较备选方案；作出投资决策。

例如，某高校准备建造一栋学生宿舍楼，计划投资 15 万元，建造完成后可满足 2000 名学生的住宿，人均住宿费 1000 元/年。目前有两个备选方案：甲方案，银行长期贷款，年利率 6%；乙方案，将宿舍楼交由合作方 A 公司建造并以 15 年的住宿收费作为补偿。单纯从表面看，乙方案成本更低，学校无需支付一分钱就能够完成学生宿舍楼的建造工程，而且 15 年后学生宿舍楼收归学校所有，但事实并非如此。现采用净现值法重新计算两种方案的实际成本：

甲方案：净现值＝15 万元

乙方案：每年给付 A 公司住宿费符合等额年金的基本条件，即 1000×2000 元＝200 万元。可以利用等额年金现值公式计算净现值。

查年金现值系数表得，期限 15 年利率 6%的年金现值系数是 9.712。因此：

乙方案＝200×9.712＝1942.4(万元)

通过上述计算可知，甲方案的净现值是 15 万元，乙方案净现值是 1942.4 万元，乙方案比甲方案多支付 442.4 万元，可以看出甲方案优于乙方案。

(三)本量利分析在高校中的应用

本量利分析法是管理会计的基本分析方法之一，能够帮助高校确定招生保本点和年度事业结余，从而有效指导学校工作。具体操作如下：

1. 根据成本形态划分成本类型

按照成本性态的类型，将高校支出划分为两大类：变动成本和固定成本。变动成本是指随学生数量变动而变动的成本，例如各院系、部门所使用的报纸杂志、电话费、专用材料费、差旅费等；固定成本是指不随学生数量变动而变动的成本，例如各院系、部门教职工的基本工资、社会保险费、公积金、津贴补贴等；将间接费用列为固定成本，间接费用主要指高校行政管理部门发生的相关费用，例如教育科研费、银行手续费、借款的利息支出等。

2. 确定本量利分析的基本模型

(1)假设招生数为 X，其中：X_1 为往届在校生，X_2 为当年拟招新生数；

(2)用 P_1 表示生均财政拨款，P_2 表示生均学费收入；

(3)用 Z 表示学校自筹资金；

(4)用 B 表示生均支出；

(5)用 A 表示固定成本；

(6)用 L 表示事业结余。

则 $L=(P_1+P_2)\times(X_1+X_2)+Z-B\times(X_1+X_2)-A$

3. 确定招生保本点

招生数达到招生保本点时，可以使其收支相抵，此时高校处于收支平衡状态。具体计算如下：

令 $(X_1+X_2)\times(P_1+P_2)+Z-A-B\times(X_1+X_2)=0$

$X_1\times(P_1+P_2)+X_2\times(P_1+P_2)+Z-A-B\times X_1-B\times X_2=0$

$X_2\times(P_1+P_2)-B\times X_2=A+B\times X_1-Z-X_1\times(P_1+P_2)$

$X_2=[A+B\times X_1-Z-X1\times(P_1+P_2)]/(P_1+P_2-B)$

4. 确定事业结余

事业结余 $=(X_1+X_2)\times(P_1+P_2)+Z-A-B\times(X_1+X_2)$

(四)平衡积分卡在高校中的应用

平衡积分卡是由 Kaplan 和 Norton 按照战略管理要求设计的指标体系，平衡积分卡包含财务维度、内部业务流程维度、顾客维度及学习与成长维度四个维度，它平衡了长期评价指标与短期评价指标、内部评价指标与外部评价指标、财务评价指标与非财务评价指标、成果评价指标和成果驱动评价指标。平衡积分卡不但适用于以营利为目的企业,同样适用于高校等非营利组织。将平衡积分卡引入高校财务管理,把学校发展目标分解为相互平衡的绩效考核评价体系,分阶段评价相关指标的实现程度,为学校战略目标的实现奠定基础,同时针对管理中暴露的问题设置对应指标,进而防范财务风险。高校平衡积分卡的财务维度、顾客维度、内部业务流程维度和学习与成长维度见图1。

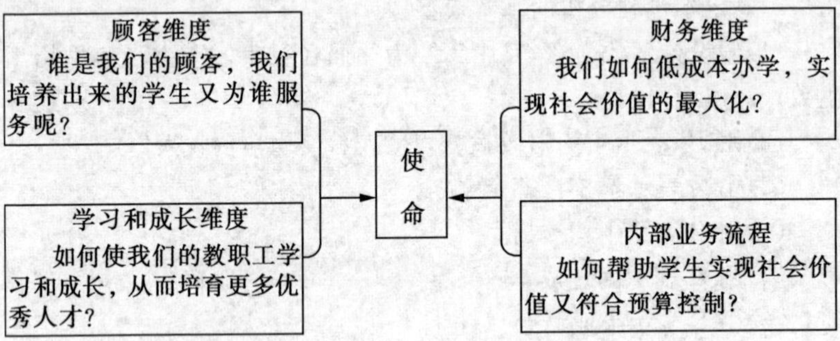

图1　平衡计分卡的四个维度

从顾客维度设置相关指标考核学生对社会的贡献程度,从内部流程维度设置相关指标严格控制培养学生的素质,紧密结合市场需求,及时调整专业招生人数,使得学生学有所用,避免造成资源浪费。从财务维度设置相应指标防范盲目扩张造成的财务危机。通过平衡积分卡建立完善的指标评价体系,以高校内涵发展为宗旨,推动高校可持续发展。

三、在高校应用管理会计的途径

(一)做好校内数据整合工作

大数据时代,管理会计能够为管理决策提供更为精细、有效的信息。大数据时代的管理会计,校内数据整合处于核心地位。高校应结合自身信息化程度实际情况,以信息网络中心为主导,编制全校数据整合的指导方案,统一规划校园数据网络布局。初始阶段建立一个涵盖财务、审计、资产、教务、科研、后勤等部门的信息化系统,使得财务管理、资产管理、教务管理、科研管理、后勤管理等在数据采集时口径一致，确保数据整合的有效性，为管理会计的考核与评价奠定基础。立足长远发展，建议与软件开发商合作开发涵盖全校所有教学院系和管理部门的管理信息系统，从而服务于高校的管理会计，实现信息共享，提高管理决策的科学性和有效性。

（二）做好专业人才培养工作

无论是大数据的应用还是管理会计的应用，人的因素都是关键。通过管理会计信息系统从庞杂无序的数据筛选出有用信息，为管理层的最优决策提供依据，大数据分析至关重要。因此，会计人员必须深谙技术、熟悉管理和管理会计的各种方法，掌握微积分、数理统计、概率论等基本数学方法，最关键的是要有系统性的思维。当前高校会计人员大多属于“报销型”会计，离管理会计的要求还有很大差距，极大地影响了管理会计在高校的推广。因此，必须加强对会计人员的专业培训，会计人员不仅要掌握会计基本知识，而且还应具备高等数学、经济学、管理学等多学科综合分析能力。此外，管理会计学科本身内容也在不断丰富，会计人员要努力做到“活到老，学到老”。高校可以尝试成立管理会计研究协会，加强理论研究，积累成功案例，扩大管理会计的应用领域。

（三）做好指标体系完善工作

预算管理是高校管理的主要模式。2014 年 8 月，财政部颁布新《预算法》，高校应顺应国家财政改革潮流，树立跨年度预算平衡理念，不仅要重视当年的预算收支，同时要从过去的重投入向重产出转变，从侧重短期流量分析向短期与长期流量分析并重转变，防范财务风险，立足高校可持续发展。因此，高校应吸取企业管理改革的经验与教训，借鉴国外高校的先进管理理念，结合自身情况，以事业单位会计准则和高等学校会计制度为准绳，逐步完善管理会计指标评价体系，以满足各类利益相关者的信息需求。

四、总结

管理会计在高校中的应用是个系统工程，绝非一朝一夕所能完成的，要加强顶层设计，转变高校发展思路，主动适应改革需要，方能促进高校内涵式发展，在竞争中立于不败之地，实现高校的可持续发展。

参考文献

[1]杨朝晖.高校引入管理会计打造管理升级版[J].中国会计报，2015(5)

[2]杜俊萍.论管理会计在高校财务管理中的应用[D].会计之友，2014(26)

[3]毛成银.管理会计在我国高校中的应用探讨[D].会计之友，2015(16)

[4]财政部.关于全面推进管理会计体系建设的指导意见[S].2014

[5]褚建坤.平衡积分卡在我国高校管理运用中的指标构想[J].邢台职业技术学院学报，2010(12)

（作者单位：潍坊学院）

管理会计在高校财务管理中的应用探析

张红玲　黄青竹　迟罗绮　陈 鹏

管理会计作为会计学的一个重要分支，最早起源于20世纪50年代初期的美国，20世纪70年代末期引入中国，经过40多年的发展，管理会计在企业管理中的应用和发展逐步深入，形成了较为清晰的概念框架、目标体系，积累了一定的实践经验和方法。然而，与企业相比，管理会计在高校等事业单位内部发展严重不足。

2014年11月，财政部颁布了《关于全面推进管理会计体系建设的指导意见》，指出管理会计应该发挥其应有的作用，服务于企业和行政事业单位内部管理的需要。对于高校来讲，这是一个重要的发展契机。针对目前高校管理会计现状，笔者分析了当前内外部发展要求，试图将管理会计应用于预算、投融资决策等方面，真正促进高校财务管理水平发挥作用。

一、我国高等院校管理会计应用现状

（一）对管理会计认识不到位

由于我国高等院校管理人员长期受传统观念的影响，只重视财务会计，对高校中的管理会计的重要性认识不够，管理会计意识不强，从而导致高等院校中管理会计制度的不完善。管理会计经常是处于空置状态，尤其是一些规模较小的大中专院校，管理会计建设的观念更加薄弱。在高等院校和市场接轨的情况下,市场变化较为迅速,高校的决策者应及时对财务管理工作进行调整,决策者对信息的准确性要求越来越高,管理会计在其中的作用就越来越明显。但是由于很多的高等院校对于管理会计的作用认识不到位,导致高等院校内部缺乏有效的管理会计体系和人才,在一定程度上阻碍了高等院校的发展。

虽然管理会计这个名词对于高等院校的财务人员已经十分熟悉,但是管理会计的职能包括哪些,管理会计和财务会计的区别和联系是怎么样的,以及管理会计对于高等院校的经营决策的重要性等,很多高校的财务人员并不了解,甚至一些从事管理会计的人员也没有完全搞清楚。可见在我国高等院校财务管理中对于管理会计的认识还很不到位,管理会计的意识不强。

(二)财务会计与管理会计融合程度差

管理会计是一门新兴的会计分支学科,和财务会计有很大的联系,管理会计通过运用一系列专门方法,对财务会计提供的资料进行加工、提取,然后整理为报告,最终提交给管理决策人员,其主要的职能是为决策者提供有效的方案和管理信息,提高决策的准确性。

于管理会计的很大一部分信息来自于财务会计,是对财务会计信息的提炼与加工,因而管理会计和财务会计密切相关,财务会计信息的准确性将直接影响到管理会计的有效性。管理会计离不开财务会计,但是两者在信息的提供方面存在着很大的差距。

财务会计的主要职能是记录日常业务、登记账簿,然后定期地编制财务报告,为企业或者个人提供有关经营方面的信息,使利益相关者及时、准确地了解到财务状况。但管理会计的主要职能是为决策者提供有效的信息,指导制定长期计划,内容上有较强的针对性,不受会计准则的约束,没有统一的准则要求。由此可见,管理会计和财务会计即密切相关又有所区别,但是在实际的高校工作中两者并没有很好地融合,很多时候管理会计和财务会计之间缺乏沟通。

(三)缺乏专业的管理会计人才

虽然我国高等院校中管理会计人数以较快的速度在增加,但是从事管理会计的人员业务水平偏低，真正达到管理会计要求的人才却不多，其中一些管理会计人员没有掌握必要的管理会计知识。还有一些高校中的管理者，为了改革而改革，使得高校的管理会计工作流于形式，没有实际的效果，管理会计无法发挥其应有的作用。

管理会计系统的工作需要由专门的财务人员来完成，管理会计不同于财务会计，但是和财务会计又有很密切的联系，因此管理会计的工作人员需要掌握财务会计和财务管理方面的专业知识，不能由其他岗位的员工兼任。但是在很多高校中，管理会计的岗位设置不合理现象十分严重，有的高校由于人员不足，缺乏足够的人员来完成管理会计工作，管理会计工作就由其他人兼任，导致管理会计的效果受到严重的影响。此外，高校管理会计人才专业水平偏低，尤其是规模不大的高校中，管理会计人员常常由财务会计人员负责，一是缺乏管理会计方面的专业知识，二是工作精力有限，使管理会计工作形同虚设，难以为高校的管理决策提供有价值的信息，大大降低了管理会计的效果。

二、管理会计在高校财务管理中应用的必要性

(一)高校财务管理缺失，需要管理会计补位

财务会计与管理会计作为会计学中的不同分支，既相互区别，又相辅相成，是高校财务管理不可或缺的组成部分。财务会计主要通过账务处理，对会计信息进行收集、筛选、加工，最终形成各类财务报表，满足信息使用者的需求。而管理会计是从管理者的特定管理目标出发，对会计信息进行重新组合、加工，利用专业的分析工具，进行特定的分析，得出分析结论，保证内部管理者决策的科学性。

目前，大多数高校财务人员仅满足于完成财务报账等基础工作，对财务信息的分析和研究严重缺失。管理会计作为一项管理工具，对于弥补财务管理缺位、提高财务管理水平具有重要的意义。

(二)新的高校会计制度的实行，要求高校更加注重“成本”“效益”原则

2014 年实施的《高等学校会计制度》，打破了高校财务原有的

"收付实现制"记账基础,引进了诸如"累计折旧""应付职工薪酬"等反映"权责发生制"的会计科目,体现了高校会计向企业会计看齐,更加重视成本、效益的原则。这些转变为管理会计发挥奠定了一定的基础,使得适用于企业的"本量利成本分析法"等分析工具在高校管理中得以应用和发展。

(三)国家办学理念和管理方式的转变,要求高校增强成本意识和责任意识

随着经济和社会发展的需要,国家改变了计划经济的办学模式,增加了高校的管理自主权,鼓励高校通过自身的能力增加各项收入,补充财政拨款经费的不足。经过近十几年的探索、发展,高校从传统依靠财政拨款单一收入模式,逐渐向包括财政收入、学生住宿费收入、科研收入、培训收入、校办产业收入在内的多元化收入模式。国家逐渐放开培训费等收费的管理权,下放给高校自身,增加了高校竞争的压力,自主办学的意识增强。

1999 年高校扩招以来,高校纷纷进行新校区建设,新的教学仪器、设备的购置,新教师的引进,高校管理层需要借助财务分析数据,进行科学的规划,将有限资金进行合理配置、发挥资金的最大效率。

三、管理会计在高校财务管理领域中的应用

(一)管理会计在预算管理中的应用

预算管理对于整个国家经济社会发展的作用举足轻重。2015 年 1 月 1 日颁布实施了新预算法,表明政府加强预算管理和监督的认识上升到了一个更高的位置。高校预算作为政府预算的组成部分,不论是对外的部门预算,还是对内的校级预算,都需要进行科学编制,严格、规范执行。

目前高校的预算编制程序不严谨、方法不科学,导致预算编制和预算执行背道而驰,结果失去了预算的意义。科学的预算编制应该建立在以往历史数据的基础上,通过科学的加工、分析,保证各项数据编制的合理性和有效性。年末,利用分析工具,对各部门、各单位预算执行结果进行绩效评估,将考评结果与干部的业绩挂钩,确保预

算真正发挥规范收支，讲求效益的作用。

（二）管理会计在决策管理中的应用

在校生最优规模的测算，可以借助于管理会计中“本量利成本分析”方法。在学生人数、人均收入、固定成本、变动成本之间建立起相应的逻辑关系，在剔除特殊因素的情况下，计算出最优在校生人数。在计算过程中，固定成本和变动成本的界定需要进行专业的分析和精确的区分，否则会影响最终结论的准确性。

投资决策上可以借助于“净现值”“内含报酬率”“投资回收期”等方法。高校在校舍新建、教学仪器或设备采购时，通过借助以上分析工具，合理选择资金来源，可以确保资金的安全有效。

四、强化高校管理会计应用的建议

（一）提高对管理会计的认识

要强化高校的管理会计工作，首先需要提高单位管理会计的意识，让工作人员了解到管理会计工作对于单位的重要性。所以单位的领导在其中发挥着重要的作用。在高校中，管理会计工作只有得到领导足够的重视，才有可能得到单位其他工作人员的重视。因此，需要对管理会计的重要性加以宣传，以具体的事例为基础，强调管理会计的重要性，以及管理会计在单位经营管理方面起到的重要作用，通过宣传教育，在整体上提高管理会计意识，为发展、完善管理会计体系打好基础。对于高校中管理会计工作人员来说，思想上的转变十分重要，在思想意识上要明确自己的工作不仅仅是财务会计工作，更重要的职能是为高校管理者提供经营决策所需要的信息，在实际的工作中要发挥积极性、创造性，为高校的经营管理提供高质量的信息，体现管理会计在高校中的重要性，充分发挥财务管理在高校发展中的作用。

（二）促进财务会计与管理会计融合

管理会计和财务会计虽然是从事不同业务，职责有所区别，但是两者密切相关，管理会计需要财务会计为其提供有效的信息，因此，在信息交流上需要进行及时、准确的沟通。在高校中两者的融合十分重要，在市场经济的背景下，一些高校有自己的经营业务，管理会计对于决策者的作用越来越重要，这就需要财务会计提供高校年度、季度、月度的财务情况，由管理会计进行提炼，为管理者提供简练、准确的信息，提高管理效率。此外，高校的领导要重视两者的融合，在实际的工作中为管理会计和财务会计提供更多的交流、协作的机会，促进两者在实际工作中相互配合、相互协作，为高校管理者提供更加有效的信息。

（三）加强管理会计人才队伍的建设

在市场竞争日益激烈的情况下，人才对于高校来说极为重要，对当代高校来讲，由于管理会计复合型人才的匮乏，已经严重影响了管理会计的发展，需要加大对管理会计人才的培养。首先，对于在职的会计人员，高校要有针对性地组织管理会计的培训，提高管理会计工作人员的水平。培训不能流于形式，而是要切实落到实处，切实提高管理会计人员在管理会计方面的水平。对于管理会计的最新知识，管理会计人员需要及时地进行学习，更好地在实际工作中发挥管理会计对于高校的作用。其次，还要加大管理会计人才的引进力度。高校需要管理会计方面的专业人才，以此提高单位的管理会计水平。通常管理会计专业水平较高的人才，需要有长期的工作经验，才能够积累出更加专业的技能。因此，高校需要聘请外部专业人才，提高管理会计的水平。聘请专业水平较高人才的另一优点在于能够为单位带来更加健全的管理会计方法，培训出专业人才，这些都是无形的收益，因此，不能仅仅局限于雇佣管理会计专业人才所花费的资金上，还要考虑这一措施所带来的隐形收益，这对于高校长远的发展十分重要。

四、结束语

把管理会计理论运用于高校财务管理实践，是高等教育体制改革和市场经济发展的必然趋势，所以管理会计对于高校的作用将随着高校改革的进行而不断提高，高校的领导者需要了解管理会计相关的工作，重视管理会计对高校建设的作用，加大管理会计人才的引进、培养力度，积极促进财务会计和管理会计的融合，促进高校财务管理水平的提高，以便为管理者提供更加有效的信息，使高校在市场经济大潮不断发展壮大。

参考文献

[1]郭敏.高等院校内部控制中存在的问题和治理对策[J].经济研究导刊,2014(12)

[2]乔春华.基于高校管理会计的研究[J].教育财务研究,2015(2)

[3]杜俊萍.论管理会计在高校管理中的应用[J].会计之友,2014(26)

[4]王阿妮.构建高校管理会计应用系统的探索[J].商业会计,2015(3)

[5]毛成银.管理会计在我国高校中的应用探讨[J].会计之友,2015(16)

（作者单位：山东女子学院）

新高校会计制度对教育成本核算的影响

杨盘华　杨慧

随着《高等学校财务制度》和《高等学校会计制度》的全面施行，高等学校教育成本的核算从理论的探讨，现实的需求，到制度的确认，即将进入全面实行的新阶段。本文在分析新高校会计制度对教育成本核算影响的基础上，结合高校教育成本核算中存在的问题，进行理论分析的基础上，提出了基于会计信息系统的具体实务操作方法。

一、高等学校教育成本的研究现状

随着高等教育体制的不断改革和政府资金投入的持续加大，高校教育成本问题已经成为一个社会问题，越来越受到政府、社会相关团体及学生和家长关注。高校实行教育成本核算和管理，对于降低办学成本、提高办学效益、实现长期可持续发展有着重要的现实意义。

从 20 世纪 50 年代末 60 年代初产生教育成本概念开始，国内一些学者对教育成本问题进行了深入的研究。王善迈、盖浙生、林文达等分别在有关教育经济学论著中进行了教育成本的理论概念研究，袁连生、王耕、关婉君等对高等学校成本核算问题作了进一步的分析研究，山东科技大学的王同孝等教授在对高校教育成本理论进行梳理归纳的基础上，对高校的成本控制和成本核算也提出了自己独到的见解。

表 1　　2001～2014 年关于教育成本文献篇数对应表

年度	2001	2002	2003	2004	2005	2006	2007	2008	2009	2010	2011	2012	2013	2014
篇数	34	36	62	98	152	203	227	220	175	138	133	113	108	104

表 1 是在中国知网以“教育成本”作为篇名关键词检索的文献结果。2005 年 6 月 8 日国家发改委颁发了《高等学校培养成本监审办法(试行)》，明确了高校教育培养成本的范围是由人员支出、公用支出、对个人和家庭的补助支出和固定资产折旧 4 部分构成，新办法出台后理论研究成果明显增多，2005 年进入教育成本研究的高峰期，但随着研究的深入，许多关键问题不能解决，研究进入了瓶颈期，自 2009 年开始研究成果明显减少。2012 年 3 月 16 日教高[2012]4 号文《教育部关于全面提高高等教育质量的若干意见》第 30 条规定：“加强高校经费保障，根据经济发展状况、培养成本和群众承受能力，合理确定和调整学费标准。”2012 年 12 月，新修订的《高等学校财务制度》规定：“高校应根据实际需要，逐步细化成本核算，开展学校、院系、总成本和生均成本等核算工作。”财政部规定从 2014 年1月1日起实施新《高等学校会计制度》。随着这些相关制度的出台，高校的财务管理将上一个新台阶，高校教育成本的研究也将迎来新一轮研究高潮，将为《高等学校生均培养成本核定办法》的出台提供充足的理论根据。

二、高等学校教育成本研究中存在的问题

在前期限研究成果中，关于高等教育成本的定义存在许多种说法，本文探讨的高等教育成本是高校办学成本，即高校为实现其基本教育职能，在高等教育过程中所发生的直接的、以高等学校作为成本计量主体的、为完成教育服务职能(不包括学校其他社会职能)所耗费的物化劳动和活劳动的价值表现。它也是高等学校占用各种教育

资源所付出的经济代价。我国学者虽然在教育成本的概念、核算对象、核算内容、核算期间和核算方法等方面取得了显著的研究成果，但与教育成本核算的制度化建设需求相比，差距还很大。主要存在以下几个方面的问题：

(一)教育成本的核算对象不明确

教育成本对象按管理范围可分为学校、学院、系、专业、班级等；教育成本对象按专业门类可分为文、理、工、艺等；教育成本对象按学历层次可分为专科、本科、硕士、博士等；教育成本还可以按地域进行分类，也可以互相之间交叉组合还可以产生更多的分类。

(二)教育成本的核算内容不准确

教育成本难以确定的核算内容主要是离退休人员费用、固定资产使用费用、后勤服务费用、科研费用等费用是否计入和如何分配计入教育成本问题，这四项费用在高校总费用中所占比重都比较大，其费用的计入方式将对单位教育成本的结果产生很大的影响。

1.离退休人员经费包括离退休人员生活费、福利费、活动费、医药费等。这些费用政策性很强、刚性很大，占高校人员经费的比重也较大，并且，越是老学校支出的数额越大，占成本的分量越重。理论上高等教育成本中的离退休人员经费应该仅包括在职教职工离退休以后应支付的离退休经费支出，而不是指当期实际支付离退休经费，当期离退休人员经费应是从本期以前按一定标准计提的“离退休准备金”中支付。离退休人员经费的问题是按什么标准计入和如何计入当期教育成本。

2.固定资产是高等学校办学的最基本物质条件，其耗费也应是高等教育成本的主要内容。但由于高等教育成本的很多理论与实际的问题没有解决，固定资产折旧问题是高等教育成本管理与核算的难点。

3.高校后勤服务是高等教育发展的重要条件。长期以来，我国高校后勤自成体系，学校办社会。近年来，通过后勤社会化改革，高校引进社会资金扩建后勤设施，使高校后勤服务成本是否计入高等教育成本和如何计入高等教育成本变得复杂起来。

4.科研是高等教育的重要社会职能之一,它和教学活动一起构成高校两大最主要的活动。科研活动不仅直接服务于社会,而且还可以整体提升学校的教育教学水平。因此,研究型大学和教学研究型大学在科研上的支出占了学校事业支出的相当比重,并且,研究水平越高,投入在科研上的支出就越大。科研经费是否应计入教育成本和怎样计入教育成本也是不可回避的问题。

(三)教育成本的核算期间难确定

企业产品成本的核算周期有些与生产周期一致,有些与会计周期一致,产品成本核算周期是根据不同产品的特点而选择不同的核算周期的。对教育成本的核算期而言,是按每月、每年、每学期还是每学年,由于教育成本的核算对象、核算内容不确定,所以难以确定。

(四)没有成形的教育成本核算方法

企业产品成本计算方法有品种法、分批法、分步法等,但就高校而言,是沿用企业产品成本的核算方法,还是建立高校教育成本独特的成本核算方法,还没有定论。有学者提出高校教育成本的计算方法分为统计分析法、会计核算法和会计调整法三种,也没得到学术界的认可。

三、新会计制度的创新点

从新制度会计核算基础看,新制度继承了收付实现制核算基础,新增了“部分经济业务或者事项的核算采用权责发生制”。新制度在制定依据、适用范围、会计核算基础和科目设置自主性等方面都发生了较大的变化。

从新制度科目看,新制度增加了“累计折旧”和“累计摊销”两个资产备抵科目。期末“固定资产”和“累计折旧”相抵后的净额为固定资产的净值,“无形资产”和“累计摊销”相抵后的净额为无形资产的净值,这样不但真实反映了高校资产价值及变化的情况,体现了会计信息的客观性原则,同时保持必要的谨慎、不高估资产,充分体现了会计核算的谨慎性原则。新制度增加了“在建工程”科目,对于高校借款和应付款等负债项目,按偿还期限是否超过一年分别进行核算。

从新制度的预算控制方式看，新制度从资金来源、性质、核算范围等方面分别反映收入、支出和结转结余，同时按照《政府收支分类科目》中的“支出功能科目”和“支出经济科目”进行明细核算，从而清晰了解各种资金的预算执行情况，发挥预算的控制职能，做到无预算不支出、不超预算支出，又便于年终部门决算的编报。

四、新高等学校会计制度下对高等教育成本核算的再认识

（一）高等学校成本核算环境分析

1. 高等学校与企业进行成本核算的出发点不同。高等教育成本与企业成本最本质的区别是教育成本不追求成本最小化，而追求的是社会效益最大化。

2. 高等学校与企业进行成本核算的基础不同。企业会计制度是建立在权责发生制基础之上的，而高等学校会计制度原先是建立在收付实现制基础之上，即使新高等学校会计制度也才是部分权责发生制。另外，教育成本中共同性费用多，直接费用少，教育成本中人员费用比重大，进行教育成本核算难度要比企业大得多。

3. 高等学校与企业进行成本核算的会计处理方式不同。企业涉及企业所得税等税种的核算，必须要进行准确的成本核算，成本核算不正确直接影响到本期应纳税的多少。因此，企业成本核算完成后还有许多业务，还需要把生产成本转到库存商品，随着商品的出售，再从库存商品转入主营业务成本，主营业务成本与主营业务收入共同转入本年利润，计算本期企业应缴所得税。而对高等学校而言，现在还不涉及到税的问题。

4. 高等学校会计信息化水平普遍较高。

（二）高校进行教育成本核算的再认识

基于上面一些不同，本文认为，在新高等学校会计制度下，高等学校成本核算的方式不能完全照搬企业成本核算的方式，把成本核算从理论框架上确定为成本核算对象是什么，成本核算范围包括哪些，可以采用什么核算方式等，而应根据高校的实际情况只适宜于财务分析环节表现，不适宜于进行账务处理。

1. 层次化教育成本核算对象。可以参照学校经费预算项目,有层次地按学校、学院、系、专业、班级等确定教育成本核算对象。某项费用支出能直接计入下级层次核算对象的直接计入下级层次核算对象,不能直接计入下级层次核算对象的,计入到较下级层次核算对象。比如:能直接计入某班级的费用,直接计入某班级,不能直接计入某班级,能直接计入专业的,直接计入专业,不能直接计入专业的,再考虑计入系、院或者学校级层次。其费用计入原则是:把发生的费用计入到相对较低层次。在教育成本分析时,根据我们需要的核算对象信息,把其他层次的核算对象中的费用汇集或分配到该对象中,就可以得到我们所需要的成本信息。这种方式即灵活又准确,也便于操作。

2. 开放化教育成本核算内容。随着 2015 年我国机关事业单位养老保险、职业年金制度的施行,离退休人员费用问题已经基本解决,以后不会出现新的离退休费用,现存的离退休费用可以单列成本项目进行核算。新高等学校会计制度的实施后,固定资产使用费问题也已明确,设备购置费不应计入成本,计入成本的是以折旧形式表现的固定资产使用费,可以单列成本项目进行分析。对于后勤服务成本及科研支出成本等其他没明确的事项,或者无法明确区分哪些应计入教育成本哪些不应计入教育成本的事项,我们可以采用搁置争议的方式,单独进行成本分析。

3. 灵活化教育成本核算期间。教育成本的核算既然是财务分析,不涉及后续的账务处理,就没必要划分固定的成本核算期间,可以根据需要,想分析哪段时间的成本,就分析哪段时间的成本。

4. 多样化教育成本核算方法。进行教育成本核算分析的方法除了可以参考企业进行成本分析的方法外,还可以根据教育成本的特点,运用各种适宜高校的分析方法。

五、基于会计信息系统的教育成本核算办法

会计信息化已经在我国高校内部全面展开,这为高等学校进行教育成本的核算分析工作提供了很好的平台,随着预算法的精细化

管理的实施，现在高等学校进行成本核算分析的条件已基本成熟。

在会计信息系统环境下，会计科目编码可以进行立体科目设计。立体科目方法是指将科目中大量重复的科目从科目体系中分离出来，按照项目进行存储，并将项目和科目建立动态链接，在满足优化会计科目体系的同时，达到精细核算的目的。立体科目设计中的辅助核算和管理是我国通用会计软件的一项重要的功能，辅助核算和管理是为了强化会计管理的职能，在科目设置改进的前提下，其借助部门、往来单位和个人、项目档案，按照部门、单位往来和个人、项目档案等进行精细核算，从管理的角度提供更加有价值的信息。在会计信息化的基础上，借助辅助核算功能可很好地完成教育成本的核算分析工作。

新高等学校会计制度规定支出类科目分为九个一级会计科目，分别为“教育事业支出”“科研事业支出”“行政管理支出”“后勤保障支出”“离退休支出”“上缴上级支出”“对附属单位补助支出”“经营支出”和“其他支出”。这九个一级会计科目中“上缴上级支出”“对附属单位补助支出”“经营支出”和“其他支出”明显不属于教育成本的核算范围(如果分析需要的话，也可单列成本项目)，不用考虑，对其余五项都作为教育成本核算分析的范围，并且作为“成本项目”单独反映。另外，还要增加“折旧费用”和“非成本费用”两项成本项目，“折旧费用”用来核算固定资产某期间应承担的固定资产折旧费用，“非成本费用”指应通过折旧费用计入到成本中的资本性支出部分，该部分费用不应全由本期负担，而应通过固定资产折旧的方式由各受益期分担。

就“成本项目”与“成本对象”的对应关系看，教育、科研费用有一部分可以直接计入到系、专业、班级等较低层次的核算对象中，而行政、后勤、离退休等费用很难直接计入到班级、专业等下层核算对象，只能直接计入到学校、学院甚至系级。会计科目及成本项目、成本对象辅助核算项目的对应关系大致如图 1 所示。

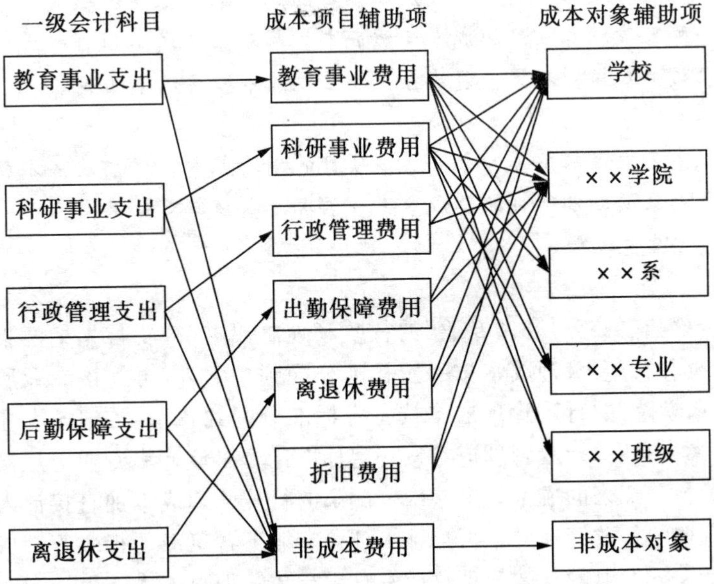

图1　会计科目与成本项目、成本对象辅助项的对应关系

在会计信息系统下，通过账务处理就可以得到各成本核算的数据信息，在信息系统的电子报表模块中通过定义相应的数据提取公式，可以得到如表2的成本核算分析数据资料，根据该资料就可以很灵活地核算出所需要的各种成本资料信息。

表2　　教育成本核算数据汇总

	教育事业	科研事业	行政管理	后勤保障	离退休	折旧费用	费用合计
学校							
××学院							
××系							
××专业							
××班级							

某层次成本核算对象某成本项目的总成本＝上层次核算对象分配来某成本项目的成本＋该成本核算对象某成本项目的成本＋该成本核算对象下层次核算对象某成本项目汇集的成本

某层次成本核算对象某成本项目的生均成本＝该层次成本核算对象该成本项目的总成本÷该层次成本核算对象该成本项目的学生总人数

比如要核算“××专业”的行政管理总成本，需要首先把汇集到“学校”的行政管理成本按一定标准分配到各学院，再把该专业所在“××学院”的行政管理成本按一定标准分配到各系，再把该专业所在“××系”的行政管理成本按一定标准计算出该××专业上层次核算对象分配来的成本。上层次分配来的行政管理成本加直接计入到该专业的行政管理成本再加计入到该专业下各班级的行政管理成本就是＊＊专业的行政管理总成本。用行政管理总成本除以该专业的学生人数，就可以得到该专业生均行政管理成本。

六、结论

新会计制度为教育成本核算的推进提供了很好的制度基础，特别是固定资产折旧、无形资产摊销的实行，还有 2015 年养老金制度的并轨和职业年金制度的实施，极大地提高教育成本的准确性，但新会计制度还没有执行完全的权责发生制，计算出的生均成本可能与实际成本之间存在一些偏差，但这种偏差与总成本相比微不足道，对生均成本造成的影响不大。另外，在现阶段，摸着石头过河，总比只是理论探讨要强得多，这种核算即使不能算出真正意义上的生均成本，但会为财务分析提供十分有用的数据信息，会极大地提高会计信息质量。在会计信息系统下，运用立体科目的设置及强大的报表功能，通过辅助核算功能进行教育成本核算条件基本成熟，对财务人员来说工作量增加不大，但为学校提供的会计信息质量将极大地得到了提高，为学校正确决策的制定提供财务数据保障。还需要解决的问题是较上层次核算对象汇集的成本费用的成本费用金额可能比较大，如何合理准确地分配到下层次的核算对象中去，是以学生人数为标准，还是以预算分配指标为标准，还是采用作业成本法建立作业中心等值得进一步研究。

参考文献

[1]侯玉凤.计算机会计立体科目及其编码体系设计[J].财会月刊，2012(5)

[2]王同孝，王以涛.论高等学校教育成本(1)[J].会计之友，2013(9)

[3]王以涛，王同孝，陈强.论高等学校教育成本(2)[J].会计之友，2014(1)

[4]袁连生，等.教育成本计量探讨[M].北京：北京师范大学出版社，2000

[5]王耕.高等全日制学校教育成本计算问题的探讨[J].会计研究，1998(6)

(作者单位：聊城大学东昌学院)

高等学校办学成本问题研究

迟罗绮　鞠妮妮　金芳　陈鹏

目前,我国高等教育进入了一个崭新的发展阶段。自 1999 年扩招以来,高等教育完成了从精英教育到大众化教育的转变,在这一转变过程中出现了许多新问题新情况,其中资金短缺、巨额债务是一个重要的方面。如何化解高校债务危机已经成为各级政府、教育主管部门及高校领导的头等大事,也是实施科教兴国战略首要应该解决的问题。面临着社会公众对高等教育的巨大需求,在有限的财政资金投入下,如何以较低成本实现较大的教育供给,成为迫切要解决的现实问题。什么样的成本结构是合理的,能够确保教育事业健康可持续发展,因此,加强对高等学校办学成本的研究和分析,不仅具有较强的理论意义,而且还具有较强的现实意义。

一、高等学校办学成本问题研究的现实意义

(一)高等学校办学成本问题研究,是完善我国教育成本补偿机制的需要

高等教育是属于非义务教育,实行学生缴费上学。《中华人民共和国高等教育法》明确规定了我国高等教育投入和条件保证。教育成本的核算指标是合理确定拨款标准和收费标准的重要参考。自高校实行招生“并轨”、全部实行“缴费上学”以来,高校的收费标准的合

理性,与培养成本有密切的关系,因此,对教育成本进行研究是确定合理的教育成本并完善教育成本补偿机制的前提。高等教育产品作为典型的"准公共产品",其成本自然需要由受益方合理分担,从这个角度看,明确高校成本结构,确定合理的成本项目,有利于确定高校的具体收费标准,而且有利于建立健全包括国家拨款、学校各项收入、收费等多渠道资金来源共同组成的成本补偿机制。

(二)高等学校办学成本问题研究,是加强高校财务管理的意识,提高自主办学效益的需要

随着高等教育国际竞争的日趋激烈以及国家高等教育拨款制度的改革,《中华人民共和国高等教育法》明确规定了高等学校的法人地位,面向社会、自主办学。《中国教育和改革发展纲要》指出:"高等教育体制改革的目标是逐步建立政府宏观管理,学校面向社会自主办学的新体制。"社会环境的变化促使高校要逐步实行科学化的教育成本核算,加强有限教育资源的财务管理,通过加强科学的成本核算,实现资源的优化配置,进而促使高校实现"内涵式"发展。强化成本意识和教育质量意识,这既是高校实现自我管理的要求,也是高校面向社会自主办学的改革要求。各高等学校应充分合理地利用学校的人力、物力和财力资源,在为国家培养高素质人才的同时,努力降低人才培养成本(教育成本),创造更高的社会价值。

(三)高等学校办学成本问题研究,是科学决策、合理确定学校办学规模的需要

根据边际成本理论,在固定成本所提供的生产条件没有充分利用的条件下,增加的产品生产会带来较高的收益。学校与企业相比,有共同之处,也有巨大的不同。相同之处是都有产出,工厂生产的是产品,学校培养的是人才;不同之处是学校的成本构成与企业不同,在一定时间和空间条件下,固定成本占比较重。所以依托学校资源,每个学校都有最佳办学规模。如何确定最佳办学规模,关键在于科学合理计算办学成本。研究高等学校办学成本问题,可以为管理者科学决策提供依据,避免盲目扩建规模,实现科学发展。

二、高等学校办学成本核算的现状

目前，高等学校办学成本核算积极性不高，动力不足。一方面高等学校的经费主要来源于政府拨款和收取的学费，其中财政拨款主要取决于政府财力和教育规划，资金来源与成本关系并不密切，不像企业，直接的投入决定着未来的收益，高等学校没有像企业那样天然的成本控制动力。根据刘广瑞 2007 年所做的新建地方本科院校办学成本调查可知，72.7%的被调查者认为学校没有实行办学成本核算，24.3%的被调查者说不清楚；同时，66.7%的被调查者认为目前学校的财务数据能够计算出办学成本，这说明这些学校存在办学成本核算基础，只是国家和教育主管部门没有办学成本的要求，学校没有依据办学成本进行决策，大部分学校在实际工作中没有进行办学成本计算的动力。即使有，也只是出于经费分配的需要进行部分内容成本的测算，粗略简单。另一方面高等学校办学成本核算没有形成标准体系，成本信息没有可比性，也就失去了核算的意义。

借鉴企业发展经验，加强内部成本控制是提高核心竞争力的基础和关键，对高等教育来说，要建立可持续发展的现代化大学，只有重视教育投入效益分析，清晰办学成本构成，找到成本控制薄弱点，才能解决资金制约困境，健康良性发展。2013 年新颁布的高等学校会计制度，适当引入权责发生制，要求计提折旧，为高等学校成本计算又奠定了制度基础。

三、对高等学校办学成本核算的建议

（一）高等学校办学成本的含义

目前理论界对高等教育成本尚无一种公认的权威性的定义。鲍恩(1980)在其《高等教育成本》著作中，将高等教育成本定义为：“高等学校为获取土地、人员或基本建设，购买商品，为学生提供资助的支出。在多数的情况下，成本是支出的代名词。”该观点将高等教育成本明确为高校维持正常运行所需要的资源的货币支出，从成本的可计量性出发衡量高校的成本。英国教育经济学家约翰·西恩在其

《教育经济学》(教育科学出版社1981年中文版)一书中认为,“教育部门同其他经济部门一样,要使用一部分宝贵资源,这些资源如不用于教育部门,就可以用于别的部门”。显然,该观点从机会成本角度说明高等教育成本的内涵。

国内教育经济学界对教育成本的理解也有着不同的表述。王善迈认为,“教育成本是以货币形态表现的,培养学生由社会和受教育个人或家庭直接或间接支付的全部费用”。袁连生认为,“教育成本的本质是为使受教育者接受教育服务而消耗的资源价值,它既表现为货币支出的教育资源价值,也表现为因为资源用于教育所造成的价值损失,前者为教育的实际支出或会计成本,后者为教育的机会成本”。上述观点表述虽不同,但实质是一样的,教育成本的实质就是教育资源耗费的价值表现形式,既包括以货币支出的教育资源的价值,也包括资源因用于教育而放弃的用于其他方面所形成的损失。

由于机会成本度量的难度较大,我们采取狭义上的高等教育成本概念即高等学校办学成本是指一定会计期间内,学校为开展办学业务而发生的直接和间接的活劳动和物化劳动的总和。通俗地说,就是学校为了实现其职能而发生的直接和间接费用的总和。

(二)高等学校办学成本包含的内容

高等学校生产的产品是培养的人才,按照成本核算的目的,各成本项目的划分应以成本对象为基础,以便归集和分配。按照经济内容,高等学校办学成本有以下四项内容:一是人力成本,指的是为了维护学校的正常活动而发生一切人工成本,主要包括教学人员、教辅人员、行政人员及其他人员的工资、奖金以及各种津贴等。按照与成本核算对象的关系又分为直接成本和间接成本。直接成本主要是指教学人员、教辅人员的工资、奖金以及各种津贴,应计入办学成本;间接成本主要是指行政人员及其他人员的工资、奖金以及各种津贴,不计入办学成本。二是房屋及建筑物的分摊价值。新的会计制度规定了计提折旧的方法,按照与成本核算对象的关系,这部分内容也建议分为直接摊余价值和间接摊余价值,其中直接摊余价值计入办学成本,间接摊余价值不计入办学成本。三是设备及其他资产的分摊成本,主要是指除了房屋建筑物以外固定资产进行的折旧分摊,这部分内容也可以分为直接摊余价值和间接摊余价值,其中直接摊余价值计入办学成本,间接摊余价值不计入办学成本。四是日常维持费用,按照与成本核算对象的关系,这部分内容也可以分为直接维持费用和间接维持费用,其中直接维持费用计入办学成本,间接维持费用不计入办学成本。

(三)成本核算程序

新发布的高等学校会计制度虽然在计提折旧、改变会计核算基础等方面建立了有利于成本核算的制度,但并没有设置成本核算科目,即没有规定统一的成本核算体系。鉴于目前的科目体系,如果增加新的成本核算科目,势必增加会计记账的复杂程度,因此所有的成本项目都按照与成本核算对象的关系分为直接费用和间接费用,按部门进行归集:教学及教辅部门发生的费用为直接费用,其中教辅部门发生的费用要按一定的方法分配给各教学部门,计入成本;按照成本核算的目的,其他部门发生的费用为间接费用,不计入成本。教学部门归集最终费用并按照一定标准分配给成本计算对象,计算生均办学成本。

(四)成本核算中的特殊问题

高等学校办学成本中有两类支出内容与学生的培养没有紧密关系,但又是常规支出,一是离退休人员的工资待遇,另一部分是科研支出。由于国家已经启动新的社会保障制度,学校按一定标准缴纳的保障金理应作为办学成本进行归集计算,科研项目支出由于是按项目管理,可以不进行归集,但学校为了改进教学改革设立的科研项目及奖励配套经费应计入办学成本,即科研部门的经费也应计入办学成本。

四、高等学校办学成本核算信息的运用

按照以上成本计算方式进行归集计算,最终学校将反映两类成本内容,一是生均教学费用,二是生均行政后勤管理费用。相同性质类似规模的学校将两个指标进行比较,可以比较两个学校的管理水

平和发展能力，所以办学成本的统一核算可以为教育主管部门和社会评价学校提供有价值的分析指标。学校也可以总结规律，分析各成本要素的科学比重，科学地进行财务决策。

2013 年 1 月 1 日起正式施行的《高等学校财务制度》明确提出：高等学校的财务分析是财务管理工作的重要组成部分，学校应当按照主管部门的要求，开展财务分析工作，但要求的财务分析指标体系中缺少成本费用指标，导致财务分析指标体系不完备，财务分析综合评价能力不全面，主要原因在于各高校目前没有成本核算成熟经验，高等学校的财务管理目标多元化，投入与产出的关系不是很紧密。所以各高等学校财务人员应继续结合实际，遵循会计规律，探索高等教育成本核算方式方法，形成统一认识，推动高等教育成本分析的应用，同时上级主管部门和政府也应积极采取措施，鼓励推动高校办学成本的实践和应用，通过高校自我检查、自我评价，挖潜增效，加快现代化大学建设，真正实现自我约束、自主发展，促进高等教育的进一步发展。

参考文献

[1]陈爱萍.对高等教育成本核算及分担问题的探讨[J].会计之友，2012(5)

[2]张莹，靳利军.高等学校办学成本研究[J].黑龙江政法管理干部学院学报，2013(1)

[3]姚小菊，王丽莲.高等教育成本构成探析[J].财务与金融，2012(2)

[4]罗伟峰.高校财务分析指标体系问题探究[J].财会通讯，2014(9)

[5]伍海泉.高等教育成本计量中几个特殊问题的探讨[J].教育与经济，2004(1)

（作者单位：山东女子学院）

高等学校财务预算的绩效管理问题研究

顾远利　许美坤　张兰堂　吕相元

近年来，随着我国高等教育事业改革进程的深入，学校经费来源多元化，学校可支配财力越来越多，财务管理工作在高校事业发展中的作用越来越重要。预算管理作为高校财务管理的核心内容，已延伸到了高校管理的各个方面，预算管理的好坏已成为高校管理水平高低的重要标志，如何科学配置资金，更好地发挥资金效益，是摆在高校财务人员面前的重要课题。

一、高校实行预算管理的必要性

高校财务预算是高校实现全年各项收入和安排各项支出的重要依据。依据学校预算，高校实现对全校教学、学生管理、科研、行政办公、后勤保障等学校全面业务活动的管理和控制，为高校各项业务的健康发展提供制度保障。目前，高校的预算管理包括预算的编制、执行，以及预算的绩效考核和审计监督等环节，其根本目的是保障收入实现，合理配置资源，有效控制支出，提高资金使用效益，通过发挥经济杠杆的作用，调动全校各层面增收节支的积极性，最终达到资金效益最大化，促进学校各项事业稳步健康发展的目标。

二、高校财务预算存在的问题分析

高校财务预算作为高校财务管理的一项重要内容，每年年初，财务处根据学校当年事业发展计划和可支配财力，按一定程序编制学校年度财务预算，用于约束指导学校当年的财务收支活动。结合本人几年来的预算编制工作实践，以省内某高校为例，发现高校预算编制中存在的一些问题：

(一)预算编制缺乏长远规划，与学校事业发展长期目标存在偏差

每年年初，财务处下达预算编制通知，并提出年度预算编制要求，学校各部门上报本部门年度收支计划，财务处汇总各部门需求。根据当年学校财力情况，学校财经工作领导小组对部门公用经费采取定额办法予以核定，对部门专项经费采取一事一议的方法，按轻重缓急予以核定，对财政下达的各类专项经费，直接按上级专项经费管理办法进行管理。目前，这种预算管理方式仅考虑学校的年度收支计划，力求年度内预算收支平衡，基本未涉及学校的长远发展规划。

为保障高等教育事业的稳定健康发展，高校应根据学校事业发展规划编制长期财务规划，并以滚动预算的形式一步步细化年度财务目标。目前我国大部分高校已制定学校五年甚至十年事业发展规划，而没有配套的财务发展规划。2016 年，按财政部门统一要求，各高校首次启动财政中期规划的编制，开始编制三年财政收支计划，这对学校的长期发展规划提供了有力的财力支持。但是，目前高校财政规划的编制还限于粗线条管理阶段，仅限于财政资金的规划层面。各高校应以此为契机，根据学校具体发展目标，采取积极措施，科学筹划，细化校级财政规划，编制适合本校实际管理需求的较为全面的校内预算三年规划，实际指导学校管理工作。

(二)预算编制不够科学

高校财务预算应当全面涵盖高校各项收支活动。一方面，由于目前高校各类形式的收入项目日益繁杂，资金来源多元，相应的支出也呈现出多样化趋势，致使部门创收存在很大程度上的不确定性，无

法准确纳入学校综合预算，学校实际收入较年初预算产生较大偏差，导致对应的预算支出无法按年初预算落实，财务预算执行的严肃性大打折扣；另一方面，在部门预算编报过程中，对一些专项支出缺乏充分论证，经常出现经费落实后执行难、执行偏差大的现象。对部门定额指标的核定较多地参考历史数据，缺乏科学合理的测算依据，从而形成各部门间经费分配不合理现象。

（三）预算执行缺乏刚性

随着高校管理体制改革的深化，学校管理重心不断下移，逐步向院校共管，以二级学院管理为主的模式发展。在预算执行过程中，由于经费管理部门和预算申请单位存在信息上的不对称，对预算执行缺乏有效的约束机制，申请单位总能有各种名目扩大支出，通过争取政策倾斜，打报告、找领导等方式，在预算执行期间不断追加预算支出内容和规模，造成部门间资源配置贫富不均，资源浪费严重，学校总体资金供给紧张。还有的部门，申请资金到位后，疏于管理，不能按计划安排相关支出，在年底形成巨额无效资金占用，严重扰乱了学校资金运用计划，加大了学校资金管理成本。从学校整体层面来看，资金利用效益不高，甚至存在不计成本，盲目花钱现象。

（四）预算执行结果缺乏有效考核机制

目前高校对预算的管理与考核，大多数还停留在预算编制和执行层面，对预算执行结果的运用还没建立科学有效的考核机制，预算执行情况未能和职工个人利益挂钩，未能调动全校每个职工做好此项工作的责任心和积极性。由于缺少相应的考核管理机制，致使高校在事业发展过程中出现了重投入、轻产出，花钱多、花钱乱的现象。一方面，为提升办学层次，学校教育事业各项投入逐年增加，学校财力异常紧张，不得不大量举债以弥补经费不足；另一方面，学校每年有大量资金被浪费掉，存在教学、科研资源重复配置，行政后勤管理松懈，严重跑冒滴漏现象，水、电、暖等资源消耗逐年增加，校园设施保养维护不善，资产损毁现象时有发生。以上情况的存在，严重背离了国家开办高等教育的办学宗旨，造成了国有资源的极大浪费，学校的可持续发展受到严重影响。

三、高校预算绩效考核指标模型的建立

借鉴国外大学财务管理经验，我们可以探索建立一套科学有效的预算绩效评价体系。一个科学有效的指标评价体系，一方面可以合理管控各部门业务活动，提高全校的资源配置效率；另一方面，通过全员参与，可以调动每位教职员工的积极性，使职工切身利益与预算绩效管理目标直接挂钩，从而有效控制财务风险。绩效评价体系的合理设置，能够达到以点制面的管理效果，实现对全校各类经济活动的管控与引导，从而达到资金效益最大化，进一步充分激发办学活力，为高校事业稳步运行奠定坚实的基础。

我们可以把财务管理与资金运用效果与部门利益、职工个人利益挂钩，从而全面调动每个人的能动性，保障学校财务管理工作科学运行。高校的事业管理可划分为教学、科研、资源占用三大方面，分别设置不同的考核指标。通过对相关指标进行考核，实现对部门工作效果的综合评价。以某高校为例，绩效考核指标设置如表 1 所示：

表 1　　高校财务预算绩效考核指标体系

一级考核指标	序号	二级考核指标	计算公式
教学绩效	1	师生比	学生人数/教师人数
	2	学生就业率	签订就业协议学生数/毕业生人数
	3	学生考研率	考研录取人数/毕业生人数
	4	高级职称教师占比	高级职称人数/专任教师人数

续表

一级考核指标	序号	二级考核指标	计算公式
资源占用绩效	8	生均经费	部门经费总额/部门学生人数
	9	生均教学科研仪器设备值	教学科研仪器设备总值/学生人数
	10	职工人均经费	部门经费总额/教职工人数
	11	部门收入增长率	(部门本年收入－部门上年收入)/部门上年收入
	12	预算执行率	(年初部门预算额－年末结转结余额)/年初部门预算额
	13	固定资产增长率	(部门占用固定资产总额－上年固定资产总额)/上年固定资产总额
科研绩效	5	人均科研获奖数科研获奖数/教师人数	
	6	科研成果转化率	科研成果转化数/科研成果总数
	7	科研收入年增长率	(本年科研收入－上年科研收入)/上年科研收入

我们可以利用层次分析法构造判断矩阵,对考核内容重要性进行科学判断。层次分析法是将决策有关的元素分解成目标、准则等,在此基础之上进行定性和定量分析的决策方法。通过对每一层次各因素的相对重要性进行判断,并对判断结果用数值进行表示。重要性标度值如表 2 所示:

表 2　　标度值比较

标度	重要性
1	两因素一样重要
3	两因素相比较重要
5	两因素相比很重要

续表

标度	重要性
7	两因素相比非常重要
9	两因素相比绝对重要
2,4,6,8	两因素的重要性介于两相邻之间
倒数	第二因素相对于第一因素比较

通过专家评议,利用德比法核定并计算各级评价指标权重(见表3)。

表3　　一级考核评价指标及权重

教学	资源占用	科研	权重系数	
教学	1	5	3	0.62
资源占用	1/5	1	3	0.24
科研	1/3	1/3	1	0.14
合计	1.533	6.333	7	1

教学绩效=(1/1.533+5/6.333+3/7)/3=0.62

资源占用绩效=(0.2/1.533+1/6.333+3/7)/3=0.24

科研绩效=(0.33/1.533+0.33/6.333+1/7)/3=0.14

根据学校长远战略规划和年度工作目标,利用同样方法,通过充分调研论证,科学计算出各项考核指标权重。以省内某高校为例,绩效考核指标及权重系数设置如表4所示。

表4　　绩效考核指标及权重

一级考核指标	权重	二级考核指标	权重
教学绩效	62	师生比	20
		学生就业率	22
		学生考研率	10
		高级职称教师占比	10

续表

一级考核指标	权重	二级考核指标	权重
资源绩效	24	生均经费	4
		生均教学科研仪器设备	4
		部门人均经费	5
		部门收入增长率	3
		预算执行率	3
		固定资产增长率	5
科研绩效	14	教师人均科研获奖数	6
		科研成果转化率	4
		科研收入年增长率	4

根据要达到的绩效管理目标，按照绩效考核指标，每年对学校各二级院系从教学、科研、资源占用等方面计算各考核点分值，对各教学院系工作进行全面评估。按部门综合考核得分高低进行排序，按比例划分考核档次，具体划分为优秀25%、良好30%、一般45%三个档次。按绩效考核办法规定，考评为优秀、良好档次的部门，绩效工资总量分别上浮20%和10%，全部用于对部门职工的奖励。对教辅、管理部门，因不涉及教学绩效考核内容，可对科研绩效和资源占用绩效等比例折算考核，按得分名次分别进行考核排序。

通过绩效目标与部门绩效工资挂钩的方式，触动了全校每个职工的切身利益，使每个职工既关心个人工作，又关注部门整体利益，在努力工作的同时，不忘勤俭节约，用好现有资源，争取少花钱，多办事，提高资金效益。

四、充分利用绩效考核评价体系，全面提升学校综合竞争力

绩效评价的目标就是通过考核指标合理量化，构建科学有效的激励约束机制，进而提高学校综合管理水平，促进高校各项事业的健

康发展。

2014 年,《新高等学校会计制度》的实施,把成本效益观念引入了高校财务管理体系,学校各类办学成本有了详细的财务基础信息,这为高校建立科学规范的绩效考核评价体系提供了准确测算依据。

高校各相关职能部门应采取有效措施,多部门协作,安排足够的人力,共同推进学校绩效管理工作,促进学校事业健康发展,具体可以考虑采取以下方式:

(一)将预算绩效考核纳入学校部门综合考评

学校财务部门可联合人事部门、教务、科研等管理部门,完善校级工作评价体系,将预算绩效评价指标作为部门考核的重要内容,并将评价结果作为对部门整体工作评定的重要组成部分。针对部门办学质量提升和投入产出效益,得出部门考核结果,对部门工作进行综合评价,并将评价结果作为财务处下年度预算分配和调整的重要依据。通过对不同部门间预算资金的调整,形成以目标为导向、预算为主线、绩效为核心的绩效控制管理体系,真正发挥财务杠杆管理作用。

(二)严格实施绩效审计制度

高校绩效审计是高校运转和发展的内在要求。绩效审计是在财务收支真实性、合规性审计的基础上对相关经济指标、考核指标等进行综合分析,对部门经济活动的实施效果进行客观评价,并指导部门下一步的经济活动。没有严格的审计监督,就不会有好的财务管理和好的资金使用效益。高校可以通过绩效审计来推动绩效预算的实施。通过审计监督,能准确地评价学校考核管理方案是否科学合理,查找不足,促使相关部门不断优化考核管理方案。绩效审计应该从学校经济活动的各个方面入手,对经济活动进行全过程监督。通过绩效审计,使各部门不再盲目抢占学校资源,而更加关注如何提高办学质量,使学校资源尽可能地科学利用,真正做到资源优化配置,从而创造良好的经济效益和社会效益。

总之,为了高校的长期可持续健康发展,我们只有加强学习,更新观念,与时俱进,不断把现代管理理念合理运用到高校财务管理中，通过建立科学有效的绩效考评体系，不断提高财务管理水平，规范办学行为，激发办学活力，建立起适应新时期高校发展的、管理规范的高校管理新机制。

参考文献

[1]陈晓荣.高校财务管理模式的创新[J].财会月刊，2008(12)

[2]钟雪.基于绩效评价的高校财务预算管理研究[D].石河子大学，2012

[4]胡军勇.在高校内部实行绩效预算的思考[J].教育财会研究，2012(3)

[4]戴晓燕.高校财务预算与绩效管理[D].华中农业大学，2014

（作者单位：潍坊学院）

高职院校财务管理体制的研究

——以青岛职业技术学院为例

课题组

随着社会对高职院校关注度的提高和校企合作的深入发展，政府和企业给予高职院校的投入与日俱增，与此同时，中央及地方对高校财务管理也提出了更高的要求，如何在新形势下更好、更有效地用好、管好各类资金，成为我们面临的一大问题。文章以青岛职业技术学院为例，介绍了学院现有的财务管理体制，分析了存在的问题，并在此基础上提出财务管理体制的优化路径，以探索在新形势下如何加快高职院校发展。

一、高职院校财务管理体制的诠释

高职院校财务管理体制是指高职院校在特定财务环境下根据国家法律和政府法规在明确学校各个管理层权、责、利关系的基础上，科学划分和界定高校财力的管理权限、严格规范与监督财务行为、正确处理高校各种财务关系的重要管理制度和组织形式，其应包括财务组织制度、财务运行机制、财务控制制度三方面的内容。

二、高职院校财务管理体制的现状

完善的财务管理体制对促进学校事业发展有着极其重要的作用，是保证学校财务可持续发展的基础，也是协调高校财务关系的根本保障。但是，高职院校目前的财务管理体制现状却普遍不容乐观。一是与本科院校相比，很多高职院校财务规章制度不健全，对于财权和责任的分配不对等，多方面的行政干预致使财务管理秩序混乱；二是对成本核算的重视程度普遍偏低，造成了一方面经费短缺，另一方面资源浪费的现象严重；三是财务人员配备数量不足，人员专业素质普遍偏低，管理意识明显滞后，致使许多高职院校对新制度、新理论的应用和研究较少；四是大部分高职院校是从中专层次院校转型而来，建校较晚，整体的财务状况参差不齐，有的可与本科院校相提并论，有的仍停留在对中专甚至中小学的管理层面。

三、高职院校财务管理体制研究的意义及必要性

我国高职院校占据了高等教育的半壁江山，政府经费投入力度的加大及现代教育的多元化发展形势，为高职院校财务管理搭建了广阔的发展平台。2014 年 5 月，国务院印发了《关于加快发展现代职业教育的决定》，2014 年 6 月教育部六部门联合印发了《现代职业教育体系建设规划（2014～2020 年）》，要求各级人民政府要加大对职业教育的投入，依法制定并落实职业院校生均经费标准或公用经费标准，改善职业院校基本办学条件，地方教育附加费用于职业教育的比例不低于 30%，县级以上政府要建立职业教育经费绩效评价制度、审计监督公告制度、预决算公开制度。2014 年 11 月财政部、教育部出台了《关于建立完善以改革和绩效为导向的生均拨款制度加快发展现代高等职业教育的意见》，要求 2017 年各地高职院校年生均财政拨款水平不低于 12000 元。可见，今后高职教育的迅速发展将成为一大趋势。

与此同时，国家对高等院校的财务管理也日趋严格和规范，尤其是十八大后国家先后出台了“八项规定”“六项禁令”以及《党政机关

厉行节约反对浪费条例》,各省市也紧接着出台了如差旅费、公务接待、培训费等相关配套制度。可见各方面对财务管理的要求越来越高,如何用好、管好各类资金,对财务管理体制提出了更高的要求,在这种大背景下,如何优化高职院校财务管理体制就成为必然。

四、以青岛职业技术学院财务管理体制为例,探索研究新形势下适合加快高职院校发展的财务管理体制

(一)青岛职业技术学院财务管理体制发展历史及现状

青岛职业技术学院是一所省市共管、以市管为主的全日制普通高校。学院于 2000 年 10 月在原青岛市职工大学的基础上成立,2002 年 4 月与原青岛市教育学院合并,组建成新的青岛职业技术学院,学院性质为全额拨款事业单位。学院建校期初采用的是"统一领导,集中管理"的财务管理模式,即学院财权没有下放到二级学院,而是集中在大院统一核算,此举在建校期初对资金起到了有效的控制作用。但随着学院规模的扩大,招生数量的增加,集中管理的模式逐渐无法适应学院的发展,为了提高学院运行效率,2003 年开始采用"统一领导,分级管理,集中核算"模式,一定程度上增大了二级学院的财权,提高了二级学院的自主性和能动性。

1. 财务组织制度

学院目前实行党委领导下的院长负责制度,由党委统一领导学院工作,校长主持学院行政工作。对于财务管理实行"统一领导,分级管理,集中核算"的模式,根据事业发展的需要统筹安排和使用财政及学校的各种经费和资源。

学院设有财经工作领导小组,在校党委和行政的领导下开展工作,负责审议学院有关财经规章制度,研究学院年度预算、年度决算,提交党委会、院务会审议,教代会通过,研究学院年度预算调整方案及机动经费使用方案,研究学院投资、资产处置事项,负责学院项目库申报及评审工作,听取并审议学院财经工作中重大事宜的汇报并为学院改革发展中的相关经济决策提出意见和建议。

财务处作为学院独立的财务部门,负责制定学院财务政策和规

章制度，进行学院预算的具体编制活动，进行日常财务核算，统计分析财务预算执行情况，编制年度决算，统筹项目库出入库管理等工作，保障学院各项财务收支工作和财经活动在国家法律法规的规定下平稳、正确运行。

二级学院及职能部门在预算范围内享有一定财权，负责编制部门预算、提报项目方案、编制项目建设任务书等。在预算执行中，根据学院制定的《经费管理暂行办法》，在规定的授权范围内进行支出审批，做到事权与财权的统一。财务处根据党委会、教代会通过的年度预算，为二级部门单独设账，并进行统一核算。

2.财务运行机制

(1)财务预算的编制。学院一般于每年7、8月份开始编制下年度预算。二级学院、职能部门根据学院发展规划及各部门的实际资金需求情况提报部门预算，财务处在汇总、审核、调整、统筹、平衡的基础上，将申报项目划分为固定运行经费、教学经费、学生经费、职能部门业务费、专项经费以及基建经费六大项，并在每大项中区分日常经费和专项经费，保证财务预算层次分明，条理清晰，在此基础上形成预算编制初稿，经财经工作领导小组审核后提交院长办公会研究、报党委会审议，最终经教代会通过后正式发文实施。

(2)财务预算的执行。随着学院规模的扩大，招生数量的增加，办学层次的多元化，学院经费投入逐年增加并呈现多样化趋势，为了规范学院各项经费合理开支，保障经费有序、有效地运行，我院不断优化经费授权审批流程，调整授权额度，经过几年的实践、探索，在传统的经费授权审批模式基础上，增加了事前审批程序，保证了资金使用的计划性，增强了工作的前瞻性和透明度。

在保证资金支出安全、合规的前提下，学院在加大事前审批力度的同时，简化了事后报销程序，优化了报销流程。

为保证预算的有效执行，在经费管理方面，采用分类管理、分类授权、有序推进的模式。例如，学生经费在执行基本授权流程的基础上需要分管学生工作的二级学院领导签字授权；固定运行等维持性经费的报销则简化事前审批流程，直接旅行报销授权流程即可；对于科研经费实行课题负责人制，由课题负责人签字授权，科技处备案，财务处审核报销。

为合理有效控制五项经费的支出规模，将公务接待经费、车辆运行经费控制额度分配至二级学院，财务处严格控制开支，一旦超过指标，不予报销；会议费和职能部门公务接待经费、车辆运行经费控制额度由学院党政办公室统筹管理；因公出国(境)费用控制额度由国际交流处进行控制；用水用油经费控制额度由后勤服务中心统一管理；职能部门业务费由原来的由各职能部门控制，调整为由院长办公室统一管理，职能部门的办公费、会议费、培训费、差旅费等支出都需通过院办报销；对于差旅费的审批则更加严格，所有因公出差都需事先办文，未履行办文程序的，不得安排出差。

(3)财务管理的项目化。为规范和加强学院项目支出预算管理，提高项目预算编制的科学性和规范性，提高资金使用效益，我校制定了《项目库管理暂行办法》，实现项目库项目申报常态化机制。各部门可随时填写《项目基本情况及预算评审意见表》进行项目提报，财组每年聘请校内外专家组织两次项目库项目集中评审活动。项目库项目实行滚动管理，评审前各部门在统筹考虑项目库原有项目的基础上，根据学院实际发展情况及需求对本部门项目库项目进行完善、更新和排序，财务处汇总更新后，财组对新提报项目和原项目库中需保留的项目按照先急后缓的原则进行总排序，经院长办公会、党委会审议后形成新的项目库，待专项资金到位或者自筹资金充足时，可随时将成熟方案应用其中。

3. 财务控制制度

(1)财务预算与政府采购联动机制。财务是一个信息系统，预算的编制和执行是基础，项目执行结果的反馈是衡量执行质量的抓手。为加快资金执行进度，方便部门考核，督促各部门提高资金使用效率，我院制定了财务预算与政府采购联动机制。每年预算下达后，学院对金额较大的项目以及涉及财政资金的项目进行预算监管，对于金额在 10 万元以上的项目以及财政专项项目需要填写《项目建设任务书》，明确项目建设内容，资金执行进度，以及项目完成后需要达到的绩效目标,财务处定期汇总、公示招标采购进度以及各部门项目建设任务书资金执行进度,形成执行差异性报告,对于发现的重大预算执行偏差给予预警并分析原因,以推进项目执行。

(2)财务公开制度。根据青岛市财政局规定,学院预算、决算每年在青岛市政务网进行公开,同时为加强二级学院民主管理,提高财务工作透明度,实现财务公开常态化机制,各二级学院的预算方案(含创收结余资金使用计划)、上年度预算执行情况及绩效工资分配情况在每年预算执行结束后,均需经过由工会、监察室、财务处等相关部门参加的二级学院全体教职工会议审议。二级学院 5000 元以上(含 5000 元)的大额支出,须经党政联席会审议,并按月在全体教职工会议进行通报,会议纪要需留存备查。

(3)机动经费申请及大额资金支付制度。学院原则上不进行中期预算调整,如遇突发事件需要申请机动经费,10 万元以下的项目需经财经工作领导小组和院长办公会审议,对于 10 万元以上的项目需经党委会审议后方可立项。对于单笔 5 万元以上的无合同大额资金支出,需经财经工作领导小组审批后方可报销。

(4)绩效评价制度。根据《青岛市预算绩效管理条例》的规定,预算单位应建立以绩效评价为导向的财务预算管理体系,对于财政专项项目则需形成绩效报告,报财政局审批。目前,我院仅对财政资金建立绩效评价制度,项目执行完毕,形成绩效报告报青岛市财政局。

(5)内部审计制度。为保证部门预算执行合法、合规,提高经费管理部门的责任意识,学院审计处定期对上年度二级学院和职能部门的预算执行情况进行审计,对科研经费及各类专项经费进行专项审计。对于发现的问题,及时整改,保障财务预算的顺利实施。

(二)青岛职业技术学院财务管理体制面临的问题

1.财政资金收回加速

为了贯彻上级有关规定,加大财政存量资金盘活力度,市财政局下发了《关于进一步加快财政支出进度的通知》,要求从 2015 年起,市财政将对当年及以前年度本级一般公共预算安排的资金、每项政府性基金累计结转额超过当年收入 30%的部分、连续两年(含上级下达资金的当年)未使用完的上级专项转移支付资金,全部收回总预算。

近两年来,财政陆续投入我院各类专项资金,由于各种因素,支付压力加大,面临着财政资金被收回的风险。一方面,当年某些财政专项资金下达较晚,有些甚至年底才下达,资金使用期限较短,年末支付存在困难;有些项目涉及招标采购,从立项、确定招标方案再到招标、公示耗费大量时间,仅是走招标程序就需要几个月时间,如遇有的项目一次、两次甚至多次废标,这样半年、一年的时间就过去了;有些项目建设期较长,加上验收、支付等手续,在一年无法完成付款,支付压力很大;再者,由于高校的特殊性质,存在编制出版教材、精品课程录制、师资课程建设等周期较长的事项,为了防止年底财政专项资金被收回,形成了年底集中花钱的现象,影响了项目的建设质量和资金的安全使用。另一方面,资金年底支付困难,也反映了方案前期设计的不到位、不完善,对可能出现的问题没有考虑周到,导致了资金支付困难,这也反映出财务管理体系的单一性,对资金进展情况无法准确控制。

2. 绩效评价体系不够完善

建立绩效评价体系是提高事业单位绩效管理水平的有效保障,也是激励二级部门提升项目建设质量、提高工作效率的有效途径,但目前我院绩效评价体系仍存在薄弱环节。第一,我院只是对财政专项资金进行绩效评价,项目完成后形成绩效评价报告上报市财政局,对学院其他专项没有进行专门的绩效评价。第二,各二级部门不重视资金的使用绩效,年初填报的《项目建设任务书》中的绩效目标一项列示模糊,项目支付进度一项填写简略,导致绩效评价指标无法量化,给学院的绩效评价工作造成一定困难。第三,绩效评价没有专门的制度约束和完善的评价指标,参评部门不够多元化,导致评价结果出现一定偏差。第四,学院各项工作繁杂,对绩效评价的认识不够,对评价结果的运用不到位。

3. 项目库编制不够科学

为科学安排预算,我院建立了项目库,制定了《项目库管理办法》,对项目库项目实行“滚动管理,分散提报,集中评审”制度。但对于新生事物,各部门对项目库的认识参差不齐,存在盲目提报,只重数量不重质量的问题,有的为了提报项目而提报,有的为了争取资金而提报,并且项目方案编制人员的专业水平也离预期有所差距,所以,项目库的方案和质量普遍不高,导致招标方案可操作性不强,离招标要求相差甚远。再者,项目方案没有延续性,所有项目的执行进度都是一年,一方面不利于滚动预算的编制,另一方面,如果用财政资金安排支出,一旦项目进度出现问题,会导致年底资金无法支付的情况发生。

(三)青岛职业技术学院财务管理体制的未来发展方向

当前我院财务管理体系基本适应学院财务管理和学院发展的需要,但随着社会对高职教育关注程度的不断提高,政府投入的不断加大,校企合作的不断推进,高职院校资金投入逐步呈现多元化、多样化态势,高职院校财务管理面临的挑战也越来越大,为更好地适应新形势、新局面,促进学院更好更快发展,我院未来将主要从以下几个方面进一步完善财务管理体制:

1. 建立跨年度预算平衡机制

近年来,国家为保障基础设施建设,在“稳增长、调结构、惠民生”等方面加大支出力度,为盘活存量资金,统筹结余资金,新修缮的《预算法》明确规定各部门应当建立跨年度预算平衡机制。

为此,结合学院发展实际,首先,确定滚动预算项目责任主体,主要可分为教学类、学生类、设备类、基建类、后勤服务类等几大类主体。其次,完善学院中长期发展规划,各归口部门根据实际,编制三年滚动预算。再次,建立滚动项目库,依托项目库项目编制滚动预算。最后,成立以财务处为主,其他部门配合的滚动预算编审小组,结合学院发展对滚动预算进行评议。

2. 建立科学有效的绩效评价体系

预算的有效实施,需要配备一套科学有效的绩效评价体系,不但可以督促经费使用部门有效使用资金,还可集中反映学院发展中存在的问题。

首先,建立评价指标。学院可以借鉴企业绩效评价指标,结合高校特点,对学院整体财务状况作全方位评价。设立反映资产绩效的指标,如生均占地面积、固定资产增长率、生均图书占有量等指标;设立反映学院科研绩效的指标,如科研支出占事业支出的比例、科研成果利用率、科研经费年均增长率等指标;设立反映教学绩效的指标,如教学经费占教育支出的比例、教学经费年均增长率等指标。通过多维度设立指标,可以更全面地评价学院发展状况。

其次,建立绩效评价小组。可由财务、人事、科研、教务等部门共同参与的项目评审小组实施绩效评价,对项目出具绩效评价报告并提出建议。

最后,完善考核机制。根据评价结果,对各项指标都排名靠前的部门予以奖励,并且在项目安排上给予优先权;对各项指标排名靠后的部门,对项目负责人和部门负责人给予通报,将考核结果作为干部选拔任用的依据,并与奖励性绩效挂钩,全面有效推进学院各项工作顺利进行。

3. 完善项目库分类管理机制

项目库是完善预算管理的有效补充,是学院快速发展的重要体现,更是科学、合理、有序安排资金的重要依据。建立项目库项目分类管理机制,则是一个庞大的工程,需要各个部门的协调配合,通力合作。为此,学院将进一步完善项目库分类管理机制。

首先,从领导层面重视项目库项目的建设。党委应合理规划学院中长期目标和每个阶段的具体任务,使项目库项目的申报有依据、有抓手,各二级部门也应本着认真负责的态度提报完善的项目方案。

其次,优化项目库项目申报程序。各二级部门提出项目方案,内部讨论评审通过,由专家签署意见后,提报到相关职能部门,职能部门汇总统筹提出建设意见,经分管领导签字后集中提报财务处,财务处作为财经工作领导小组办公室审核汇总,再由财经工作领导小组进行二级评审,淘汰方案不完善、不符合学院发展规划的项目,最后财组聘请校内外专家再次对项目进行评审,形成评审后的项目库。学院根据评审结果、资金情况及学院需求,按照轻重缓急的原则安排项目。尚无资金安排的项目，暂放项目库管理，待资金到位后顺序激活。

再次，及时通报项目库最新进展。为了促进项目库建设，提高项目库质量，对评审结果选定入库的项目和淘汰出局的项目及时进行通报，做到透明、公平、公正。

最后，规范项目库项目申报格式。一方面，设立一次性项目和延续性项目，对于延续性项目需要规划三年的资金支出情况，并且每年度进行数据更新，为编制滚动预算奠定基础；另一方面，设立项目库项目编号，编号由“提报年度＋部门编号＋项目类别＋项目编号”组成，以便统计，以此整体提高项目库编制质量。

参考文献

[1]吴卫. 高职院二级财务管理探析[J]. 会计之友，2010(8)

[2]赵明霞. 高职院校财务管理现状的思考[J]. 财会通讯，2009(1)

[3]孙培清. 浅议高等学校项目库建设[J]. 经济研究导刊，2015(13)

[4]石松，马威. 推动滚动预算管理的设想与建议[J]. 中国财政，2013(18)

课题负责人：朱丽敏

课题组成员：吕向钧　邱浩然　葛玉杰　贾利霞　陈晓丽

（课题承担单位：青岛职业技术学院）

教育经费统计数据的分析与利用研究

韩福恒　穆洪泽　杨朝晔

教育经费统计反映了教育投入状况，它是做好教育发展规划、促进各类教育健康发展、监测各级政府对教育经费投入政策落实情况，以及政府对教育事业发展科学决策的重要依据。本文通过教育经费统计的研究，探讨经费统计数据在教育事业发展中的作用与合理利用。

一、概述

开展全国性的教育经费统计历经20余年，在国家社会、经济发展的同时，教育事业在整个社会发展中，始终处于领先发展地位，这主要取决于中央和地方政府的重视与支持，在教育发展的各个阶段，教育经费统计工作起到了非常大的作用。20多年来，国家先后开展了农村危房改造工程、加强初中建设工程、实验性示范性中高职建设工程、校舍安全工程、农村学生营养午餐、大学城建设等重大教育项目，免除农村义务教育阶段学生杂费和课本费，建立了从幼儿园到大学的家庭经济困难学生资助体系。中国的教育事业取得了史无前例的发展，人民群众受教育年限大幅度提高，已经达到和超过中等发达国家水平，教育投入的效益随着社会经济的发展，得到了充分体现。这中间，教育经费统计数据的分析与运用发挥了重要作用。

（一）课题的提出

《中共中央关于教育体制改革的决定》(1985 年 9 月 27 日)中指出:“发展教育事业不增加投资是不行的,在今后一定时期内,中央和地方政府的教育拨款要高于财政经常性收入的增长,并使按在校学生人数平均的教育费用逐步增长。”党中央的决定对于教育经费的逐步增加具有重要意义。1989 年,国家教委、国家统计局制定了教育经费统计指标体系,联合向全国各地布置了统计报表填报工作,并于 1990 年 3 月在广西壮族自治区柳州市召开全国教育经费统计工作会议,对 1989 年度教育经费进行了全面的统计,标志着我国教育经费统计体系从此真正建立起来,也标志着教育经费统计有可能形成一门独立的统计学科。

建立教育经费统计体系具有十分重要的意义。一是全面反映全国教育经费情况;二是为宏观决策、制定教育政策和计划提供依据;三是为检查、监督和评价各地教育经费的投入水平、使用情况提供资料等。

教育经费统计数据反映了教育投入的状况,是做好教育发展规划、促进各类教育健康发展、监督各级政府对教育经费投入政策落实情况的重要依据,也是各级党委、政府对教育事业发展科学决策的重要依据。

（二）课题的理念

“百年大计,教育为本。”教育事业关系国家和民族的振兴,关系广大人民群众的切身利益,是提高国民素质的基本途径,是落实科学发展观、构建和谐社会的重要基础。近几年,地方政府认真执行国家关于教育工作一系列方针、政策,坚持把教育工作放在优先发展的地位,不断强化教育投入的政府行为,在保障教育投入方面做了大量的工作和探索,逐步完善了以财政拨款为主、其他多渠道筹措教育经费为辅的教育经费投入机制。在保证国家所举办学校教育经费的稳定来源的同时,还对企业组织、社会团体及其他社会组织和个人依法举办的学校及其他教育机构给予适当支持。这有力地促进了教育教学水平的不断提高,中小学校舍面貌发生了巨大变化,为教育发展奠定了良好的基础。但在教育发展过程中也存在一定的矛盾和问题，其中教育经费需求与供给的矛盾表现得最为突出，教育经费在教育结构中的分配不尽合理、存在区域差异和城乡差异等问题也是我们必须正视的现实问题。落实教育优先发展的战略地位与实际教育经费供给短缺的矛盾仍然十分尖锐，其严重地制约了我国教育事业的快速健康发展。当然，如何更大程度地提高现有资金的使用效益也是教育经费的管理者要努力解决的课题。

(三)方法与过程

我们成立了“教育经费统计数据的分析与利用研究”课题组，课题组成员由 3 人组成。此文我们将利用 2013～2014 年滨州市的教育经费总投入数据，简要反映滨州市教育经费投入的总体情况，剖析教育经费在筹集管理和使用中存在的问题和矛盾，探索和发现教育经费管理中存在的问题以及解决这些问题的方法和策略。

二、滨州市 2013～2014 年教育经费投入情况分析

滨州市各级政府一直把教育工作摆到重要的地位，加大对教育投入政策的落实，并新出台了增加投入的政策，滨州市教育经费投入不断增加，教育事业得到快速健康发展。

2014 年滨州市地方教育经费总投入为 61.39 亿元，比 2013 年的 60.78 亿元增加 0.61 亿元，增长 1%。

财政性教育经费收入 54.99 亿元，比上年增加0.51亿元，增长 0.93%。其中公共财政预算安排的教育经费 52.22 亿元，增长 1.53%；政府性基金预算安排的教育经费为 2.73 亿元，下降 9.03%；企业办学中的企业拨款 453 万元，增长 2.10%。

非财政性教育经费收入 6.40 亿元，比上年增加 0.09 亿元，增长 1.43%。其中民办学校中举办者投入 811 万元，下降 47.44%；捐赠收入 146.5 万元，下降 91.03%；事业收入 6.14 亿元，增长 6.49%；其他教育经费 1587.2 万元，下降 26.04%。

2014 年滨州市地方教育经费总收入中，财政性教育经费所占比例为 89.57%，比上年下降 0.06 个百分点；非财政性教育经费占

10.43%,比上年增长0.06个百分点。

统计结果表明,与2013年比,滨州市财政性教育经费比重略有下降,但在教育经费收入中仍占主导地位。公共财政预算安排的教育经费稳步增长;企业办学中的企业拨款略有增长;民办学校中举办者投入、其他属于国家财政性教育经费下降明显;捐赠收入大幅下降。

高等教育收入1.81亿元,比上年增加0.42亿元,增长30.22%。其中财政性教育经费收入1.04亿元,比上年增加0.45亿元,增长76.27%;非财政性教育经费收入0.77亿元,比上年减少0.03亿元,下降3.75%。

中等职业教育收入5.04亿元,比上年增加0.17亿元,增长3.49%。其中财政性教育经费收入4.79亿元,比上年增加0.38亿元,增长8.62%;非财政性教育经费收入0.25亿元,比上年减少0.21亿元,下降45.65%。

普通高中教育收入7.19亿元,比上年减少2.05亿元,下降22.19%。其中财政性教育经费收入5.48亿元,比上年减少1.90亿元,下降25.75%;非财政性教育经费收入1.71亿元,比上年减少0.15亿元,下降8.06%。

义务教育收入41.13亿元,比上年增加6.54亿元,增长18.91%。其中财政性教育经费收入40.19亿元,比上年增加6.52亿元,增长19.36%;非财政性教育经费收入0.94亿元,比上年增加0.02亿元,增长2.17%。

学前教育收入4.93亿元,比上年增加0.60亿元,增长13.86%。其中财政性教育经费收入2.27亿元,比上年增加0.07亿元,增长3.18%;非财政性教育经费收入2.66亿元,比上年增加0.53亿元,增长24.09%。

其他教育收入1.3亿元,比上年减少5.05亿元,下降79.53%。其中财政性教育经费收入1.22亿元,比上年减少5亿元,下降80.39%;非财政性教育经费收入0.08亿元,比上年减少0.05亿元,下降38.46%。

2014年,滨州市地方教育经费总支出为61.42亿元,比上年的

60.78亿元增长了1.05%,其中公共财政预算教育事业费支出48.24亿元,比上年的47.54亿元增长了1.47%,占总支出的78.54%。

工资福利支出22.60亿元,占公共财政预算教育事业费支出的46.85%,比上年提高了3.34个百分点。

对个人和家庭的补助支出7.91亿元,占公共财政预算教育事业费支出的16.40%,比上年提高了1.27个百分点。

商品和服务支出5.23亿元,占公共财政预算教育事业费支出的10.84%,比上年提高了30.10个百分点。

其他资本性支出12.50亿元,占公共财政预算教育事业费支出的25.91%,比上年下降了14.56个百分点。

高等教育支出1.02亿元,占公共财政预算教育事业费支出的2.11%,比上年增长96.15个百分点。

中等职业教育3.53亿元,占公共财政预算教育事业费支出的7.32%,比上年增长29.30个百分点。

普通高中教育支出4.39亿元,占公共财政预算教育事业费支出的9.10%,比上年下降30.10个百分点。

义务教育支出36.24亿元,占公共财政预算教育事业费支出的75.12%,比上年增长20.56个百分点。其中普通初中支出15.73亿元,占43.41%;普通小学支出20.51亿元,占56.59%。

学前教育支出2亿元,占公共财政预算教育事业费支出的4.15%,比上年增长1.52个百分点。

其他支出1.06亿元,占公共财政预算教育事业费支出的2.20%,比上年下降82.27个百分点。

统计结果表明,2014年义务教育阶段的总投入和财政性经费投入分别占到67%和73%,仍是教育经费投入的重点。总投入和财政性教育经费投入在高等教育、中等职业教育、学前教育稳步增长;在义务教育大幅增长,表明各地为加快推进义务教育均衡发展加大了投入力度;在普通高中有所下降;在其他教育投入下降明显。2014年义务教育阶段的总投入和财政性经费投入分别占到67%和73%,仍是教育经费投入的重点。总投入和财政性教育经费投入在高等教育、中等职业教育、学前教育稳步增长；在义务教育大幅增长，表明各地为加快推进义务教育均衡发展加大了投入力度；在普通高中有所下降；在其他教育投入下降明显。

三、教育经费投入中存在的困难和问题

近年来，滨州市教育投入明显增加，办学条件显著改善，教育资源有效扩大。但也要清醒地认识到：办学基础相对薄弱，教育理念相对落后，人才培养模式还不适应学生健康成长和全面发展的需要；义务教育发展不够均衡，职业教育基础能力薄弱，高等教育特色不够鲜明，知识创新和服务经济社会发展的能力较弱；教育体制机制不够完善，教育投入不足，优先发展的战略地位尚未完全落实。主要表现在以下几个方面：

（一）教育经费的“两个比例”呈下滑势态

《中华人民共和国教育法》规定：“国家财政性教育经费支出占国民生产总值的比例应当随着国民经济的发展和财政收入的增长逐步提高，全国各级财政支出总额中教育经费所占比例应当随着国民经济的发展逐步提高。”滨州市国家财政性教育经费占国内生产总值的比例 2014 年为 2.42%，比 2013 年的 2.53%降低了 0.11 个百分点；公共财政预算支出占公共财政预算支出的比例，2014 年为19.26%，比 2013 年的 20.43%降低了 1.17 个百分点。

近两年，滨州市教育的迅猛发展与教育投入的矛盾进一步加大，教育经费投入不足仍然制约着滨州教育实现跨越式发展的步伐。

（二）“以县为主”的义务教育管理体制有待进一步完善

滨州市建立了“以县为主”的义务教育管理体制，取得了显著成效，农村义务教育投入总量不断增加，农民负担逐步减轻。但由于县域经济发展差别较大，教育投入的水平也相差较大。其中国家、省级贫困县，即使把全部权责由乡镇上收到县，也并不能从根本上解决教育投入问题，县级财政难以承受农村义务教育的重任。这种财力与发展教育事业责任的不对称，使脆弱的县级财政难堪重负。“教育大计，教师为本”，一支稳定的教师队伍对教育事业的发展至关重要。而目前

农村中小学教师津补贴、社会保障政策，县区之间甚至差距较大，严重影响了农村教师队伍的稳定性，对素质教育的实施势必产生不良影响。

（三）普通高中学校债务严重影响了可持续、稳定、健康发展

随着生活水平的不断提高，人们对教育的重视程度和对教育质量的要求也不断提高，普通高中学校势必在师资和教学设施等方面投入更多，教育成本也随之不断增加。近几年，滨州市的普通高中学校，在教育财政投入不足的情况下，采取贷款和借款等形式，使普通高中学校办学条件发生了天翻地覆的变化，办学质量和水平得到飞速提升，但普通高中学校债台高筑已经成为社会普遍关注的焦点问题，巨大的债务已经严重影响了教育的可持续、稳定、健康发展。如何化解学校债务是解决“十三五”期间普通高中学校走向飞跃的重大课题。

（四）教育投入政策和多元化教育投入有待加强，教育经费使用监督和监管力度需进一步加大

2014 年，全国国家财政性教育经费占国内生产总值比例为 4.15%，比 2013 年的 4.16%降低了 0.01 个百分点。教育投入不足必然要影响到教学条件的改善，如实验设备、图书资料等设施的配备。这些问题又进一步影响了教学质量。这表明，教育经费的严重不足是摆在教育面前的一个严峻现实。

教育要优先发展，经费投入必须优先保障。依法保障教育投入是落实教育优先发展战略地位的根本性措施。将教育投入真正纳入依法实施、依法监管的法制化轨道，进一步明确教育经费的来源、分配主体和划拨渠道，规定教育经费的投入、使用、保障和监督责任，规范操作程序，对事关教育投入的违法行为依法制裁，真正做到教育经费的投入和使用有法可依、有法必依、执法必严、违法必究，建立健全保障教育经费投入的长效机制，并加大执法监督和问责制度。

教育经费投入政策落实不到位，经费使用不规范问题主要表现在：一是教育费附加和地方教育附加的征收管理使用存在一定问题，如教育费附加和地方教育附加欠征、欠拨和拨付不及时、使用不规范问题比较普遍；二是校舍维修改造长效机制所需资金预算不到位；三

是教育投入的多元化未形成，政府性投入加大，但非政府性投入在减少，民办教育投入、社会捐助、公益性基金会的资助，以及侨资外资的资助和金融机构“教育信贷”的介入等非政府性投入大幅缩水。

四、新形势下教育投入的对策与建议

教育经费投入严重不足，已经影响到我市教育事业的正常发展，“教育经费投入到底差不差钱”是我们关注的重大课题。财政性教育经费占 GDP 的比重，世界平均水平为 4.9%，发达国家为 5.1%，欠发达国家为 4.1%。我国这一投入水平只是略高于欠发达国家水平。另外，由于过去长期未达到 GDP 的 4%，我国教育的欠债问题严重，义务教育发展不均衡，教师待遇低，这些需要继续加大投入来解决教育欠债问题，确保教育优先发展。

（一）提高认识，加强领导，坚持把教育放在优先发展的战略地位

以习近平同志为总书记的党中央顺应国内外形势的发展变化，抓住重要战略机遇期，作出了实施人才强国战略和建设人力资源强国的重大决策，为教育事业的科学发展乃至促进人的全面发展注入了新的动力。

（二）进一步完善“以县为主”的义务教育经费保障机制，调整财政支出结构，扩大财源，大幅度提高教育经费投入总量，提高教育经费保障水平，实现县域内义务教育均衡发展

1. 加强教育费附加和地方教育附加的征收和管理。各级税务部门应按照有关规定实施征收，确保两项教育附加及时足额征收入库。提高拨付到位率和使用效益，坚决杜绝截留和挪用，充分发挥两项教育附加在教育发展中的作用。各级财政每年的超收收入和财政预算外收入，一律按不低于年初确定的教育经费预算占财政支出的比例，切块划出用于教育。

2. 努力增加社会对教育的投入。社会对教育的投入是国家教育经费投入的重要组成部分，而且有增长的潜力。完善财政、税收、金融、土地等优惠政策对教育的投入。建立家庭、社会、政府共同承担的教育培养成本分担机制。实现办学主体多元化及投资主体多元

化。实施激励社会和个人对教育投入的政策。

3. 提高义务教育经费保障水平。重点是强化落实国家和地方政府关于实施农村义务教育经费保障机制改革的文件要求，尤其是加大对校舍维修长效机制和中小学办学条件标准化建设的投入力度。

4. 推进义务教育均衡发展。建立城乡一体化的义务教育发展机制，统一城乡生均教育经费、办学条件和教师收入标准，在财政拨款、学校建设、教师配备和待遇、设备配备等方面向农村倾斜，均衡配置教育资源，逐步实现县域内均衡发展。县级教育行政部门统一管理中小学教师，建立区域内城乡之间、学校之间教师和校长定期合理流动机制，继续探索和创新农村中小学教师补充机制。加快义务教育阶段学校标准化建设，农村义务教育学校的办学条件将得到全面改善，实现城乡优质教育资源共享，促进教育的和谐均衡发展。

5. 建立和完善教育督导评估制度。教育工作督导评估不仅是关系教育事业健康发展的一件大事，更是落实教育优先发展战略地位，督促政府依法履行教育管理职责的一项重要举措。要不断增强教育工作督导的实效性，建立自上而下的教育评估检测体系，逐级考核。

6. 在我国现行的财政管理体系下，能否确保教育经费的足够投入，说到底还是取决于各级党委和政府及其主要领导是否将教育督导纳入考核干部业绩之一。推行“县级人民政府教育工作督导评估制度”和“县级党政主要领导干部教育工作实绩督导考核制度”，通过加强教育行政监督和考核，督促各级党政领导干部树立科学的发展观和正确的政绩观，依法履行教育工作职责，切实办好基础教育，纠正在增加教育投入方面存在的问题，履行教育法所规定的教育投入的法规政策。

参考文献

[1]齐鲁. 山东省“十五”期间教育投入状况分析与研究[M]. 山东大学出版社，2007

[2]毛有高. 山东省教育经费保障年度运行报告(2007)[M]. 山东大学出版社，2008

(作者单位：滨州市教育局)

山东省高校公务卡执行情况探析

——以山东女子学院为例

课题组

随着我国财政国库管理制度改革，公务卡作为预算单位新增的一种报销制度及财务管理的手段，在遏制浪费、防止腐败、提高工作效率上面起到了其他方式不能取代的作用。本文从公务卡改革的重要意义入手，阐述了高校推行公务卡的优越性及必要性，并以山东女子学院为例，分析了公务卡实践过程的现状及存在的问题，提出了相应的解决问题的办法。

一、公务卡的概念及高校公务卡结算的程序和意义

（一）公务卡结算的概念

我国的公务卡制度是国库集中收付体系的重要组成部分，是国库集中支付管理的辅助手段。公务卡结算方式是指预算单位工作人员持有的，主要用于日常公务支出和财务报销业务的银行信用卡，在规定期限内按照财务制度审核后报销还款的结算方式。

公务卡既是一般的银行贷记卡，可由持卡人刷卡消费结算形成相应的消费信息，又不同于一般的贷记卡，体现在其将预算单位财务管理的有关规定与银行卡的结算方式相结合，其消费信息同步反映在国库支付系统中，便于持卡人报销，经财务人员审核后，在国库支

付系统中进行录入，并提交申请，统一将资金用于公务卡还款。

公务卡结算方式的适用范围包括：一是行政事业单位原使用现金结算方式的零星商品服务支出，包括差旅费、招待费、培训费、手续费等费用；二是行政事业单位原使用转账结算方式，单笔金额在10万元以下的小额商品服务采购支出，包括设备购置费、办公费、会议费、咨询费、邮电费、水费、电费、维修费等费用。

(二)公务卡结算程序

公务卡是由预算单位工作人员向银行申请办理需提交个人信息并拍照，由银行信用卡中心核准后发放的银行贷记卡。该单位财务人员需将已取得并激活的公务卡信息录入到国库集中支付系统中，至此，该卡方可进行公务卡消费。公务人员使用公务卡消费后，用于个人支出的部分，由个人偿还；用于公务消费的部分，持卡人必须保留好发票及刷卡交易凭条，交易凭条是单位财务部门在审核单据及还款时的重要核实资料，一旦丢失，无法重新取得。

持卡人使用公务卡后，应及时办理公务卡报销的相关手续，以免拖延还款时间，产生滞纳金，影响银行信用记录。财务人员办理公务卡报销审核手续时，需通过公务卡支付系统进行审核，确认发票、刷卡交易凭条，需与国库集中支付系统中的交易记录相一致，才能取得支付号，予以报销。

财务人员对原始单据审核无误后，登录国库集中支付系统，查找到持卡人的消费信息记录，录入公务报销金额、用途等事项，签发支票，生成“还款汇总表”。将汇总表盖章连同支票一起送往开户行进行统一还款。

(三)公务卡结算的意义

传统的现金支付方式下，财务人员需要从银行提取现金后进行报销，每日报销结束将剩余资金送存银行或者放置于保险柜中留存，如有公务活动，则需要携带大量现金外出，而后返回原单位进行签字等一系列手续进行报销。传统方式下，财务成本高，财务风险大，资金效率低，财务工作繁重，签字报销困难重重。使用公务卡结算后，新型的先支后拨的结算方式下，既减少库存资金的存放时间，也实现了资金的同步结算，预算单位的资金使用效率大大提高；现金流减少，资金结算方式也发生转变，财务人员不需要频繁往返单位与银行之间；通过国库集中支付系统财政零余额账户汇划支票方式直接还款，大大降低了提取、保管现金的风险，减少财务成本，持卡人不用领取现金，财务人员方便快捷为持卡人办理报销业务。

简化财务报销流程，促进财务管理规范化。现如今高校的发展规模日益壮大，随着资金流量的增加，财务部门的日常工作特别是报销业务越来越多，每逢财务报销日前来报销的教职工扎堆现象特别突出。如果使用公务卡结算，这种现象必然会有所改善。教职工持有公务卡，平日办理业务刷卡消费。报销时，只需将相关发票和刷卡凭条及时交到财务处，由财务人员核算后按时间规定统一将钱款还至公务卡。这样一来，教职工可以节省出大量等待的时间，同时这种方式既降低了资金使用过程中的风险，同时又因为经过核算之后的付款大大避免了支付过程中的差错问题，从而大大提高了工作效率。因为公务卡结算是通过电子交易信息记录每位教职工的交易情况，从而对交易的真实性和规范性起到很好的监控作用，克服了传统现金报销方式下存在的诸多问题。此外，使用公务卡结算，还能为每年单位的预算编制提供科学可靠的数据来源，为财务管理者了解财务信息提供真实、可靠的财务数据，进一步完善了财务管理制度。

规范内部监督机制，有效预防违法腐败行为。在传统财务管理体制下，预算执行中的现金支付办法，资金安全风险大，透明度差，违规机会多，容易诱发腐败。账户多头分设，资金层层拨付，资金运转不透明，占用挪用账户资金的事情多有发生。国库集中支付制度改革以后，财政授权支付业务全部纳入动态监控的范围，提取和违规使用现金是近年来的突出问题，在这种形势下，公务卡的推出，替代了现金结算，减少和控制不合规的公务支出，提高预算单位资金支出的透明度，从源头上堵住漏洞，是加强财务管理和预防腐败工作的重要举措。

二、山东女子学院公务卡执行情况及存在的问题

(一)公务卡在山东女子学院施行的现状

自2007年始,我国推进公务卡制度改革,以在公务支出领域使用具有消费留痕特点的贷记卡逐步替代预算单位现金及转账公务支付。2011年,中央预算单位实施公务卡的强制结算目录,除原始转账方式结算的支出项目以外,办公费、差旅费、维修费、公务接待费等16个公务支出项目按规定必须使用公务卡结算,强制结算目录基本涵盖预算单位的所有费用。山东女子学院作为以教学和科研为主、行政事业管理为辅的预算单位,经费的来源名目越来越多,经费支出类型越发复杂。我院自2007年开始,为学校部分教职员工办理公务卡,但由于当时还不能与国库支付系统衔接进行统一还款,所以公务卡的使用名存实亡。从2012年开始,我院开始分批集中组织教工办理公务用卡,并在国库集中支付系统中进行个人信息的登记、录入,为统一还款打基础。截至2014年,我院共有513人办理公务卡,占全院教工人数比例的84.24%,公务卡所进行的公务消费为48万元,与财政授权支付额度相比,仅占0.54%。以上数据表明,除去新进教工,我院教工办理公务卡的人数已基本接近人手一卡,但是在用的数量却寥寥无几,大部分公务卡成了"休眠卡"。

(二)公务卡使用过程中存在的问题

1.公务支出的消费习惯没有完全转变,公务卡的宣传力度不足

受传统报销模式的影响,很多教职工不习惯使用银行卡结算,尤其是信用卡,仍然坚持用现金结算。想在短时间内转变多年来培养的消费模式不是一个简单的事,许多人对强制使用公务卡有抵触情绪,尤其是年纪大的同志,不会使用,觉得没有安全感。由于个人认识的不同以及银行卡的固有特点,公务卡本身为个人卡,持卡人在保管和使用中都不可避免地承担了遗失和被盗的风险。另外,由于公务卡使用是以公务消费为主,经办人在刷卡使用前要进行相关程序的审批,也人为增加了公务卡办理的复杂性,这些都是造成教职工不积极用卡的原因。同时,公务卡作为一种新型的结算方式,要使大家

对其功能和使用完全了解还需要一定的时间和实践。对财务人员来说,公务卡同样是新事物,对公务卡政策的全面及正确解读以及功能的深层次理解、各环节之间的流程,还款时的注意事项等诸多方面的细节,不仅需要银行办卡中心相关人员为大家作详细的解读说明,高校财务人员也需要不断地不厌其烦地进行解释,不仅如此,只有持卡人真正刷卡使用,集中还款过后,才能对于公务卡各环节有一个比较清晰的认识。

2.受理环境制约公务卡的推广使用

在我国,地区经济发展不均衡,在经济发达地区,银行等金融业繁荣,人们习惯并喜欢无纸化交易,信用卡消费已经深入人心,POS网点也齐备,可以便捷地刷卡消费,消费者持卡消费意愿较高,在这种金融商业环境下的公务卡改革自然十分顺畅。然而,在一些中小城市、经济欠发达地区、偏远山区,POS网点较少,公务人员不便刷卡,甚至有些地方根本不具备刷卡消费的条件,这样的环境下,持卡人不得不先以现金垫付,而后回原单位报销,而县级市甚至乡镇村的小型超市、商场,根本无法使用公务卡,直接影响了公务卡的使用和推广。

3.办卡银行服务不到位,公务卡办理缺乏竞争和监管

目前的公务卡合作银行不是通过政府性的公开招标或银行之间的竞争来选定的,而是零余额账户在哪个银行就只能由哪个银行承办开立公务卡的业务,而零余额账户的合作银行则是由所在高校的位置,以及关系人情等一系列其他外因决定的,所以,合作银行的选择并非把业务及服务能力排在首位。在办理公务卡之初,银行的业务人员由于可满足其完成任务的需要,往往极力推销,积极配合办卡,而一旦办卡完成,开卡成功后,银行的后续服务不能持续跟进,更没有专设窗口答疑解惑和办理关于公务卡查询、挂失等相关业务。因公务卡区别于普通的信用卡,有些公务用途以及和银行相关联的还款业务持卡人需咨询的时候,往往没有合适的途径去了解。以上这些问题没有得到有效的解决,都令持卡人对用卡的安全性和便利性产生质疑,带来困扰。

4.公务卡结算受国库集中支付系统中的财政授权支付额度的影响

公务卡改革是国库管理制度改革的重要组成部分。公务卡的结算由国库集中支付系统中财政授权支付完成。预算单位的基本支出额度由财政部门通过国库集中支付系统拨付，预算单位每月或者每个季度的基本支出通常有确定的数额，而预算单位除零余额账户以外的其他银行账户都不能办理公务卡的还款业务，单位财务办理公务卡统一还款日期受银行卡最后还款日的限制。由于财政授权支付额度通常在每个月月初拨付，因此，如果财务部门在每个月的月初进行还款，且还款金额小于月初拨付额度的话，就能够顺利还款。但是往往公务卡的统一还款都在月底进行，此时，财政授权支付额度已经用得所剩无几，预算单位授权额度少于公务卡的还款金额，无法在国库集中支付系统中进行统一还款，财务人员为不耽误持卡人还款以产生不良记录和滞纳金只能想办法或取现金报销给公务卡持卡人或将公务消费款电汇至持卡人其他银行的借记卡上，再由持卡人自行提取现金还款至公务卡，或者自助转账。无论哪种方法，都给持卡人增加了麻烦，也违背了公务卡改革的初衷。

三、公务卡结算方式问题的对策

(一)加大宣传力度，逐步改变用卡观念

加强财政部门、单位各部门、金融部门的协调管理。财务人员应及时了解公务卡政策的调整及要求并下达至单位各部门。预算单位财务负责人应组织负责经办报销的人员做统一的关于公务卡使用的培训，指导宣传公务卡的使用范围、流程以及还款的注意事项，指导其了解公务卡的几个重要的时点——交易日、记账日、账单日、最后还款日，持卡人需在规定的期限内及时还款，避免出现因拖延还款而产生的不良信用记录及滞纳金。同时应自上而下地由预算单位负责人牵头，带动公务人员逐步转变用卡观念，培养公职人员使用公务卡的习惯，充分意识和体会到使用公务卡的便捷性，为推广公务卡做好充分的准备工作。

(二)改善公务卡的用卡环境,完善公务卡的网络系统

首先,预算单位作为公务卡的使用单位,若想改善目前的用卡环境,需与财政部门、上级主管部门、银行等相互配合。首先要配合政府部门,改善金融环境,建立健全社会信用体系。其次,要配合财政部门完善国库集中支付的公务卡支付系统,加强预算单位财务信息化建设,保证刷卡信息交易记录及时、准确地体现在国库集中支付系统中,财政部门能够对预算单位的公务经费使用情况进行实时监管。其次,加快 POS 机的更新换代,拓宽 POS 机的布点范围。财政应加大对商业散户和零售业市场的 POS 机的安装及升级改造资金的投资力度。增大宣传力度,多方合作,积极引导,加快公务用卡软硬件建设,保证 POS 机安装到位和正常使用,提升公务卡的服务性能,改善公务卡用卡环境。

(三)完善银行服务体系,使银行等金融部门更好地为预算单位和持卡人服务

目前银行服务体系还有待完善,银行应从多方面提升服务质量。首先,拓展研发适应人们工作生活的多项服务.其次,为中小商户开发操作便捷、携带方便的刷卡设备,并推出多种优惠政策以吸引商户使用 POS 刷卡机,让商户体验到便捷,主动添置设备,营造良好的公务卡结算的社会环境。再次,建立公务卡绿色通道,无论是网上银行,还是电话银行,都有专门的路径模块处理公务卡的挂失、补办及各种纠纷问题。最后,建立起竞争机制,保证在公平公开的条件下择优选择零余额账户的开户银行,服务质量和业务能力应该作为考察的重点,通过公平竞争激发开户银行做好公务卡的服务工作,推动改善公务卡使用的金融环境。

(四)尽早落实财政授权支付额度,加强公务卡结算监管力度

首先,完善国库集中支付系统,对于预算单位项目支出额度尽早确定,应按季度下拨,方便公务卡的结算。有的银行公务卡的最后还款日在月初,而从单位财务人员将支票及明细送交银行到银行完成还款还需要 7 天的时间(以中国银行为例),因此,财务人员应最迟于月底送交银行进行还款,月底零余额账户的额度往往所剩无几,因

此，笔者认为，财政授权额度应灵活掌控，如额度不够可进行申请追加，或者预拨下月的额度用于零余额的还款。其次，对于实施公务卡结算的预算单位，应严格控制现金支出，把公务卡的使用管理纳入年度财务审计范围，对于超范围、大额度的现金提取，需向财政部门报批。最后，预算单位推行公务卡结算以后，对于控制公款消费起到了一定的积极作用，但虚开、增开发票的现象也时有发生，要从根本上杜绝这一现象，财政部门必须在预算监督方面加强跟踪和监管。

参考文献

[1]张新霞．关于事业单位推行公务卡的几点思考[J]．中国外资，2013(9)

[2]孙燕．浅议四川高校公务卡推行的问题及对策[J]．乐山师范学院学报，2013(5)

[3]张丽．高校公务卡改革现状研究[J]．财务管理，2012(11)

[4]顾丽娟．高校公务卡运用的实践与思考[J]．会计之友，2011(7)

[5]周静莉．关于预算单位推行公务卡结算的若干思考[J]．当代经济，2009(4)

课题组负责人：王　璐

课题组成员：刘明扬　宗　荃　田　珺

黄青竹　张红玲　迟罗绮

鞠妮妮　盛莉莉

（课题承担单位：山东女子学院）

职业院校内部控制体系建设问题研究

周颖　孙同

我国社会主义市场经济体制逐步完善，社会环境相应地发生了重大变化。近年来，许多高校规模迅速扩张，资金流量成倍增长，经济活动复杂多样，使得目前内部控制的建设不能很好地与高校发展相适应，因此，对高校内部控制问题进行研究是十分有必要的，也是十分迫切的。多年来，高校内部控制依赖于国家各部门下发的规章制度，缺乏一套完整的、统一的内部控制规范。所以很多高校都是借鉴美国COSO报告或者我国企业内部控制规范进行内部管理工作，虽然发挥了一定作用，但并不完全适用。在新的形势下，财政部为了增强和提升事业单位防范风险的意识，进一步正规各项业务活动，消除隐患，将现有的国家会计、预算等法律法规作为基础，于2012年底颁布了试行的《行政事业单位内部控制规范》，规范将于2014年1月1日起开始实施。新颁布的规范为高校加强内部控制提供了坚实的理论基础和良好的社会实践环境。高校应当运用该规范，来规范自身内部控制工作，提高管理水平，更好地与发展相适应。

目前，大部分高校已经认识到自身内部控制的不足：各种规章制度的不完善，执行过程中的漏洞，经济活动不规范，监督检查流于形式，国有资产流失、非正常损坏等等，内部不完善导致近期一些高校经济案件频频发生。所以，为了使高校的经济业务活动更加正规有序，符合国家的法律法规，减少人为因素造成的资产流失，确保财务信息客观真实，提高高校在社会上的声望，树立良好的形象并不断提高科研教学以及管理水平，研究并加强高校内部控制很有必要。

一、职业院校内部控制的特点

（一）内部控制活动的独特性

高校的教学、科研以及学费的收取等是其独特的业务活动。由于这些业务活动的不同，导致控制活动具有不同的内容，包括：科研经费如何更好地发挥效益，规定应在哪些范围内列支，如何确定审批权限，真正将科研经费落到实处；在学费以及各种培训班费用的收取中如何加强管理、规范收费的流程，如何制定内部控制的措施等。这些内容都应当纳入到高校的控制活动中。

（二）内部控制范围的广泛性

随着高等院校进一步的发展，高校的经济业务活动除了财务上的收支业务外，还涉及预算、基建、采购、资产管理等许多方面，在无形中扩大了高校内部控制的范围，因此这些涉及到“财”的内容，都应当涵盖到高校内部控制中，同时高校内部控制还应当包含组织机构的设置、重大经济事项议事决策机制、不相容岗位分离、内控队伍建设、信息化建设等方面。

（三）内部控制内容的复杂性

首先，现阶段高校经济活动多元化，存在多种性质的经济实体，既有从事教学、科研活动的单位，又有从事服务性、生产性的单位，有的部门“收入比支出多”，还有的部门“只有支出没有收入”。其次，高校经费来源呈现由单一性走向多元化，经费来源有财政拨款、捐助、贷款等。高校的收入项目包括了收取的学费、住宿费、培训费、开展科研及其辅助活动的收入、利息收入等，还有的学校具有经营收入、校办企业收入；支出项目包括了教职员工的工资、奖金、社保、公用经费、科研和教学建设支出、基建和采购支出等。第三，高校的经济活动涉及预算、收支、采购、后勤、筹资、投资和基建等许多方面，会计业务量增加，核算体系包含内容多且复杂。

（四）内部控制目标的多元化

随着高校的发展，其内部控制不仅仅要保证资产安全、各类财务信息的真实准确，而且还逐渐涉及到采购、筹资、基建等各类经济业务活动是否合法合规。由于高校作为事业单位具有非营利性的特点，加之高校具有科研、教学、管理并重的特点，高校内部控制的目标还应当包括高校结合自身管理和提供服务的环境，加强自身管理的控制能力，通过健全有效的内部控制，不断提高科研教学以及管理的效率和效果，因此高校内部控制目标具有多元化的趋势。

二、职业院校内部控制现状分析

（一）E 职业院校内部控制情况

1. 管理制度方面

E 高校实行校院两级管理体制。学校财务处制定了《预算管理办法》《学生收费管理办法》《现金支取管理规定》《票据管理办法》《现金及转账支票使用管理制度》《差旅费开支管理规定》《科研项目经费管理办法》等规章制度，主要负责编制全校的财务预算计划，对学校资金总量进行调控，实行统一领导、分级管理、集中核算的财务管理体制，对各学院进行指导和培训，按照职责办理各类相关业务等。学校资产管理处制定了《固定资产管理办法》《物资设备采购管理办法》《工程项目管理办法》，主要负责学校固定资产的管理，制定采购计划和设备采购、验收工作，并负责学院、部门之间的设备调配，对各学院、部门的设备使用情况进行检查，负责全校基建的总体规划与基建项目的实施工作。

2. 保障措施方面

高校近几年的注重了校园内网建设，各部门通过校园网络办公，发布信息，提高了学校管理的水平，教务、图书、财务、资产管理等也使用了各自的信息管理系统辅助办公。但各信息管理系统之间并不能实现数据的无缝对接，增大了工作量，不便于信息之间共享。

（二）控制体系现状及问题分析

1. 控制环境

高职院校内部控制的环境既包括内部环境如内部组织结构设置、校园文化建设、人力资源政策等，也包括外部环境如法律环境、经济环境等，本文在研究我国高职院校内部控制现状时，主要针对组织结构和人力资源政策等内部控制环境进行的研究。我国高职院校的管理一般仍采用的是行政管理模式，实行党委领导下的校长负责制，组织机构成垂直管理结构形式，从而高层领导的权力很难受到监督和制约，甚至发生越权行使、以权谋私的行为。近年来，高职院校发生的贪污腐败案件，尤其是高职院校在招生、基础设施建设、物资采购、会计基础规范化等方面存在的贪污腐败行为普遍与高职院校的内部组织机构设置不合理，各部门各岗位的责、权、利划分不清，内部监审部门形同虚设，对关键岗位关键人员缺乏有效的监督等因素有关。

高职院校的实力和水平与人力资源水平有很大的关系，两者相辅相成、相互影响。目前，我国高职院校的人力资源管理模式普遍采用传统的人事教育管理模式，并受制于主管部门的约束和要求。现阶段，很多高职院校普遍存在以下问题：只看重高学历高职称，很难对工作的综合表现给教职员工一个公正的评价；教育和行政人员比例不协调，行政人员所占比例偏大；人力资源后续培养方案、措施单一，缺乏有力的留住高技能高技术人才的措施；吃大锅饭的现象严重，没有体现多劳多得的激励约束机制；对行政人员的考核方案和对专职教师的考核方案欠合理等。

2. 风险评估

由于过去我国高职院校的经费来源一般都是财政拨款，按办学规模进行计划招生，高职院校的领导的风险意识淡薄。随着近年来我国高等教育体制的进一步改革，资金来源渠道不断拓宽，高职院校在面临招生生源数量与质量的竞争压力下，开始举借外债，大规模扩建新校区，进行硬件设施设备和软件建设，但却没有财务风险意识并进行财务风险评估。

3.控制活动

目前,高职院校一般依据上年或最近几年的国家预算拨款金额来进行预算管理工作的“估算”,预算编制程序、执行和考核等方面存在许多薄弱环节。主要表现为资产职责不明、多头管理、管理过程脱节、缺乏资产清查措施、资产流失现象严重等,主要发生在采购程序、日常管理、清理报废、监督过程缺乏等环节上。在采购程序上,许多高职院校为迎接国家的评估和验收,通过填报数据平台、填报高职院校实验室数据报表等方式盲目购置了与教学科研极不配套的硬件和实训软件甚至大型设备,造成重复购置资产、浪费资金、利用率低,甚至闲置不用的现象。在资产的日常管理上,许多高职院校不按国家规定进行相应账目的登记工作,从不进行资产清查和盘点。在清理报废资产的过程中,报废资产的随意性太大,经常把有使用价值的台式和笔记本电脑以较低的价格进行报废,导致国有资产大量流失。高职院校的业务活动流程不清、职责不明、领导走一步算一步的发展思路严重阻碍了高职院校的健康发展。

4.信息与沟通

由于高职教育管理体制等多方面原因,高职院校的权力运行缺乏监督机制,更缺乏群众监督,教代会制度也没有真正发挥作用,各部门间、各部门与教职工之间缺乏有效的信息沟通和反馈渠道,滋生了很多腐败现象。

5.监督

高职院校应当明确在内部控制体系中各部门各岗位的责、权、利划分,量化指标和奖惩措施。而很多高职院校的内部控制体系的构建、贯彻执行、检查走形式,审计走过场,监察的范围有限,以点代面、以偏概全,缺乏强制性、统一性、协调性和完整性。由于监督的缺失和失效,部分人员钻空子,故意迟到和早退、拖延工作、相互推诿、互相扯皮,导致工作质量和效率急剧下降。大多高职院校也按照上级部门的要求设置了内部审计部门,学校的纪检部门、监察部门和内部审计部门都在一起办公。内部审计部门通常把审计的工作重点放在了对单位的物资设备采购监督、对费用支出的复核。将大部分时间和精力投入到了资产购置环节和财务复核，而很少涉及到学校的管理和各项业务活动的开展，未涉及到内部控制的关键环节上，没有发挥内部审计部门的真正作用。

三、职业院校内部控制体系构建

(一)内部控制体系构建的原则及思路

目前试行的《行政事业单位内部控制规范》中对内部控制的原则提出了相应的要求，高校在实施内部控制时也应当遵循与事业单位内部控制相一致的原则。具体包含以下四个方面：

一是全面性原则。高校内部控制必须涵盖高校财务、固定资产管理、物资采购、建设项目等各项经济活动，从这些经济活动的计划、组织到实施，乃至监督都离不开内部控制。内部控制是一个全面系统的过程，而不仅仅针对某一方面、某一阶段的内部控制。二是重要性原则。高校内部控制应该在兼顾全面性原则的前提下，针对重要业务与事项、高风险领域与环节采取更为严格的控制措施，确保不存在重大缺陷。三是制衡性原则。高校内部控制必须在学校各学院、机关部处等组织机构设置上权责分明，不能使权利都集中到一个部门，要做到权责对等，同时不相容岗位要确保相互分离，达到相互约束的目的。四是适应性原则。高校内部控制必须充分考虑学校的实际情况，满足所处环境的客观要求，内部控制要做到具体问题具体分析，还要随着各种环境、条件的变化而作出调整，以适应学校的发展。

(二)内部控制体系建设

1.完善内部控制环境

内部控制环境是内部控制体系的重要组成部分，可以为高校的健康发展，内部控制体系的顺利实施提供一个良好的前提。结合高职院校近年来发展的特殊性，我们可以从高职院校的组织机构、校园文化、人力资源战略等方面来完善职业院校的内部控制环境。

(1)建立合理的高职院校组织结构

内部控制的执行力依赖于高职院校的组织结构现状，合理的组织结构能够促进高职院校内部控制的顺利实施。高职院校的组织结构应该注重人员的分工以及权责的划分，保证管理人员的权利分配合理，在有效实施权利的同时避免高度集权的出现，使高职院校的各项决策更加科学民主。合理的组织结构形成了一个完整的监督、控制、风险评估体系，为高职院校各项工作的进展提供有力的保障。

(2)加强校园文化建设

技能训练和素质教育是高职院校教育的两个重要组成部分，衡量一所高职院校的办学质量不仅仅依据其教学设备设施等硬件，更应注重其办学特色等校园文化，加强特色专业建设，可通过校企合作引进积极向上的企业文化。另外，高职院校也应增加境外合作，与境外高校建立友好的合作关系，鼓励学生积极参与到与境外高校的交流合作中。

(3)建立科学合理的人力资源政策

科学合理的人力资源政策是高职院校建立内部控制体系的保障，人力资源政策能够影响每一位员工的工作态度以及道德、能力、绩效等方面的表现，合理的人力资源政策可以提高高职院校教职工的工作效率，对于贯彻执行内部控制具有积极的意义。高职院校还可以通过增加员工培训机会，完善招聘流程等措施提高员工的整体素质。

2.内部控制风险评估机制建设

在进行内部控制的建立和实施时，我们更要关注高职院校在进行各项活动时，可能面临教育教学风险、财务风险、法律风险和贪污腐败风险。风险评估是内部控制的依据，一般说来，我们应从以下几个方面来进行内部控制和风险管理建设。

首先，明确内部控制和风险管理的目标。其次，完善内部控制和风险管理环境，包括建立合理有效的内部控制和风险管理组织体系、打造良好的风险管理文化、加强风险管理信息系统的建设等，为单位进行内部控制和风险管理打好基础。最后，建立一套适合自身实际特点的内部控制和风险管理的流程和方法。

3.控制活动的设计

高职院校内部控制贯穿于高职院校的各项经济业务活动中，为进一步加强内部管理，夯实内部控制，提高管理效率，实现办学目标，高职院校应做好以下几方面的控制活动：

(1)加强对各项收入、收费项目的控制

目前，高职院校的资金来源渠道很广，包括财政部门的投入、学生的学费收入、自创自收资金收入。面向社会服务所取得的培训收入以及收取停车费所取得的收入，其金额不大，但也不能小视。如果对这些收入管理不善、监督力度不够，极易形成“小金库”并滋生贪污腐败现象。为此，在对各项收入进行内部控制时，应把握好以下几个重要环节：学校相关部门面向社会培训所取得的培训费收入，应统一由学校财务部门收取，并由财务部门统一开具。设置合理的收支业务流程，充分发挥会计的审核作用。该校收支业务流程应当先由预算科进行预审，主要审查该业务所涉及的经费是否在预算内，到会计科由会计科人员审核原始单据，审核通过后经相关领导审批，审批后由会计科编制会计凭证并对会计凭证复核，结算科依据复核过的会计凭证处理收支业务并登记日记账，同时会计科的会计根据收付凭证登记明细账和总账。

(2)预算业务的改进

为使 E 高校预算更加准确合理，避免预算粗糙，更大程度上地发挥资金的效益，E 高校应注意以下两点：

第一，加强实际调研，增强预算编制准确性和合理性。E 高校应当提高预算编制的准确性，预算编制人员应根据各建设项目实际情况，进行市场询价，实地调查了解情况，要求编制预算时要尽量细致化。例如，在编制维修项目的预算时，应当提供按图纸编制的预算，包括维修工程量、所用材料用量、规格型号、市场价格。凡资产管理处编制的预算必须经审计处人员审计并由财务处基建会计从专业角度进行审核。

第二，加强预算分析和考核的控制。一是加强预算分析的控制。应当在每月末将预算数和实际执行数比较，可以采用比较分析法、因素分析法等方法，根据财政部 2012 年颁布的《事业单位财务规则》中提供的财务指标查找出存在的差异，并分析出存在差异的原因，了解学校预算执行状况,及时发现学校经济活动中存在的问题,从而确定责任,形成书面的预算分析报告,制定改进的措施,送审计处审计。二是加强预算考核的控制。审计处根据财务处上报的预算分析报告对各部门进行考核,采取实地调查了解的方法,重点考核预算分析是否按月进行、是否制定了改进的措施、对发现问题是否改正、各项支出是否超范围、是否存在各项经费随意相互转换的情况、实际支出是否大于预算、预算是否存在松弛的现象等等,根据实际情况,评定分为"优良、合格、不合格"三个等级,进行定性的考核;每月由审计处将预算分析和考核情况上报学校财经领导小组;由财经领导小组向校长办公会、校党委汇报各部门预算资金使用情况。

由审计处将考核结果在每月中层领导干部会上讲评,对考核结果分项讲评,优良的部门通报表扬,不合格的部门采取通报批评等方式予以警示,并在校园网上公布,接受监督;年终将预算考核的整体情况在校教职工代表大会上作汇报。

(3)筹资与投资的改进

虽然E校贷款大部分由政府偿还,但仍然应当建立债务风险预警体系,确保学校健康稳定的发展。该校应结合自身财务实际状况,建立合理的模型和预警指标,加强财务分析,预测财务风险,给学校领导决策提供可靠的信息。构建债务风险预警体系时需要注意三点:一是预警指标应互相独立,能确实代表该校债务风险主要特征;二是该体系不应只局限于单一的或几个指标,应当由多元化的指标构成,全面、准确地反映学校债务风险;三是需要根据经济环境的变化调整债务风险预警体系。

应当加强资金使用的管理,严把资金使用方向,由审计处对资金的使用情况进行监督、检查,定期评价债务控制的薄弱环节,将检查结果报校党委会,提出整改意见,进一步提高自身债务管理的能力。

(4)固定资产内部控制

E高校资产管理处应加强与财务处以及各学院(部门)的信息沟通,严格执行关于固定资产增加、处置、盘点等的相关规定,做到账账相符、账实相符,严格落实每年的账目核对和实物盘点制度。资产管理处应当按照要求每年与财务处一同对学校的固定资产进行账目的核对和实物的盘点。审计处负责督促资产管理处和财务处落实每年的清查工作，并且将清查的结果在校园网上公布。

各学院（部门）应当明确每件固定资产的责任人，由各学院（部门）的核算员上报到资产管理处进行登记，确保每件固定资产都有专人负责，使用人作为责任人。当固定资产的使用人发生变动时，各学院（部门）应当及时报告资产管理处，对该固定资产的责任人进行变更，实现动态管理。

E 高校应当加强对闲置的固定资产的登记，建立数据库，建立校内固定资产调剂制度，使各学院（部门）之间达到资源共享，减少浪费，防止重复购买，节约资金，使资产发挥更大的效益。

4. 加强信息与沟通

当今世界，人类正步入信息时代，在这样的时代背景下，一所高职院校要想常青并获得成功，要想在激烈的市场竞争中立于不败之地，在很大程度上依赖于其计划和决策的准确性，依赖于学校是否具有一套及时、正确、反应快捷的管理信息决策系统。显然，要提高高职院校的管理决策水平，可以说，信息在其中起着决定性的作用。信息是载体，当今社会是网络信息化时代，谁先掌握了信息，谁便占有了先机。尤其在各高职院校在进行内部管理和控制时，更应该做好信息化环境下的内部控制建设，加强对会计信息化内部控制制度进行评审，加强学生安全、就业等方面的信息化管理。应全面重视和加强学生安全、就业等方面的信息化管理，通过信息化手段如建立 QQ 群，搭建免费的微信平台创造和改善就业服务环境，努力提高学生的综合素质，提高学校在社会中的声誉。面对复杂多变的市场环境，高职院校应将各项经济活动的决策目标及资源配置规划加以量化并控制实施，最大限度地激发教职员工的积极性，挖掘各要素、资源的潜能，保证高职院校目标的完成。

5. 健全内部控制监督与评价制度

E 高校目前内部控制的监督较为薄弱，纪检监察处和审计处有时不能很好地履行职责，除了在保障措施中建议给这两个部门增加人员之外，还应当围绕内控框架体系中的各个方面展开：成立由审计处为主，财务处、资产管理处、纪检处等部门工作人员参与的内控评价工作小组，由审计处处长任组长，涉及的流程和步骤如下：制定评价工作方案；组成评价工作组；实施现场测试；认定控制缺陷；汇总评价结果；编制评价报告。内控评价工作小组拟定评价工作的方案，明确评价范围、工作任务、人员组成、进度安排等，报校长办公会审批后实施。内控评价工作小组成员对本部门的内部控制的评价工作要实行回避制度。通过采用个别访谈、专题讨论、调查问卷、实地调查、比较分析等方法收集对被评价的学院（部门）的内部控制设计和运行是否有效的证据，根据收集的证据，以日常工作和专项工作形成的报告为基础，对内部控制缺陷进行初步的认定，对于确实存在缺陷的，分析原因并提出改进的措施。内控分析小组在综合分析后提出认定意见并汇总评价的结果，形成书面的报告提交校长办公会和校党委会，在校教职代会上对内部控制成效显著的学院（部门）或个人提出表彰，对内部控制成效较差的单位提出批评，予以警示。在合理进行内部审计的同时也应该借助于中介机构的力量进行外部监督，可以聘请会计师事务所对学校的内部控制体系实施情况进行检查和评估，找出不足之处，为学校内控体系的健康稳定发展提供保障。

四、保障职业院校内部控制体系运行的措施

（一）组织保障

首先，提高管理层对内部控制的认识程度和重视程度。高校的决策层、管理层和执行层的所有人，是高校的内部控制制度的具体执行者，他们具有内部控制的执行者与内部控制的受控者双重身份。高校的管理层重视与否及其对此重视的程度，决定着其内部控制制度的设计水平和执行程度，也就直接决定着内部控制的效果。高校要对内部控制引起高度的重视，进一步深化内部控制，积极吸收国际内部控制取得的优秀成果，借鉴我国《企业内部控制基本规范》和《企业内部控制实施细则》的成果及要求，结合其自身的特点及其现有的

资源情况，在明确各自职责和权限分工的基础上，进一步加强从管理者到执行者的内部控制理念的培养，使内部控制深入到学校内部控制所有实施主体的思想中，使内部控制成为其发展过程中的内在动力。

其次，完善内部控制组织体系的建设。内部控制制度是财务控制的基础，没有内部控制制度，财务控制将无从谈起。E院校必须建立有效的内部控制制度，并予以规范化、系统化、制度化，使之成为一个严密而完整的体系，这样才能最大限度地降低学校内部控制的风险。

（二）经济保障

为了给院校内部控制体系的运行给予经济保障，最重要的一点就是运用预算控制法进行教育成本控制。E学院从2008年开始采用预算控制法对部门支出进行控制。

首先，根据招生计划分别确定合理的目标计划。学院将这一目标向各院系传达后，各个院系根据学院目标和各自的实际情况提出自己的部门目标和计划。

其次，根据目标计划确定经费预算。以招生部门为例，招生计划确定后，招生部门开始进行招生准备工作，进行预算。招生部门对于这一项目，可以确定两个非财务的关键性指标：招生人数和招收优秀学生比率。招生人数是验证项目成功与否的第一计量标准。经过招生部门员工充分讨论，反复协商，运用零基预算法预计出实现目标会发生的费用。其中，人员支出、办公费为不可避免的费用，其余费用则可以有所增减。通过以上的预算，可以使学院有限的财力资源按照支出项目的轻重缓急来得到合理的利用，同时在实施过程中可以运用两个绩效指标对招生部门的工作进行控制监督和考核。在年度终了或招生工作结束后，由招生部门对这一项目的执行情况进行总结，提出报告，以供下一年调整预算。

最后，加强预算管理控制。E院校在资金的管理和使用过程中，需要加强对资金的控制和管理，提高资金的使用效率和效益，从而在一定程度上缓解资金需求的压力。而要加强对资金的管理和控制，就要提高预算管理水平，加强学校在资金使用过程的计划性、规范性，减少随意性，减少资金筹集和使用过程中的风险，保证各项工作任务的顺利实现。E院校在预算编制过程中，在“量入为出，收支平衡”的总原则下，坚持预算编制的全面性和科学性，按照全面预算管理的要求，保证重点，兼顾一般，使预算控制的范围涵盖包括教学、科研、后勤、实体投资在内的各个领域和各个层次。在预算编制过程中，加强与各部门的沟通和指导，审查各部门预算的真实性、合理性，确保预算编制立足学校的现实，使预算编制结果更具指导性。

（三）制度保障

首先，健全激励机制。E院校要增加员工人主人翁意识，使员工主动关心学院发展，将个人发展与学校发展融为一体，就要为教职员工提供相应的物质保障。高校要不断提高员工福利待遇，强化激励机制，加强员工的忠诚度，并通过提高员工的业务能力水平的培训，提高员工的综合素质和工作效率。高校的激励机制，主要是通过人事管理、教学管理、科研管理、后勤管理等部门实现的。E院校建立健全激励机制，必须立足于本学校的现实，从物质、精神等多个领域、多个层面对教职员工进行激励，做到成本支出控制与激励机制的有效结合，达到既控制成本又激励员工的效果。

其次，建立配套的评估考核制度。要保证教育成本控制的正常运行，还要建立一套行之有效的管理制度和调动教职工参与成本控制积极性的激励、约束制度。制定科学合理的考核指标，建立有效的考核制度是保证成本控制机制正常运行的有力措施。建立配套的奖励制度，将考核评价的结果反馈到各部门及个人，并给予相应的奖励，激励和鞭策全校教职工更加勤勉工作，自觉地将自己的行为纳入到与学院总目标相一致的轨道中，并争取更好更大的工作业绩。

参考文献

[1][英]马修·雷奇著，谢盛纹译.内部控制设计——提升企业价值的战略过程[M].大连：大连出版社，2011

[2]陈春华.关于高职院校内部控制措施的探讨[J].财税统计，

2011(1)

[3]张翠芬. 高职院校内部控制问题探讨[J]. 管理视野，2008(10)

[4]王晓莉. 我国高校内部控制体系构建研究[D]. 山东科技大学，2011

[5]樊建文. 强化高等学校内部控制的思考[J]. 经济管理，2005(1)

(作者单位：山东经贸职业学院)

中期财政规划和滚动预算改革对高校预算编制的影响研究

孙 栋　孙贤荣　焦朝辉

高校预算是国家财政预算的组成部分。中期财政规划和滚动预算改革的实施必定对高校预算工作产生重要影响。本文分析了目前高校预算编制工作的做法及存在的问题，结合对教育部直属高校 SD 大学试行滚动预算情况的案例分析，总结了高校实施滚动预算的积极意义、存在的问题或者面临的挑战，并对高校做好滚动预算工作提出了建议。

一、中期财政规划和滚动预算改革

2015 年 1 月 23 日，国务院发布了《国务院关于实行中期财政规划管理的意见》(国发[2015]3 号)，对国家实行中期财政规划提出了指导性意见，要求各部门要编制好本部门、本行业的相关规划，中国财政收支管理的战略性转型悄然而至。

在此之前，2014 年 8 月 31 日，全国人大常委会通过了《预算法》修正案，并在 2015 年 1 月 1 日正式执行。新预算法的一个重要改变就是改进了预算控制方式，建立跨年度预算平衡机制。从 2015 年起，国家要求各级财政开始编制三年滚动预算。

将中期财政规划和滚动预算纳入国家治理体系中，实际上就是把重大决策及日常事务安排与财政收支对接起来，决策和收支要对应,不仅大大增强了预算刚性,而且对于政府绩效考核的落实有着积极作用;事权安排与财权布局的结合,有助于政府管理体制的理顺。

高校一般属于财政补助事业单位,高校预算是国家财政预算的组成部分,政府管理战略的改变势必影响高校的管理与发展,给高校管理工作带来一定的冲击,高校必须在国家收支战略改革的大形势下,作出及时的应对和适当的调整。

二、目前高校预算编制的做法及存在的问题

(一)目前高校编制预算的做法

目前高校普遍要编制两套预算,一是上报教育部门的部门预算,二是用于校内管理的校内预算。原则上讲,两套预算应该是一致的。但由于口径和侧重点不同,两套预算在编制时间和编制方法上会有差异。一般来说,校内预算是部门预算的基础。

目前高校部门预算实行“二上二下”编制流程,一般预算年度前一年6月份就开始了“一上”预算的编制,启动时间较早,部分中央专项经费预算编制启动时间还要早些。各高校每年按照财政部和教育部下达的预算编制要求编制预算,在对近年预算编制和执行情况分析研究的基础上,结合学校下年工作计划,初步编制出下年度收支部门预算。待“二上”部门预算时,一般要到11月下旬和12月初。校内预算的启动时间有早有晚,早的大约在预算年度前一年的9月份,晚的可能会到预算年度开始时。

无论部门预算还是校内预算,收入的测算是基本相同的。收入预算按照来源分类与校内相关职能单位沟通,测算学校收入能力。高校收入预算,目前主要包括财政拨款、上级补助收入、事业收入、附属单位缴款和其他收入等项目。其中,财政拨款情况和上级补助收入完全依靠政府,尤其拨款中的专项拨款,受政府拨款政策影响较大。事业收入中,教育事业收入一般根据学生人数和收费标准可以进行测算,科研事业收入根据往年实现情况和项目申报情况进行估算。其他收入主要包括投资收益、利息收入等,根据上年情况和主要影响因素变化进行估算。

支出预算的测算，在部门预算和校内预算中是有所区别的。部门预算中的支出预算包括基本支出预算和项目支出预算两部分：基本支出预算分为人员支出预算和公用支出预算，都是按照支出的经济分类编制预算的；项目支出预算则主要根据中央拨款情况编制，部属高校按照教育部下达的项目编制，该项目是教育部事先通过教育部各口申报审核、经过专家论证、最后确定的项目，学校按照教育部批复的项目任务书的要求来执行预算。一般来说，中央安排多少经费，学校就编制多少项目预算。

在校内预算中编制支出预算时，一般分为基本支出和发展性支出，但高校都是以项目的形式管理的。基本支出中也分为人员支出和公用支出：人员支出与部门预算中的人员支出差别不大，都是分为工资、津贴、社会保险费等项目；在编制校内预算的公用支出时，不是像部门预算那样，按照办公费、差旅费、印刷费等分类编制预算，而是拆分为部处运行经费、后勤运行经费、校级专项等许多项目，项目安排的原则在于维持学校的正常运转。学校的发展性支出预算，除了中央拨款的项目外，学校必须安排提升学校办学水平和教学质量的学科建设经费和质量工程经费等。在校内支出预算中，基本支出中安排的项目一般是延续性的；每年都需要安排经费的，发展性项目则是根据学校每年的事业计划和工作重点安排。

（二）目前高校预算编制中存在的问题

1. 高校项目支出预算编制与学校年度发展计划脱节

由于项目支出预算几乎要提前一年编制，而高校下一年度工作计划往往要在年底才会制定，造成项目支出预算编制与年度发展计划不完全吻合，使某些项目支出预算在实际执行过程中必须进行调整，否则就很难实施甚至造成损失浪费，而现行预算调整程序又比较严格、报批时间也较长，为了不影响到学校年度发展计划的执行及落实，高校往往自行调整项目支出预算甚至不按财政批复预算执行。

2. 部门预算与校内预算“两张皮”

由于部门预算与校内预算编制时间上不一致，部门预算比校内预算启动时间早，部门预算中关于财政拨款的预算确定的时间又较晚，校内预算与部门预算不能完全一致,部门预算与校内预算"两张皮"。

3.预算编制方法简单,预算的准确性有待提高

在预算编制过程中,收入支出的预算编制方法简单,预算内容不完整,预算和实际发生数存在很大差异。无论部门预算还是校内预算,名义上采用零基预算,高校在预算编制中往往不以部门或单位的具体人员状况或实际业务发展为基础来确定预算收支总体水平,调整支出结构,没有对项目的需求进行再论证,而是仍采用"上年基数+本年因素"的办法,使本年度核定的支出指标受原有费用项目和数额限制,与实际情况有一定的差距,在一定程度上固化了资金在各部门之间的分配格局,造成预算盘子越做越大,预算缺口越来越大,资源没有得到有效配置,不利于高校的发展。

三、SD大学试行滚动预算的实例

SD大学是一所教育部直属的高等学校,学校规模比较大,校区和校园比较多。学校有教学学院30个,校部机关单位和校内直属附属单位等共50多个,学校还有若干的研究中心。

SD大学在2014年9月布置2015年的校内预算时,开始尝试让校内各单位编制三年滚动预算。按照"近详远略"原则,要求各单位在详细报送2015年校内预算的基础上,结合各单位中长期发展规划合理预计、粗略编制2016年、2017年收支预算,重大收支项目要求不遗不漏。

学校启动三年滚动预算的编制后,虽然在布置大会做了充分动员,但校内仍有许多单位对编制三年预算有异议。主要的异议点是:学校下一年度的工作计划尚未明确,编制一年预算尚不准确,更遑论编制三年预算;编制三年预算会增加单位的工作量;如果编制三年预算,是不是意味着后两年的项目一定会予以批复,可否先行启动。

虽然有异议,各单位基本都按时完成了预算报送。各单位报送情况汇总如下:收入预算,一般单位三年报送的收入数都相同,没有考虑收入的增量;支出预算中,基本支出预算,有的单位按"定量加增长"的方式报送,有的单位三年报送的数字一样;项目支出预算,大部

分单位三年的专项是一样的，只有极个别单位报送的三年专项预算有年度差异。从报送的结果来看，虽不令人满意，也在意料之中。因为学校的中期财政规划尚未启动，学校3～5年的事业计划尚未确定，校内各单位只能按这种方式报送。

同时，由于SD大学2014年是第一年启用校内的预算管理系统，滚动预算的编制对预算软件提出了更高的要求。原先开发软件时，虽然对滚动预算的编制做了预估和端口预留，但并没有详细、充分地考虑滚动预算中年度预算的衔接、三年项目库的建设等问题。学校启动三年滚动预算后，预算软件的升级面临着一系列问题，最突出的就是项目库的建设。实施滚动预算后，项目库必须滚动建设，比如对于一个建设期为4年的项目，在预算系统中如何安排项目库，可以有两种选择：一是在项目库中报送一个项目，项目中列明三年的预算数；另一种方案是在项目库中按年份报送三个项目，每个项目是当年的预算数。两种选择各有利弊。但经过与软件提供方的讨论，SD大学选择了第二种方案。

2014年10月底前，各单位上报了三年预算。由于时间和人力限制，SD大学财务处预算科仅对2015年预算进行了详细测算、核定，并在2015年初下达了校内2015年的预算。对于2016年和2017年预算没有进行汇总和测算。

四、对SD大学试行滚动预算的分析

SD大学实施滚动预算，是在国家财政改革大形势推动下，学校所做的积极尝试和探索。这些尝试对学校财务工作，尤其是预算工作的推进有着积极意义，但同时也存在着许多困难和不足。

（一）SD大学试行滚动预算的积极意义

1. 提升了校内单位对编制滚动预算的认识，推动了学校中长期事业计划和中期财政规划的编制

滚动预算与学校中期事业规划是相辅相成的：没有明确的事业计划，滚动预算的编制是无本之木，预算在执行过程中必然会随着事业计划的变动而进行着诸多调整；在编制事业计划的过程中，如果不

考虑学校的收支规模，不考虑学校的财务状况，所做的事业计划没有财力的支撑，事业计划的可执行性也会大打折扣。SD大学滚动预算的率先编制，虽然目前局限于形式，使校内各单位对滚动预算有了新认识，滚动预算不再只是"纸上谈兵"。

2. 提高了预算编制的前瞻性和准确性，会有效地减少预算调整事项

由于实施滚动预算，所有单位应该对三年内大额的支出计划有预期和考虑，并且按轻重缓急排序，除国家政策调整等不可预计的情况，可以有效避免以前预算工作中出现的重大事件漏项问题。由于按照"近详远略"的原则编制，年度预算的准确性比以往有所提高。

3. 提高了预算的刚性，提升了预算的地位

在学校，预算一直以来没有得到充分的认识，部分单位认为预算可有可无，或者认为预算就是一个形式。实施滚动预算后，所有事项必须纳入学校预算中才能获得经费支持，已经纳入预算管理的项目，必须按照预算执行才能获得下一年度的经费，预算的重要性被重新认识，预算的刚性得到增强。

4. 提高了预算的可执行性

实施滚动预算后，项目申报单位不必像以前那样为了争取有限的资源，在一年内报送整个项目期的需求，预算安排时也是根据项目当年的切实需求，当年纳入预算的是项目当年所需经费，项目预算的可执行性非常高。

5. 为做好绩效预算打下基础

实施滚动预算后，预算安排与项目年度需求基本吻合，可以在每个预算年度结束后，对分年度安排的预算项目进行年度绩效考核，为下一年度项目的预算安排提供依据，可以提高资金的使用效益。

（二）SD大学试行滚动预算中存在的问题和面临的挑战

1. 学校的中长期事业计划尚未编制

由于学校的中长期事业计划尚未编制，校内各单位在编制预算时没有明确的指导和方向，有些事情准备要做，但无法判断是否符合学校的规划。学校处于快速发展时期，学校各部门都希望加大对自

己的投入。如何将有限的资源进行最合理、有效的分配，如何保证学校重点事业计划的发展就成为难题。究其原因，就是学校没有编制切实可行的中长期事业计划，校内各单位在编制预算时就无章可循。

2. 跨年度的预算平衡如何执行

SD 大学虽然试行编制滚动预算，但没有真正编制后两年预算，只是将其作为预算安排的参考。预算也仅在当年进行了平衡，没有启动跨年度的预算平衡。这其实涉及一系列问题：后两年的预算到底如何做，如何平衡，如何下达，在再下一年度预算启动后如何修正预算，再往下如何进行预算平衡等等。这些问题在第一年启动时还未真正涉及，如果不加以考虑和切实执行，那么滚动预算就会流于形式。

3. 预算工作的工作量会成倍增长

如前面所述，SD 大学在推进滚动预算的过程中是持积极态度，但在第一年试行时，为何后两年的预算没有进行汇总和统一平衡？其中一个重要的原因就是时间太紧，工作量太大。三年的滚动预算，意味着原来做年度预算时只需做一遍的测算工作，现在至少要变成三遍。如果再加上年度间的预算平衡，一个数字的变动就会影响三年的平衡，其工作量的增加是巨大的。在没有配备充足的预算工作人员、年度预算又必须按时下达的情况下，滚动预算只能流产。所幸 SD 大学在 2014 年开发了一套校内预算管理软件，减少了原先手工预算时的重复工作量，但是要在预算系统中实现滚动预算的预算平衡，仍需要软件的二期开发。

五、对高校编制滚动预算的建议

1. 充分认识预算编制的重要性

预算工作是学校财务工作的龙头，做好预算工作能更好地推进其他财务工作。预算工作绝不仅仅是财务部门的工作，它涉及学校的各方面，是集全校力量才能做好的，而编制滚动预算则更是将预算这个面推向纵深。对于滚动预算工作，学校领导层面要高度重视。只有学校领导层面重视了，才能调集全校力量做好这项工作，滚动预算才能真正落到实处。

2.尽早做好学校的中长期事业计划和中期财务规划

学校的中长期事业计划必须与学校的中期财务规划相配合。由于高校的收入一般比较稳定,学校的事业计划一定要根据学校的财务情况做出合理预期,避免冒进。

3.成立专门的预算工作小组

编制滚动预算后,对项目可行性和必要性的论证要求就更高,仅靠财务人员无法进行判断。学校可以成立由财务部门牵头,校办、审计、人事、资产、教务、研究生院、后勤保障等部门人员组成的预算工作小组,由工作小组负责对项目的必要性和可行性进行论证,对预算金额提出安排建议,根据项目轻重缓急进行排序。学校财务部门可以根据学校财力情况,按照项目排序安排预算。

4.选择或者开发适合自己学校的预算管理软件

要做好滚动预算,必须要解决滚动预算所带来的工作量问题,最有效的途径是依靠信息化。预算工作是一项管理工作,各校的管理体制不同,校内的架构不同,在编制预算时也各有差异。选择适合自己学校的管理软件会达到事半功倍的效果。

5.与绩效管理相结合

在学校编制滚动预算的同时,可以开展学校的绩效预算。由于滚动预算的施行,会使得年度预算更为准确,这样更利于开展绩效评价。尤其是对于长期项目,避免了原来的预算与用款需求不一致的现象,可以更好地进行中期评价。而绩效评价结果的应用,也会改变原来"基数加增长"的简单预算安排方法,促进预算安排更加有效、合理。

六、结束语

本文是仅以SD大学为标本进行的分析研究,只是代表了一部分与SD大学管理类似的高校,分析结果的应用不一定适用于省属院校或者民办高校。由于SD大学是第一年试行滚动预算,样本时间太短,不足以说明全部问题。如何做好高校的滚动预算编制将是下一步研究的重点。

参考文献

[1]吴卫.完善高校预算编制的探讨——基于部门预算和校内预算编制实务视角[J].商业会计,2015(4)

[2]杨体军,李晓婧,张春霞,王威.高校预算管理现状及问题研究[EB/OL].中华人民共和国财政部网站

(作者单位:山东大学)

高校内部控制体系建设问题研究

杜宗刚　王培承　邵翠翠　雍爱莲

财政部于2012年11月正式发布了《行政事业单位内部控制规范（试行）》并于2014年1月1日起，在我国行政事业单位范围内全面有效实施，使高校开展内部控制成为必然。高校内部控制是为了确保高效开展教学科研工作，强化高校财务信息的真实可靠性，从而更好地推动学校发展与进步。财政部部长楼继伟指出：当前和今后一个时期，要重点围绕完善制度、明确职责、理顺流程、控制节点，加强监督，下大力气提高内部管理和控制的有效性，推进财政管理科学化、规范化和信息化。随着市场经济不断发生变化，高等教育体系改革进程的不断深化，我国高等院校的性质也出现了明显变化。现代高校已经从以前的事业单位逐渐转化成具有自主权的法人实体，高校办学所需的经费不再单纯依靠政府拨付，学校内部各个部门的经济活动也愈发频繁。但是，当前高校各部门却是各自为政，并未执行统一的财务制度，内部控制工作也没有统一的标尺，为高校带来了极大的财务风险，因此建设完善的学校内部控制体系是新常态下高校发展的必然选择。

一、高校内部控制体系建设应遵循的原则

（一）合法且适用的原则

高校内部控制体系首先应符合相关法律的规定，在此基础上结

合本学校自身的具体情况，实事求是地从宏观、微观上综合考量，建设起真正适用的内部控制体系，满足高校的实际发展需求。

（二）全面且系统化的原则

在内部控制中“全面”可以理解为广度，系统化可以理解为深度；我们要做到既广又深。

高校所建设的内部控制体系的涵括范围既要涉及到学校全部经济活动的每一个环节，又确保所有部门及岗位工作的开展，充分号召所有教职员工做好每一环节的控制工作，必要的话针对较为关键的工作环节适当加大控制力度，实现全面与针对性共存。

（三）责任权利相结合的原则

责任与权利向来就是相辅相成的，没有无权利的责任，也没有无责任的权利。高校内部控制系统也不例外，任何一个部门及岗位都要有具体的职责范围，同时掌握相应的权利，根据教职员工责任的承担与落实，给予相应的奖励与惩处。

（四）成本效益均衡的原则

在进行内部控制体系建设及投入实施的过程中必然会需要消耗一定的人力、物力，这就产生了相应的成本费用。高校内部控制体系在建设的初期就要对投入成本与获取收益问题加以全面衡量，在确保内部控制体系遵循全面性原则的前提下，删减不必要的环节，进一步强调重点环节，达到成本和收益均衡。

（五）动态性发展的原则

高校都会受到不断变化的内部条件和外界环境的影响，高校内部控制体系在保证基本框架稳定的前提下，并非固定的，还要结合所处条件的变化不断调整，及时满足实际需要。

二、高校内部控制体系的建设内容

（一）高校内部控制体系中内部环境的建设

内部环境建设是控制体系建设的基础，它能够营造积极向上的校园氛围，使学校教职员工形成较强的内部控制意识，并积极地去配合支持学校控制体系的建设。

1. 加强宣传，统一认识

当前在高校内部，针对内部控制，很多管理人员没有一个明确概念，往往对于内部控制体系的建设问题秉承忽视的态度。针对这种情况，高校必须要在全校范围内加大对内部控制相关知识的宣传力度，采取培训、讲座、约谈等方式，让管理层和教职员工更加深入地了解建设内部控制的必要性，从而让广大教职工思想上达到统一。

因此，高校一定要对内部控制工作的开展给予充分重视，让所有工作人员在所有工作的所有环节都符合相应的制度要求。在进行体系设计的过程中，应着重凸显出内部控制的整体性特点，由事前事后控制方式逐渐转变成事前预防的控制方式，让内部控制切实做到事前、事中、事后一体化预防。

2. 完善组织机构

我国高校组织机构是依据政府部门组织机构的设立原则建立的，存在行政管理机构繁杂、人员配置多、岗位职责不明确，以及部门之间协调配合差等问题，缺乏量化的考核体系。

因此，高校应不断完善组织机构的设置，根据学校自身的办学目标和办学特点，完善学校组织机构，满足学校内部管理的需要，符合部门间协调控制的要求，同时明确各部门内部岗位职责，制定相应的规章制度，提高部门之间的协调配合能力。

（二）高校内部控制体系中控制活动的建设

1. 筹资活动的内部控制

筹集资金，是新常态下高校应重点关注的经济事项。高校对筹资的控制是很有必要的。山东省出台了《山东省高等学校债务化解奖补政策实施意见》，要求高校在保证学校发展必需资金前提下，加强经费管理，多措并举，积极化债，防止重新出现债务反弹。这给筹资活动提出了更严格要求，使各高校筹集资金，要做到事前预算、事中控制和事后监督。

事前预算：高校在筹资之初就建立起有效的预算制度、审批制度和风险预警机制，控制筹资规模，降低筹资成本，监控筹资风险。筹资之前要实施严格的审批流程，在筹资方案审批中应贯彻集体决策的原则,会议集体表决通过或联签制,不得由一人决策或拍脑袋决策。

事中控制:高校取得资金后要指定部门严格控制资金的投向和使用,对资金使用进行全程跟踪,与预算方案进行比较,分析差异,对筹资的效益性要进行考核和评价。

事后监督:事后要有不同部门对筹集资金的使用和回收进行监督,必要时委托外部机构进行审计。

2. 采购业务的内部控制

虽然采购业务的环节并不复杂,但采购业务潜藏的风险却是巨大的。高校的物资采购包括办公设备、专用设备、图书、教材以及学生用品、办公用品等,高校应对采购业务流程进行全面的分析与评价,确保内部控制流程科学合理,保证物资采购顺畅并保质保量到位。

采购业务环节中,内部控制的关键主要有以下两点:

(1)通过采购招标程序。为了防止物资采购的超实际需求、超配置标准,要制定科学合理的采购计划,并通过招标采购。采购计划应根据现有库存物资情况,以及当前的需求情况制定,并严格按规定权限和程序进行审批。采购过程要重点控制供应商的确定环节,严格按照政府采购的相关要求,参照公平、公正和竞争的原则选择供应商。能够实施公开招标的项目要进行公开招标,确保以最优"性价比"采购符合需求配置的物资,杜绝采购环节中的舞弊行为。

(2)实物验收环节。招标后,对购进的实物,要严格按照配置标准进行验收,通过实物验收环节,杜绝以次充好事件的发生。

3. 固定资产管理的内部控制

固定资产管理的内部控制建设,是高校内部控制的重要目标之一。高校固定资产的价值较企业低,且固定资产分散于内部多个部门多个环节,必须由各部门齐抓共管,因此固定资产管理是高校内部控制的重点和难点。目前高校固定资产管理面临的主要问题是:固定资产取得时未经充分论证,使用效率不高,维护不当,固定资产的不足和过剩同时存在。

针对高校的固定资产内部控制，可以采取以下措施：

(1)落实到使用部门，直至责任人。

(2)建立固定资产卡片，进行领取登记签字确认。

(3)使用人与固定资产价值挂钩，使用人需缴纳一定金额的保证金，如果固定资产出现人为原因损坏，使用人需扣除保证金，按照市场价值赔付。

(三)高校内部控制体系中控制手段的建设

1. 高校预算控制

高校预算是合理节约开支、促进管理目标实现的重要手段。通过预算将高校的资金、实物以及信息贯通在一起，从而提高资金的使用效率。

预算是高校的一项重要工作，根据责权利原则，建立相对独立的预算部门，是实现预算工作的保证，因此，有必要建立完善的预算组织机构，全面负责预算的实施工作。该预算部门可以隶属于校预算领导小组，根据学校的具体情况，编制预算方案，报经校预算领导小组批准后，再交由财务部门予以执行，将预算层层分解落实到各部门。

预算编制部门，应根据支出的不同性质采取不同的预算编制方法。基本支出可采用定额预算方法，根据以前年度的支出情况综合确定预算定额，并根据执行年度的具体情况进行调整。项目支出应采用零基预算，以零作为出发点，根据该项目的具体需要和发展，逐项确定预算金额。

高校已完成审批的预算应严格执行。在保证预算刚性的同时，要注意预算执行的灵活性。应制定严格的预算调整审批流程，重要的预算调整要经校预算领导小组再次审批，以确保批复预算的严肃性。加强对预算执行约束力的宣传，提高内部职工的认识，加强对预算执行过程的跟踪和监督，随时掌握各部门预算执行情况，做好信息反馈工作，对预算执行的偏差，及时采取控制和调整措施，确保预算的顺利执行。

预算考评是整个预算工作的最终环节，也是最为关键的一个环节。预算考评不应停留在表面阶段,考评的关键是及时发现并调整预算和实际执行中存在的偏差,保证预算能够顺利执行。进一步督促各个部门及岗位预算任务的落实,实现学校的发展目标。

通过以上控制使高校真正做到预算编制有目标,预算执行有监控,预算完成有评价,评价结果有反馈,反馈结果有应用。

2. 资金控制

随着《山东省省级预算单位公务卡管理暂行办法》的出台,各高校制定了《公务卡报销结算管理办法》,明确公务卡使用范围,严格控制现金结算报销,规范公务消费报销流程。各高校在发生公务支出时,除从零余额账户和各开户银行转账支付外,基本都应使用公务卡结算;对不具备刷卡条件的公务支出,由高校财务负责人事前核准后,再找校领导签批方可使用现金结算。

3. 内部授权审批控制

对与高校经济活动有关的重大决策、重要人事任免、重大事项及大额度资金运作,即"三重一大"业务,必须由领导班子集体作出决定,建立起集体决策和会签制度。重大决策事项是指事关高校改革发展稳定全局和广大师生员工的切身利益,依据有关规定应当由领导班子集体研究决定的重要事项;重要人事任免事项是指高校科级及以上干部的任免和需要报送上级机关审批的重要人事事项;重大事项安排是指对高校规模条件、办学质量等产生重要影响的项目设立和安排;大额度资金使用是指超过高校所规定的党政领导人员有权调动、使用的资金限额的资金调动和使用。高校20万元以上资金的调动和使用,均须经学校党委会研究。

4. 各类单据控制

主要分为高校内部表单控制和外部票据控制。

高校内部表单控制有公务接待审批单、因公出差审批表、会议呈批表等。

公务接待审批单必须由经办人签字,填写日期,填写接待对象的姓名、单位、职务/职称、联系电话、事由;接待单位填写活动项目、时间、地点、校内参加人员及初步预算费用。由所在部门、院(系)负责人签字后，送高校办公室审核，再由分管/联系校领导审签，最后由党委书记/校长签批方可接待。

因公出差审批表，填上日期、姓名、所属部门、院（系）、职务/职称、外出事由、任务来源、外出地点、预定时间、同行人员、是否对方安排住宿、餐饮、是否乘飞机、经费预算等。然后由部门、院（系）签字后，由专项经费主管职能部门审核，经分管/联系校领导审签，最后由党委书记/校长签批方可出差。

会议呈批表，填写部门、院（系），会议名称、会议地点、会议时间、出席会议代表、会议工作人员及其他与会人员；会议预算收入与会议预算支出有项目、标准、金额，经部门、院（系）填写审批意见后，由主管职能部门负责人审核，经分管/联系校领导审签，最后由党委书记/校长签批方可举办会议。

外部票据控制，是指在报销环节使用的外部凭证各种车票、机票及购物发票。开具的住宿费发票、火车票或飞机票等必须是政府采购指定的单位而且要求用公务卡结算，报销时附上公务卡支付结算凭证。

（四）高校内部信息传递系统建设

内部信息传递系统，可以定义为内部控制的“大脑”，利用内部信息传递系统将各个系统联系在一起，真正做到一个整体。

在学校内部建立一个完善的内部信息传递系统可以获得更加良好的控制结果，帮助内部控制价值更加充分地体现。另外，通过信息传递可以让管理者在第一时间了解到学校的具体运作情况，发现工作中存在的问题，并将信息传达给教职员工，让所有人都可以时刻掌握学校的运作状态。

因此，新常态下高校要建立起多渠道的内部信息传递系统，在进行信息传递的时候可以通过布告栏、数字化校园网主页、局域网、微博、微信等把学校管理者的指示联系起来，而基层教职人员的意见想法也可以反馈给管理层。另外，利用内部信息传递系统，将管理问题、决策及结果公布开来，这样一来就能够让管理工作的开展始终处在教职员工的监督下，确保消息的进一步透明化。

三、结束语

总而言之，在新常态下，结合当前的市场经济与教育环境，高校必须要认清自身所面临的挑战，从实际出发，结合自身的发展情况，建设一套完善有效的内部控制体系。

有了完善有效的内部控制体系，可以有效避免各种违规违法经济行为的发生，从而营造更加安全的财务环境，进而推动高校教育资源科学配置；可以有效防范和预防腐败，为高校更好更快发展提供有力保障。

参考文献

[1]温洁茹. 财务舞弊识别与治理：内部控制体系建设[D]. 西南财经大学，2012

[2]胡兴国，王晶. 信息化背景下内部控制体系建设研究[J]. 财会研究，2009(3)

[3]张祖飞. 我国高校内部控制体系建设研究[J]. 西安邮电学院学报，2009(4)

[4]许群，章海嵩. 浅谈以“建设节约型大学”为导向的高校内部控制体系建设[J]. 经济研究参考，2009(69)

[5]傅振邦，何继承. 内部控制体系建设需关注的几个问题[J]. 财会月刊，2010(25)

（作者单位：潍坊医学院）

事业单位财务规范化建设研究

——以山东交通学院为例

王 平　闫德志　孙明灿　王桂芬

一、研究意义与目的

随着我国高等教育事业的迅猛发展，我校的办学规模不断扩大，办学的市场化格局逐步形成，教学经费从单一的财政拨款发展到多渠道、多形式的资金筹集格局，收支的形式也从初始简单的行政财务收支到目前相对复杂的以部门、院系为单位的经费收支和经营收支核算，但我校在财务管理和核算方面没有跟上财务管理形式上的转变，人员缺乏，忽视了高素质财务人员的配备，财务管理仍然停留在简单的收支核算层面。

财务部门在重大的经营决策、投资决策以及分配政策等方面参与较少，在资金管理中没能发挥更好的监督作用，导致出现一些漏洞与弊端。为了我校教育事业的可持续发展及“十二五”规划实现，我校财务管理规范化势在必行。

本项目结合本人工作经验，在分析近年来我校财务管理现状的基础上，剖析其中存在的问题，探究问题的根源所在，结合我校的实际情况及“十二五”规划，制定规范化管理措施，旨在提高对广大师生的服务质量与服务效率，促进学校更快更好地发展。

二、研究现状

规范化是指将某一领域的东西进行科学和系统的归纳、总结、修订、完善，从而形成一系列被人们公认并自觉遵守的标准的过程。目前我国高校财务管理仍然停留在经验管理阶段，如果能够通过一定的方法，将其规范化、标准化，将快速提高我国高校财务管理水平，引导我校财务管理向科学化、标准化、规范化阶段过渡，实现管理质量的飞跃和服务质量的提升。

财务管理是学校管理的一个重要组成部分，其管理质量关系到学校资金运作，关系到学校的长远发展。近年来，学校出台了一系列财务规章制度，对于加强财务管理工作，起到了促进和规范作用，财务管理水平有了明显提高。但从财务管理工作的实践看，我校财务管理的规范化建设在以下方面还有很大的提升空间：财务工作指导思想、财务工作体制、预算管理、资金安全与财务风险控制、财务业务流程、财务信息化建设、财务制度建设、财务监督、财务队伍建设、财务状况评价等等。

目前国内对于财务管理规范化的研究较少，主要是针对某一个方面的规范化管理进行研究，比如科研经费管理、专项资金管理等方面，而且，只是提出某些方面缺乏规范化管理，但是对于如何进行规范化管理提出的比较实用的意见和建议较少，对于规范化管理的现状缺乏合理有效的评价，只是单纯地给予定性评价。本研究将针对这些存在的问题，利用数据，进行模糊综合评价，然后根据评价结果对于规范化建设提出意见和实用建议。

三、研究方法

运用层次分析法和模糊综合评判法对高校财务规范化的现状进行模糊综合评判。下面我们对高校财务管理规范化建设利用模糊综合评判法进行评判，找出高校在财务规范化建设中存在的主要问题，以便于更好地加快财务规范化建设，为高校各项事业发展做出更大的贡献。步骤如下：

步骤一：确定评价对象为高校财务规范化建设情况，找出影响评价对象的相关因素，建立评判因素集。记为：$U=(u_1,u_2,\cdots,u_m)$，其中 $m>0$，U 为评价对象，u_m 为评价指标，评价指标如下：

u_1：预算管理　u_2：经费管理　u_3：业务建设　u_4：队伍建设

u_5：内部审计

步骤二：对每个评价指标进行描述，建立评语集。记为：$V=\{v_1,v_2,\cdots,v_n\}$，其中 $n>0$，v_n 为不同级别的评语。

v_1：好　v_2：较好　v_3：一般　v_4：较差　v_5：差

根据调查问卷一整理得出评价指标与评语集之间的相关数据如表 1 所示。

表 1　　评价指标调查数据

	好	较好	一般	较差	差
u_1：项目审批	0.16	0.21	0.33	0.19	0.11
u_2：预算编制	0.11	0.26	0.29	0.19	0.14
u_3：会计核算	0.17	0.15	0.32	0.21	0.15
u_4：内控制度	0.16	0.19	0.27	0.25	0.13
u_5：财政监督	0.15	0.21	0.27	0.23	0.14

联合以上九个单因素的评价向量，得到评价矩阵 R，如下：

$$R=\begin{bmatrix} 0.16 & 0.21 & 0.33 & 0.19 & 0.11 \\ 0.11 & 0.26 & 0.29 & 0.19 & 0.14 \\ 0.17 & 0.15 & 0.32 & 0.21 & 0.15 \\ 0.16 & 0.19 & 0.27 & 0.25 & 0.13 \\ 0.15 & 0.21 & 0.27 & 0.23 & 0.14 \end{bmatrix}$$

步骤三：确定权重分配，权重即为每个评价指标对评价因素的影响程度。记为：$W=(w_1,w_2,\cdots,w_m)$，其中 w_m 是与 u_m 相对应的评价指标的权重，且满足 $\sum_{i=1}^{m} w_1=1$。

本文所建模型中的评价指标的权重值由调查问卷二整理得出。

由于在模糊综合评判过程中，权重体现了每项指标在指标体系中的重要程度，因此权重确定的是否科学、合理，会直接影响评判结果的准确性。本文采用层次分析法来确定权重。

根据调查问卷整理得出权重评判矩阵，见表2。

表2　　**权重评判矩阵**

x_i \ x_j	U_1	U_2	U_3	U_4	U_5
U_1	1	1/3	1/5	1/5	1/5
U_2	3	1	1/3	1/3	1/5
U_3	5	3	1	1/3	1/5
U_4	5	3	3	1	1/3
U_5	5	5	5	3	1

根据上表得出权重评判矩阵 A，如下：

$$A=\begin{bmatrix} 1 & 1/3 & 1/5 & 1/5 & 1/5 \\ 3 & 1 & 1/3 & 1/3 & 1/5 \\ 5 & 3 & 1 & 1/3 & 1/5 \\ 5 & 3 & 3 & 1 & 1/3 \\ 5 & 5 & 5 & 3 & 1 \end{bmatrix}$$

根据公式：

$$w_i=\frac{1}{n}\sum_{i=1}^{n}\frac{a_{ij}}{\sum\limits_{k=1}^{n}a_{kj}},i=1,2,\cdots,n$$

计算权重，过程如下：

当 $n=5$ 时

$$\sum_{k=1}^{9}a_{k1}=1+3+5+5+5=19$$

同理

$$\sum_{k=1}^{9}a\,k_2=12.3333\sum_{k=1}^{9}a_{k3}=9.5333\sum_{k=1}^{9}a_{k4}=4.8667\sum_{k=1}^{9}a_{k5}=1.9333$$

由此立即可得：

$$w_1=\frac{1}{5}\left(\frac{1}{19}+\frac{0.3333}{123333}+\frac{0.2}{9.5333}+\frac{0.2}{4.8667}+\frac{0.2}{1.9333}\right)=0.0490$$

同理可得：

$w_2=0.0892$　　$w_3=0.1566$　　$w_4=0.2398$　　$w_5=0.4653$；

由于，$\sum_{i=1}^{9}=1$，从而得权向量为：

$w=\{0.0490\quad 0.0892\quad 0.1566\quad 0.2398\quad 0.4653\}$

下面进行一致性检验：

$$A_w=\begin{bmatrix}1 & 1/3 & 1/5 & 1/5 & 1/5\\ 3 & 1 & 1/3 & 1/3 & 1/5\\ 5 & 3 & 1 & 1/3 & 1/5\\ 5 & 3 & 3 & 1 & 1/3\\ 5 & 5 & 5 & 3 & 1\end{bmatrix}\begin{bmatrix}0.0490\\ 0.0892\\ 0.1566\\ 0.2398\\ 0.4653\end{bmatrix}=\begin{bmatrix}0.2511\\ 0.4615\\ 0.8423\\ 1.3775\\ 2.6590\end{bmatrix}$$

最大特征根 $\lambda_{max}=\sum_{i=1}^{n}\frac{(A_w)_i}{nw_i}=5.4264$

一致性比率：

$$CR=\frac{\lambda_{max}-n}{RI(n-1)}=\frac{5.4264-5}{1.12(5-1)}=0.0952<0.1$$

表 3　　随机一致性指标

维数	1	2	3	4	5	6	7	8
RI	0.00	0.00	0.58	0.96	1.12	1.24	1.32	1.41

其中：RI 经查表 3 得知，$n=5$ 时，$RI=1.12$

由于 $CR<0.1$，所以结果认为是满意的，一致性检验符合要求。

步骤四：得出评判对象 U 的综合评判向量，根据下面公式计算：

$$A_n=W_M\cdot R_{mn}=[0.0490\quad 0.0892\quad 0.1566\quad 0.2398\quad 0.4653]\cdot\begin{bmatrix}0.16 & 0.21 & 0.33 & 0.19 & 0.11\\ 0.11 & 0.26 & 0.29 & 0.19 & 0.14\\ 0.17 & 0.15 & 0.32 & 0.21 & 0.15\\ 0.16 & 0.19 & 0.27 & 0.25 & 0.13\\ 0.15 & 0.21 & 0.27 & 0.23 & 0.14\end{bmatrix}$$

=[0.1525　0.2003　0.2826　0.2261　0.1377]

=[好,较好,一般,较差,差]

由步骤五的评价结果可以看出:高校财务规范化假设情况对“好”的隶属度只有15.25%;对“较好”的隶属度为20.03%;对“一般”的隶属度为28.26%;对“较差”层次的隶属度则为22.61%;对“差”的隶属度为13.77%。由于对“一般”和“较差”两层次的隶属度之和28.26%+22.61%=50.87%,所以,总体评价结果为“一般偏差”比较客观。评价结果说明,高校财务规范化建设还很不完善,为此我们应深化财务规范化建设改革。

四、研究结果及其分析——以山东交通学院为例

在财务规范化建设方面,还存在很多不完善的方面,因此财务规范化建设还应进一步深化改革。我校主要做了以下工作:

1. 预算管理科学化

只有实施了严格的预算制度,才能更好地调动财务工作者的工作积极性和主动性,使我校的预算管理朝着科学、规范的方向努力。二级学院及行政部门的预算采取由基层编起、逐级汇总的方式,遵循“两上两下”的编报规程,明确预算编制各阶段的具体任务和职责分工。各二级学院及行政部门根据当年工作重点及个性化工作任务,明确自己部门当年的工作计划,并根据工作计划制定当年度详细的财务收支计划,对于一些工作中有可能出现的突发事件,拟订可行方案,并将可能产生的费用尽量细化,使部门预算尽量详细、科学。各二级学院及行政部门通过对自己部门的资产情况进行详细的摸底检查,掌握资产的详细情况,避免重复采购资产,充分利用现有资产,从而提高预算编制质量。财务部门的预算只能根据各二级学院及行政部门提供的基础资料,然后结合学校的发展来编制整体预算,所以各二级学院及行政部门一定要加强沟通协作,对于一些需要合作完成的工作要提供详细的部门分工,财务部门根据其提供的基础资料,提高预算编制的准确性和科学性,增强部门预算编制的严肃性。在预算执行过程中,严格执行预算,对于一些大额支出、临时性支出报经

院长办公会审批之后，由财务处根据学校的整体资金情况制定支出计划，通过建立奖惩制度、经费结余结转下年使用等方法，提高各项经费的使用效益。

2. 经费管理制度化

财务处要有明确的财务规章制度，在经费报销时，必须严格执行规章制度，照章办事，同时，各个工作岗位必须有自己的岗位职责，制度和岗位职责相互依赖、相互制约、密不可分。对财务处各个员工进行明确的岗位定责，做到工作时责任明确，同时制定严格的奖惩机制，增强工作责任心，激发员工的工作积极性和主动性。对于财务规章制度进一步完善，保证核算和监督到位，规范日常报销流程，提高工作效率。在经费使用方面，落实经费包干制度，严格控制经费支出，降低学校的运营成本，实现经济效益最大化。

3. 业务建设规范化

业务规范化建设是财务规范化建设很重要的一个方面，规范化的业务流程对于整个财务工作来说至关重要。财务部门制定严格的报销制度、现金和印鉴管理制度、支出审核制度、票据管理制度、大额资金使用制度、预借发票制度等。办理不同种类的财务业务，遵循不同的业务流程和要求，完善合理的财务业务流程能够减少业务办理时间，提高师生满意度。同时，财务部门设立专门的档案管理人员，做好各类档案的收集、分类、整理、立卷、归档工作，保证文件档案资料的齐全完整，并逐步实现电子信息化管理。计划综合科要建立和完善各种票据的领用登记工作，对于各类票据的存根联要做好整理归档工作，保证所有的票据及时准确地入账。对于财务部门的各类资料，包括预算、决算、会计报表、财务报表和内部报表、分析报告、调研资料等做到专柜存放、专人管理。在会计电算化方面，加强管理员及各类财务人员的职业道德教育和专业素质教育，使财务的电算化工作进入科学规范的管理，保证学校的电算化工作健康有序地持续发展。

4. 队伍建设专业化

财务人员队伍建设对于学校财务工作的发展非常重要，高素质的人才可以提高工作效率，提高工作质量。在人员上岗时候，进行严格的考核，考核上包括专业素质和职业道德两方面的考核，同时做好新老人员的衔接工作。对于财务人员定期组织专业培训和继续教育，鼓励财会人员参加各种专业资格的认定考试工作，改善财务人员知识结构，提高财务人员的自身修养和专业素质，更好地服务财务工作。严格执行行政事业单位内部控制规范，遵循全面性、重要性、制衡性和适应性原则，健全内部控制关键岗位工作人员的轮岗制度，明确岗位职责分工，确保不相容岗位相互分离、相互制约和相互监督，同时充分利用现代科学技术手段加强内部控制，对关键岗位工作人员进行业务培训和职业道德教育，不断提升其业务水平和综合素质。

5. 内部审计日常化

内部审计是建立于财务处内部的一种独立的检查、监督和评价的活动，内部审计人员定期检查会计凭证、账簿、报表、预决算、资金、财产等文件和资料，核实事业收入是否合法、真实，事业单位支出是否遵循规定的开支范围和标准，有无违规违纪行为，列支手续是否完备，银行开户是否符合有关规定，有无储蓄存款、公款私存行为和多头开户行为，固定资产内部管理制度是否健全有效，存量是否真实，核算是否符合会计制度的规定，构建、调拨、报废和处理是否符合有关制度规定等，对审计中发现的问题及时进行纠正，以改进财务管理，提高经济效益。开展内部审计，不仅仅局限于事后监督，更多的是事前预防和事中控制，对单位内部控制进行全过程、全方位的监督和评价。

五、结论

财务规范化建设在预算管理、经费管理、业务建设、队伍建设及内部审计方面还存在很多不完善的方面，为此，我们应加强科学化的预算管理、制度化的经费管理、规范化的业务建设、专业化的队伍建设以及日常化的内部审计，力求财务工作更加规范化。

参考文献

[1]陈勇.高校财务管理规范化模式探讨[J].安徽农学通报,2007(14)

[2]陆咸良.高校财务规范化管理指标体系研究[J].盐城师范学院学报,2008(6)

[3]唐凤英.加强会计基础工作提高财务工作规范化水平[J].济南职业学院学报,2011(6)

[4]李乐斌.从会计结算看行政事业单位财务治理问题[J].中小企业管理与科技,2008(30)

(作者单位:山东交通学院)

基于 COSO 框架的高等学校内部控制建设问题及对策

张爱丽

2012 年 11 月 29 日，财政部印发了《行政事业单位内部控制规范（试行）》，对进一步提高行政事业单位内部管理水平、规范内部控制、加强廉政风险防控建设等作出规定。为适应其新要求，进一步规范高校内控制度建设工作，加强高校经济活动风险的控制和防范，已经成为高校亟待解决的一项重要工作。

一、基于 COSO 框架理论高校内部控制分析

（一）高校内部控制环境欠佳

虽然高等学校内部控制体系已经初步建成，但是“领导重视，部门协同，全员参与”的内部控制制度建设环境还未完全形成。

首先，在管理层经营管理理念方面，高校领导内部控制的意识薄弱，未系统研究内部控制制度的整体设计，忽视内部控制方面的培训，认为高校财务工作的核心是资金管理和会计核算，过分关注资金的管理控制，但是对于财务规章制度、涵盖非物质层面的如人文环境、人员素质等内控控制体系建设未给予足够重视。

其次，在协同合作方面，高校财务部门对内部控制制度的建设和执行较为重视，但是高校的资产处、基建、后勤、人事、教务等行政职能部门对内部控制制度的建设积极性不高。

再次，在员工参与方面，高校的教职工对内部控制制度的重要性认识不够，不太支持内部控制制度的建设和执行，在专项经费、科研经费的开支方面表现尤为突出，从而影响内部控制制度的建设和执行效率，影响高校内部控制评价和绩效评估的开展。

最后，在授权责任制方面，高校未明确内部控制责任主体，未明确具体责任人主导内部控制审批，未明确具体部门负责内控制度的建立、完善和评价。因此，高等学校没有明确的组织机构和相关制度保证高校内控制度的建设，内部控制环境存在缺陷。

(二)高校内部控制风险评估体系欠健全

在市场经济环境下，高等学校缺乏对风险的识别、分析和评估机制。首先，风险意识薄弱，如对于基建项目的资金来源、筹资成本、偿债能力、政策风险等未全面衡量。其次，忽视风险的识别分析，对新校区建设等基建项目、校办产业项目运营、负债规模的合理性、科学性、可行性论证不足，增加了高校财务风险。再次，信息化管理手段落后，高等学校办学规模日益扩大，高校呈现多校区管理的局势，信息采集、加工、传递、反馈的滞后性对高校财务管理提出新的挑战。例如，财务部门不能及时有效应对管理层的工作需求，无法准确及时地提供准确的财务信息，要求通过信息化平台的建设，实现不同校区财务信息的流畅运行和集约管理，提高高校财务管理的时效性和动态化，降低财务管理风险。

(三)高校内部控制活动欠科学合理

高等学校内部控制措施一般有资金管理控制、核算管理控制、资产管理控制、预算管理控制、审批控制、会计系统控制、业务活动控制、内部报告控制、绩效考核控制等。当前高等学校的主要问题有：

首先，在资金管理方面，部分高校存在违规收费现象，收入未严格执行“收支两条线”的资金管理规定，收取的学费、住宿费等非税收入挂资金往来账项，不能及时足额上缴财政。

其次，在核算管理方面，部分高校存在会计核算不真实、使用不合规发票入账的现象。例如，某高校2009年财政收支审计报告披露：科研经费报销使用虚假发票入账，报销金额达125万元；未严格按照《政府采购制度》实行政府采购；未能及时办理基建项目竣工决算、固定资产入账等。

再次，在资产管理方面，多数高校对固定资产未设置台账、未定期盘点等问题，造成在固定资产账实不符。

最后，在预算管理方面，多数高校存在预算决算编制不准确，未将高校所属的非法人单位的财务收支、下属单位上缴款、培训班收入等纳入年度预决算，未能严格执行收入和支出预算，将收入直接冲减支出或计入事业基金而造成少计单位收入，专项经费未能做到专款专用等。

(四)高校内部控制信息和沟通"孤岛化"

当前高校内部控制信息和沟通主要问题在于信息"孤岛"现象。

一是内部控制制度不够完善。财务内部控制制度缺乏整体性和系统性，部门之间衔接性差，缺乏有效、顺畅的沟通，例如，高校经济业务活动涉及的资产、财务、人事、教务、后勤、产业、科研等诸多部门相互分离，各部门职责不清晰，内部控制制度仅就经费开支范围、标准、程序流程实施控制，而缺乏对业务活动流程的控制，出现问题时缺乏统一规范的处置依据和标准。

二是信息化建设滞后。高校财务业务多样复杂导致财务管理的多维化，如资金管理、预算管理、风险管理、核算管理、资产管理等，因此财务系统应支持多维模型来存储和管理数据，以便支持多维的数据分析。而传统的财务管理系统中高校财务系统和业务系统信息的集成性和匹配性较差，信息在转化和过滤过程中，其有效性和时效性大大降低，"信息孤岛"现象严重，无法满足多维数据分析的要求；财务数据与业务数据的鸿沟无法从财务结果追溯至业务源头，无法实施动态的风险监控。

(五)高校内部控制缺乏监督评价机制

高庆峰(2013)在对教育部直属的75所高校进行问卷调查研究显示：81.36%的受访者认为，学校建立了内部监督机制并对经济活动的重要环节开展了定期和不定期检查；56.57%的受访者认为，学校开展了对内部控制设计和运行的有效性进行评价。但是实地调研显示，大多数高校并未制定单独评审办法，基本上没有开展专门的内控制度有效性评价。其原因有两个方面：

一是内部审计制度的不完善。由于内部审计部门的直接隶属性质使得内部审计制度的权威性和独立性受到影响，弱化了监督力度；高校领导层内部控制意识薄弱，内审机构得不到重视。

二是外部监督的缺乏。由于教育主管部门和财政主管部门懈于对高校财务的监督管理，使得高校资金管理、预算管理等得不到及时的监督、评价、纠正，给经济责任的落实带来一定难度。

三、高等学校内部控制的对策及措施

(一)营造良好的内部控制环境

高校应树立现代管理理念，构建决策分析、执行落实和监督检查彼此分离又相互制约的内部治理机制，确保高校财务管理工作的良性运转，建立“领导重视，部门协同，全员参与”的高等学校内部控制环境。

高校领导应转变传统的管理理念，树立内部控制意识，以身作则，带头执行高校内部控制制度；高校各部门应明确职能，树立协同管理意识，协同财务部门做好内部控制的建设、执行和监督工作；高校财务人员应加强专业素质的培养，定期进行财务知识和内部控制知识的培训。此外，对高校教职工应进行系统的财务制度培训，让教职工建立良好的内控意识和财务习惯，提高内部控制制度的建设和执行效率。

(二)建立健全风险防范机制

高校管理者应树立较强的风险管理理念，树立风险识别意识，包括对内部风险如筹资风险、投资风险、营运风险和对外部风险如政策风险等的识别；加强风险的分析与评估，建立风险分析和评估机构，对高校的经济业务活动实施风险评估制度，对评估过程实施监督，尤其对重大的筹资、投资决策，结合高校实际情况进行科学论证；建立风险预警体系，加强财务风险的事前、事中控制。

（三）建立健全内部控制体系

内部控制系统主要由制度控制，加强内控制度建设为内部控制的实施提供基本依据。首先，建立一套系统完整的包括资金管理、核算管理、资产管理、预算管理、审批控制、会计系统管理、业务活动管理、内部报告控制、绩效考核控制等内部控制制度体系。其次，完善相应的组织机构体系建设，加强各相应组织机构的联系和制约，为执行财务内部控制制度提供组织保障。再次，应强化考核与惩罚激励等约束性机制，提高全体员工的自觉性、警觉性，从而有利于财务内部控制制度的实施。

（四）构建完善的财务内部控制信息系统

财务管理信息化建设的过程是一个跨组织、跨部门的财务管理体系，应将设计财务计划、执行、控制、评价有效融合的模式，同时构架外围结构规划、资源配置、绩效监督等方面的协调体系，将财务信息化系统建设成各部门协同配合的动态管理模式。

首先，再造财务业务工作流程，将财务内部控制嵌入业务流程。财务工作是业务的经济发展脉络，与诸多业务部门相互关联，应基于学校整体考虑，统筹规划业务流程，为提高财务管理水平和开展财务流程规划做好基础。依托信息技术对高校组织结构、工作模式、决策方式等方面的适应性进行系统开发和流程设计，然后根据财务管理功能与信息系统的关联性，重组财务工作流程，建立一套标准、规范的财务管理流程。

其次，加强财务管理内部控制，实施岗位分离、信息控制、内部监督等制度，建立信息化条件下内部控制制度，规范财务管理信息系统的应用。

最后，加强外部风险控制。在财务信息化建设过程中，为保证财务系统安全、各种财务数据和网络信息安全，高等学校信息安全部门应进行定期检测、实时监控和技术防范，综合使用多种安全模块、技术防范策略，如加密、备份等，以消除信息化平台数据的安全隐患，保证高等学校财务管理信息系统的相对安全。

（五）强化对内部控制的监督

一是加强内部监督，发挥内部审计的职能。首先，加强审计机构队伍建设，配备既熟悉业务又懂管理的高素质人才。其次，明确审计部门职能，建立健全内部审计制度，保持审计机构的独立性。再次，按照权责结合原则，建立领导经济责任制和经济监督机制，促进领导层实际参与对高校经济业务活动控制。最后，加强内审检查，从资金核算、投资收益与管理、基建项目的会计核算等方面加强内审检查，分析内部控制关键点是否准确、齐全，定期检查内部控制薄弱点和失控点，提出有针对性的风险防范措施，确保高校财务内部控制工作的有效进行。

二是强化外部监督。国家应出台相关高校财务管理方面的政策，对高校财务管理进行适当干预和引导，不断强化高校预算与财务管理。例如，教育部2015年出台《关于加强直属高等学校内部审计工作的意见》，《意见》从七个方面提出了明确要求：高度重视，切实加强组织领导；强化预算管理审计，促进提高资金使用效益；推动内部控制审计，切实加强风险防控；深化经济责任审计，推动领导人员履职尽责；加强重点领域审计，维护资金资产安全；拓宽内部审计范围，更好地服务改革发展；加强审计整改和责任追究，推进结果公开等。

此外，高校自身也可借助外部审计机构的审计控制，建立健全自身内部控制制度，这对改善高校内控环境、确保高校内控的有效运行有重要意义。

参考文献

[1]李克勤. 对高等学校内部控制的思考[J]. 会计之友，2011(8)

[2]高庆峰. 高等学校内部控制制度建设问题及对策[J]. 会计之友，2013(1)

[3]李鸿、基于COSO框架的高校财务内部控制分析[J]. 南华大学学报，2010(5)

（作者单位：山东师范大学）

教育部门预算管理问题研究

——基于高校预算管理精细化的思考

王帅　李颖　于坤

预算管理精细化，就是要健全预算管理制度，规范预算流程，在预算管理的各个环节实行精细化管理。在预算编制环节，要与学校事业发展规划和工作任务相结合，综合考虑支出事项的必要性、紧迫性，合理安排预算；专项预算要目标清晰、方案可行、依据充分、内容完整。预算执行环节，要明确职责、细化责任，确保执行进度有序、预算调整及时有效。预算考核环节，要明确考核标准，建立考核体系，落实绩效奖励政策。预算精细化管理目标是避免粗放无效的管理方式，充分发挥资金效益，提高预算管理水平。

一、推进高校预算管理精细化的背景

随着教育体制改革不断深入，高等教育快速发展，高校呈现出经费来源多元化、经济活动多样化的显著特点，预算管理在学校内部管理中发挥的重要作用日益明显，但同时也存在预算编制不够精细、预算执行过程管理薄弱、预算监督力度不强、项目执行缓慢、资金使用效益不高的问题。传统预算管理已不能完全满足高校快速发展的需要，不能适应现代预算管理的新形势，推进高校预算管理改革，加强预算精细化管理，提高资金使用效益势在必行。

2010年的6月21日,中共中央政治局审议并通过了《国家中长期教育改革和发展规划纲要(2010～2020年)》。其中第58条规定:“建立科学化、精细化预算管理机制,科学编制预算,提高预算执行效率。”这一项规定,正式给各高校提出了预算精细化管理的要求。2015年1月1日实施的新预算法在深化预算管理制度改革方面提出了“实行中期财政规划,研究编制三年滚动预算”的新要求,对于推进预算管理精细化提供实施基础。

(一)预算管理精细化是教育经费投入稳步迈入后4%时代、实现内涵式发展的需要

2012年全国财政性教育经费支出21984.63亿元,首次达到了国内生产总值的4%。自此我国高校教育发展正式进入了后4%时代。教育经费拨款的增长,使学校的收支结构更加复杂化、多元化,预算编制有了更加充分的调节空间。同时,也对高校预算管理提出了更高的要求。

中共十八大的报告中指出:“高校应树立以质量保障和提升为导向的高等教育发展观,坚定不移地走有特色、高水平、内涵式发展的道路。”这一论断指明了高校内涵式发展的道路。高校的预算管理贯穿于教学、科研等经济活动的全过程,其管理水平的高低,直接影响到资金的使用效率和高校职能的充分发挥。随着办学规模的不断扩大,高校经费供需矛盾日益突出:一方面“后4%时代”,国家教育经费投入将会相对稳定;另一方面高校特色发展、内涵发展所需的资金缺口仍然很大。如何最大限度地使有限资源发挥最大效益,支持高校全面持续发展,已经成为目前高校预算管理工作的重中之重。因此,推进预算管理精细化是促进高校内涵式发展的必然要求。

(二)预算管理精细化是提高预算执行效率、发挥财务管理绩效的需要

预算既要围绕人才培养、学科建设、科学研究等事业发展目标,又要与具体工作事项相结合。预算管理的精细化程度,将直接影响预算执行效率和资金效益的发挥。制定科学、规范的预算管理办法和管理流程,明确职责分工,加强职能部门之间有效的协调配合,预

算单位才能各司其职、各尽所能，使预算管理的各个环节得到有效控制。规范专项预算的申报文本，明确目标和项目执行进度，按经济科目细化支出，就能为会计核算控制提供依据，规范预算执行。充分论证项目的可实施性，按照项目执行进度安排年度预算，能提高预算执行率，减少跨年度结转。

高校应建立预算执行、资金使用效益等方面的绩效考评机制，通过绩效管理手段推动预算管理精细化。对于预算执行绩效高的单位，可以考虑给予适当的预算奖励；对于执行绩效低的部门，在预算分配时适当调减预算。要使预算分配倾向使用效益高的方面，优化高校资源配置，提高财务管理效能。

（三）预算管理精细化是保证预算执行权威性、确保财务健康发展的需要

“量入为出，收支平衡”是预算编制的基本原则，也是维持高校财务良好运转的保障。保持健康财务状况的关键是坚持预算执行的权威性，不得随意突破和调整预算。维护预算执行的权威性需要预算管理的精细化来支撑。预算管理精细化，可以不断提高预算的编制水平和预算执行力，确保各类经费的高效利用。预算编制要围绕高校教学、科研、管理等目标，制定科学合理的分配标准，采用“零基预算”“滚动预算”等多种方法编制预算。严格预算审批，规范预算调整、追加，强化预算的“刚性”约束。预算管理贯穿学校财务管理的全过程，配合资产、人事等信息，可以综合分析学校财务状况，对财务风险提前预警，为学校领导决策提供依据，为财务健康发展提供导航。

（四）预算管理精细化是满足预算信息公开、增强社会监督的需要

新预算法提出要“建立全面规范、公开透明的预算制度”，除涉及保密的事项外，经批准的预算、预算调整、决算、预算执行情况的报告及报表，应该在规定期限内向社会公开说明，对于预算执行和其他财政收支的审计报告也应向社会公开。规范预算编制，提高预算的科学性，优化资源配置。推动预算执行、提高资金使用效益，是现代预算制度的要求，也是社会公众的期待。只有提高预算精细化管理，才能为信息公开打好基础，向社会交一份满意的答卷。

二、目前高校预算精细化管理存在的问题

(一)预算管理意识淡薄,预算工作缺乏筹划

预算管理是高校财务管理的核心部分,是全校经济工作的指挥棒。高校的财务预算是为学校的各项中心工作服务的,预算工作涉及高校整体规划、各项工作计划和任务,涉及各个单位和职能部门;目前,许多高校精细化财务管理意识淡薄。一方面,学校管理理念不足,重视不够,部门参与度不高,预算编制工作完全依赖财务部门。职能部门细化预算意识不强,只争资源,对工作缺乏前瞻性和前期科学论证,导致预算执行差、资金效益不高。另一方面,财务人员对学校事业发展的现状及前景缺乏透彻的了解,对经费来源的多元化、支出结构的复杂化没有合理的把握,进而对预算精细化管理的重要性认识不足,严重影响了学校财务管理水平的提高。

(二)预算内容不够全面,预算编制方法单一

高校资源分配大多采用预算安排和创收收入分配相结合方式,创收收入和相应的支出未能全部纳入到学校预算管理,脱离了预算的监督管理,预算安排时,也往往不考虑创收收入对预算的补充调节作用,造成资金投入结构不尽合理。另外,财务预算管理未同资产管理相结合,仪器设备重复购置现象较为突出,造成设备使用效率不高,闲置浪费。

高校的预算编制的方法过于单一,多以增量预算法和零基预算法编制预算。增量预算法过于依赖上年度收支数,容易造成预算与实际资金需求之间的差距,难以优化校内支出结构。专项预算采用零基预算法编制,虽然科学可行,但对于跨年度执行的连续项目,无法实现动态管理,全面反映项目实施进度及年度资金需求。

(三)预算编制不科学,执行控制薄弱

一般高校的校内预算启动较早,多为预算年度前一年的 9～12 月份,而高校的行政工作要点一般在预算年度的年初发布,导致部分预算事项与学校的年度事业计划和重点工作任务形成偏差;一些校内部门工作任务未作中长期规划,预算编制未履行内部相关审批程

序，预算内容随意，测算依据不够充分；预算编制忽视项目发展期间与自然年度的差异，缺乏对资金使用长远性、科学性和连续性的分析，预算编制粗放，可行性差，导致预算控制力不足，执行存在很大的随意性。

预算下达各预算单位后，由各单位按照批复的预算执行，由于预算内容不够细化，未能与会计核算控制衔接，以至于擅自变更预算用途，突破预算控制时常发生。另外，预算执行过程中缺乏职能部门的跟踪监督，并且预算执行分析薄弱，使预算执行过程中出现的问题不能及时纠正，预算调控效益不高。

（四）绩效预算机制尚未健全，缺乏全面监督评价

绩效预算管理是全面预算管理的重要组成部分，它是指根据预算编制、执行、监督等要求，设定绩效目标，考核预算执行情况，将考核结果与预算分配方案相结合的预算管理。高校开展绩效预算可以全面提升高校资源的使用效益和效率，提高财务管理水平。目前高校的绩效预算大多还停留在理论阶段，未进行全面的预算监督和评价工作。首先，高校预算绩效管理相关的法律法规尚不健全，没有明确的法律制度作保障，高校对于预算绩效管理工作如何开展没有清晰的思路。其次，高校预算绩效管理重数字考核，偏重“预算执行率”，对于资金使用的有效性和效益性还没有相应的考核措施，导致出现“重投入轻支出，重使用轻绩效”的局面。再次，高校预算绩效管理人员配备短缺，给预算绩效管理工作的深入开展造成了很多障碍。

（五）内部审计监督力度不足，预算信息公开程度不高

目前高校内部审计业务范围较窄，主要着力开展建设工程项目审计、部分修缮项目审计、专项业务审计和经济责任审计，对预算编制、预算执行、预算绩效等预算管理方面的审计较少，对预算编制的合理性、规范性，资金使用的安全性、效益性缺乏必要的监督。

高等学校信息公开在法律保障方面日益完善，在公开的范围及程度等方面取得了一定的进展，但是与公众的期待仍有很大差距。大多数高校仅按照主管部门要求公开部门预算、决算数据，对于预算执行情况、绩效考核情况并未公开，公众缺乏知情权，无法对预算的

合理性、科学性和绩效性监督评价。

三、加强高校预算管理精细化的对策

(一)建立系统的预算管理制度和体系

完善相关预算管理制度是促进预算精细化管理的长效机制,高校应补充完善预算执行、预算监督、预算考评、预算调整以及专项预算管理的相关制度,对预算编制方法、程序、内容以及各预算单位的职责等予以明确规定,规范预算管理的各个环节,强化预算的严肃性。

完善预算组织体系是高校推动预算管理精细化的保障。我国高校中财务部门既是预算编制者,又是预算执行者和监督者,无法实现相互制约。高校可以借鉴国外高校做法,依据相互制约的原则,完善预算组织体系,将高校预算的编制、执行与监督相分离,使各预算组织各司其职,各尽其责,确保高校资金使用符合高校发展的需要。可以设置由学校领导、职能部门、专家组成的预算管理委员会,负责对预算编制、预算执行和绩效考核进行组织指导和全过程控制。各预算执行单位为预算责任单位,负责本单位预算的编制和实施。

设计科学、规范的预算管理流程,是推动预算管理精细化的有力手段。各预算单位要结合单位中长期规划,分解预算年度内的工作计划,细化编制本部门预算;预算管理部门通过实地调研、沟通、组织专家论证等多种方式汇总编制学校预算草案;学校最高权力机构审议通过学校预算后,下达至各预算单位;各预算单位要严格按照批复的预算执行,不得随意突破,预算调整、追加必须履行相应的审批手续。对预算执行实行跟踪审计、分析评价,将审计和评价结果作为预算修正和调整的重要依据。

(二)预算编制要科学、规范、精细

高校预算编制要适应现代财务管理和高校财务制度改革的需要,做到以下几点:一要目标明确。学校预算要符合学校事业规划,要在学校中期财政规划框架内细化工作任务,做到重点突出、结构合理,专项预算要对现状及目标任务详细说明。二要内容完整。预算

编制要结合学校资源配置,综合考虑学校办学空间、资产存量和资源的有效利用,编制资金预算与资产预算结合的全面综合预算;推动全面预算管理,将学校全部收支纳入预算管理,实现预算安排与创收收入分配政策结合,将创收收入成为预算安排的补充,避免出现一方面预算资金不足,另一方面创收收入结余过大的现象。三要论证充分、依据科学、安排合理。专项预算申报要履行前期必要性、可行性和经济性论证,学校财务、审计部门要参与前期论证,项目论证不能仅仅依赖于对申报书、可行性报告等书面资料的审核,要采用实地考察,现场评估等多种论证方式;规范专项预算申报文本,要明确目标、效益,按经济科目细化工作任务,并合理安排预算执行进度;要结合学校的财力,选取条件成熟、最急需、最可行的项目安排,并结合中央和各级政府拨款情况,合理安排校内预算,避免多头投入、重复投入。四要采用科学的预算编制方法。高校应运用最合适的方法或采用多种方法的组合来编制预算,突出"以事定钱,钱随事走"预算安排原则。高校应区分经费类型采用不同的预算编制方法,人员经费预算编制要结合上年执行和新的调整政策安排;制定科学的定额拨款标准,公用经费预算根据人员数量、调整系数计算确定;专项经费预算采用"零基预算"与"滚动预算"相结合的预算编制方法,即在每个预算年度根据事业发展计划目标,重新核定项目的意义和效果,重新分配和安排项目预算;对跨年度执行的专项项目实行滚动管理,按照实施进度按年度安排所需资金。

(三)加强预算控制,规范预算执行

加强预算的事中、事后控制,是推进预算管理精细化的重要手段。事中控制是预算管理部门在预算执行过程中对资金的使用进行检查、分析,以实现资金支出进度与预算统一,保证预算按计划实施。依托会计核算与预算进行比较,分析原因,及时纠正预算执行的偏差;通过预算项目的跟踪审计,强化预算执行监督,有效控制执行过程中调整资金使用方向的现象。事后控制是预算执行完成后,对预算的完成效益同预算偏差进行分析,并提出改进建议,为今后预算编制提供经验和依据,提高高校预算管理水平。

（四）健全预算绩效管理机制

新预算法增加了“各级政府、各部门、各单位应当对预算支出情况开展绩效评价”的规定，给高校开展绩效评价提供了法律依据。此前，教育部已设立高校绩效拨款专项，通过对财务管理、预算执行、学生资助等目标的考核来分配经费，今后绩效拨款的比例、范围还将继续扩大。预算绩效管理将引入绩效考评，促使预算资金的安排由“重分配”向“重管理”“重效益”转变，切实加强预算管理，提高专项资金的使用效益。逐步建立“预算编制有目标、预算执行有监控、预算完成有评价、评价结果有反馈、反馈结果有应用”的全过程预算绩效管理机制。

全面推进预算绩效管理，要与预算执行相结合。预算的安排要与项目历年执行情况挂钩。强化支出责任和效率意识，对于执行不力、结余较多的项目，要盘活存量，发挥资金的效益。预算安排倾向于执行较好、效益不错的项目，可以通过设立绩效奖励专项的激励方式，提高各职能部门及项目负责人主动预算管理意识。逐步将绩效管理范围覆盖各级预算单位。

（五）强化预算管理审计，推进信息公开

加强预算管理审计，一要加强对预算编制的管理审计，重点对依据的充分性、编制的完整性、安排的合理性、调整的规范性进行审计；二要加强对预算执行过程的审计，重点对预算执行的真实性、合法性和控制机制的健全性、有效性进行审计；三要开展预算执行绩效审计，对高校预算执行结果进行审计，评价执行效果，促进提高项目资金使用效益。

推进信息公开，一要全面实施《高校信息公开清单》，认真落实清单要求，推进更加精细的流程化管理方式，增强管理过程的规范性和统一性，形成稳定的预期和常态化的操作规程；二要大力推进高校实行“阳光财务”，加大信息公开的主动力度，大力推进重点领域信息公开，部门决算要公开到项级科目并与上一年对比分析，加强对“三公经费”预算和决算公开；三要逐步推进校内预算的公开，采取适当的信息公开方式将预算方案向全校师生公布，接受全校师生对预算执行的监督，促进预算的公开性与透明性。

四、结束语

预算管理的精细化是高校预算管理新形势下的必然要求，贯穿高校预算编制、预算执行、预算绩效考核等预算管理的全过程。只有健全预算管理制度，构建科学的预算管理体系，规范预算编制的科学、合理、精细，加强预算执行控制，健全预算绩效管理机制，强化审计监督，推进信息公开，健全信息披露制度，才能推进预算管理实现精细化，切实提高资金的使用效益。

参考文献

[1]常杰. 对高校预算管理精细化问题的研究[J]. 中国外资，2011(11)

[2]褚珊，陆美娟. 高校精细化财务管理探析[J]. 会计之友，2012(12)

[3]郝英俊. 高校预算精细化管理措施研究[J]. 会计之友，2012(11)

[4]武迎春. 关于实行绩效预算的探讨——基于高校预算管理角度[J]. 会计研究，2012(5)

[5]王素云. 精细化管理在高校预算管理中的应用[J]. 商业会计，2013(2)

（作者单位：山东大学）

高等学校内涵式发展与绩效拨款研究

——论国内高校绩效拨款的可行性

于斌　杨茜　李珣

近几年来，随着我国高等教育投入增加，高校的数量和规模都在扩大，在校生人数也迅速增加。这种盲目的扩张型发展模式导致教育质量下降，师资队伍数量和质量都不高，毕业生就业率低，人们对高校的评价下滑。我国高等教育亟待改变发展模式。

党的十八大提出推动高等教育内涵式发展。内涵式发展是相对于外延式发展提出的，指的是通过内部的深入改革，优化结构、提高质量、激发活力、增加竞争力，强调事物“质”的发展。

一直以来，人们对于高校的发展水平通常是用数量衡量的，如教育课程课时量、学生人数等，因为数量的指标更直观、更容易获得。这种衡量方式刺激高校迅速扩张，规模和硬件与世界先进水平的差距缩小，短时期内取得了一定成绩，提高了我国公民接受高等教育的比例，实现了高等教育的大众化。然而，数量扩张并不能完全反映学校教育发展的实际情况，扩招带来的结果就是教学质量的下降，学生就业率低。高校若想取得长远发展，提高办学质量才是根本，因此，内涵式发展是新形势下高等教育的发展方向。

高等教育拨款机制是国家通过财政手段优化配置教育资源的途径，合理科学的经费拨款能促进高等教育科学发展。主管部门通过经费拨款方式优化高校的资源配置，充分发挥宏观引导作用，使资源投向效益良好的高校和部门，引导高校制定科学的战略目标，提高了经费拨款的使用效率和效益。因此，促进高校内涵式发展，不仅是高校方面的任务，而且政府也应改进拨款模式，优化配置教育资源，推动高校更注重教育质量发展，提高经费的使用效率。

一、我国高校财政拨款模式分析

我国高校财政拨款模式主要经历了“基数＋增长”—“综合定额＋专项补助”—“基本支出＋项目支出”三种模式。

（一）“基数＋增长”拨款模式

早期我国高校财政拨款是以“基数＋增长”的模式进行的，以该校上一年所得拨款总额为基础，加上学校当年教育工作发展、教职工学生人数的增长等情况，来确定当年的所得拨款数。

这种经费拨款模式简单、易操作，在以前我国高校处于精英教育阶段时期，高校结构单一、规模较小，有利于政府对高校的集中管理，保障了高校的基本运行。然而该方法中基数量和增长量的确定缺乏系统科学的计算方法，有很大的人为性，可能造成高校之间的不公平现象，而且这种拨款方式以成本为依据，会造成成本越高的学校获得的拨款越多，不利于高校节约经费、提高使用效率。此外，该经费核拨中有专款专用的规定，限制了高校对拨款使用的灵活性。

（二）“综合定额＋专项补助”拨款模式

由于“基数＋增长”模式呈现出了种种弊端，原国家教委和财政部提出了“综合定额＋专项补助”的拨款模式。这种拨款模式将经费分为两个部分，“综合定额”主要是根据高校在校人数确定的，对不同层次、不同专业、不同地区的学生分别制定生均拨款额，用当年在校生人数分别乘以生均拨款额即得出当年的综合定额拨款数；“专项补助”是对“综合定额”的补充，由高校根据自己的特殊需要向财政主管部门提出申请，财政主管部门核定后再单独下拨给高校，这部分拨款是专款专用的。

这种经费拨款模式在一定程度上扩大了各高校使用经费的自主

权，而上年度的结余部分也可转入下年度使用，促进了高校经费使用效率的提高；综合定额拨款有明确的计算方式，提高了高校经费核拨的透明度，克服了原拨款方式的主观性，也反映了高校规模发展的成本需要；专项补助额度下达时充分考虑了社会经济发展对各高校的特殊需求，使高校可以更多地为经济和社会服务。但这种经费拨款模式以学生人数作为拨款依据，容易导致高校盲目扩大招生规模，也没有充分考核高校的实际办学成本，缺乏对高校办学行为的激励作用，不利于提高办学效益。

(三)"基本支出＋项目支出"拨款模式

目前我国高校的拨款模式为"基本支出＋项目支出"。"基本支出"核算的是高校正常运转、完成日常工作任务所需的经费，包括人员经费和日常公用经费两部分，该经费按以往方式拨款，即以在校生人数和生均拨款额来确定；"项目支出"拨款则是为高校解决大型修缮、特定的专项活动等，需要按项目分别管理，专款专用。

可以看出，"基本支出＋项目支出"拨款模式是对"综合定额＋专项补助"模式的改进，将高校的全部收入，包括预算外收入全部纳入预算管理体系，收支两条线，实行财政集中收付制度。基本支出的确定仍是以学生人数作为单一参数，会造成高校盲目扩大招生规模，这又会导致教育质量跟不上，学生培养不达标，就业困难；同时，上级部门监管只流于形式，不注重高校资金的使用效率和效益，使整个高等教育普遍处于高投入、低产出的状态，不符合现代高校内涵式发展的要求。

二、基于绩效的高校拨款模式

(一)高校绩效拨款的含义

我国高校历经的三种拨款模式都属于投入拨款模式，以投入量为依据计算拨款数额，而绩效拨款则是根据一些产出指标分配资源的拨款方式，注重评价经费拨款的使用效率。高校绩效拨款是以产出和效率为导向，将高校在办学、科研等方面取得的绩效，即对资金运用的结果作为拨款的主要依据，通过一系列绩效指标来衡量高校在一定时期各个项目的表现，再根据绩效指标对高校进行绩效评价，然后以绩效评价的结果为依据来决定拨款的数额。绩效评价越高，则获得的拨款数额就越多，反之则越少。

高校绩效拨款通过高校竞争过程，使资金流向质量好、潜力大、效率高的高校和部门。绩效拨款作为政府调控高等教育的一种手段，使高校站在同一起点上进行竞争，调动了个高校的办学积极性，更合理地分配了教育资源，使政府有限的财政发挥了更大的效用。同时，该制度有利于高校自觉建立和完善校内资金管理制度，调整和配置办学资源，提高经费的使用效率和效果，促进内涵式发展。

（二）高校绩效拨款的起源及发展

高校绩效拨款的思想起源于新公共管理运动。20 世纪 80 年代后期和 90 年代初期，西方国家掀起了一场公共部门管理变革，采用商业管理的理论、方法和技术，在政府部门中引入市场竞争机制，提高政府的公共管理水平和服务质量，降低成本，提升效率和业绩。新公共管理运动中关于提高效率和效益的理念推广到高校，成为了高校绩效拨款的思想来源。

西方国家对高校绩效拨款制度进行了大量的实践和研究，比较有代表性的是美国的田纳西州制定的绩效拨款制度，它是美国最早制定并实施的，运行发展至今得到了广泛的认可。在几十年的实践中，田纳西州的绩效拨款指标经历了几次重大调整，由简至繁又由繁至简，其拨款数额是由田纳西州大学理事会、高等教育委员会和高校共同协商制定，指标中学生培养、教学成果占据了很大部分，而高校的科研和其他社区服务活动并未考虑其中。该州的绩效拨款属于奖励性拨款，表现出色的高校会获得当年拨款总额 5.45％的增加额，而表现不佳的高校不会受到拨款消减的惩罚，因为该绩效拨款是经常性经费之外的专项经费，一所高校的获得并不影响另一所高校，目的是鼓励高校自愿提高教学质量，增加绩效。该方法每 5 年进行一次，在5 年内根据高校的绩效表现进行微调。

除美国之外，德国、丹麦、荷兰等国也都在实行绩效拨款上取得一定成绩。巴伐利亚州是德国最早实施绩效拨款的州，该州教育经费拨款按照“5-11”体系分层拨付，即绩效指标分为 5 大块，共 11 项。

德国的黑森州则是将教育经费分为基本预算、绩效预算、创新性预算和特殊预算四个部分，每个部分单独按绩效考评核拨。丹麦的绩效拨款机制称为“计价模型”，按计价模型分配的经费占大学收入的1/3。由于改革前的丹麦高等教育在学生培养上的一个突出问题是能够完成学业的学生数远远少于注册的学生数，因此计价模型衡量产出的指标为通过考试的学生数，称为有效学生数。该方法指标单一，又有降低教学质量之嫌，因此还在完善之中。荷兰绩效拨款中，本科教育采用的拨款模型与丹麦相似，以有效学生数确定拨款数额，硕士生和博士生的教育拨款则复杂一些，绩效部分以新生数和获得文凭学生数的两年平均数为依据，同时考虑到文、理、工等学科成本的不同进行分配拨款。

(三)西方国家高校绩效拨款的启示

1. 建立中介机构，协调政府与高校的教育拨款

西方国家实行高校绩效拨款，普遍在大学与政府之间设立一个中介机构，如美国的高等教育委员会、日本的学位机构、英国的高等教育基金委员会和法国的国家评估委员会等，独立于政府之外进行绩效评估。在教育拨款体制中设了一个或多个中介机构，对高校的经费进行核算、监督和评估，既有利于维护高校的自由，国家又能施加影响，缓冲了政府和高校的关系，也保证了拨款过程的公正性和拨款使用的有效性。

2. 加强政府与高校之间的互动，高校参与绩效拨款政策的制定

美国田纳西州的高校绩效拨款之所以获得很大成功，在于其绩效指标是由田纳西州大学理事会、高等教育委员会和高校共同协商制定，高校拥有更多的决策权和自主权，从而会有更大的主动性。美国的南卡罗来纳州则是允许不同类别的高校选用不同的绩效指标，按类别分别考核高校，即提高了绩效考核的准确性，又激发了高校追求高质量、高绩效的动力。

3. 实行绩效拨款应循序渐进，不可一蹴而就

综观西方国家实行的高校绩效拨款制度，都是以绩效拨款与原拨款方式并行：美国田纳西州是给绩效评价高的高校以5.45%的增

加额；德国巴伐利亚州的绩效拨款中，5 项指标体系中并不都是以产出为依据，也有基于投入拨款的基本经费指标，同样黑森州的教育经费中基本预算也是根据成本投入划拨。因此，高校绩效拨款必须在保障高校的基本运行前提下实施。

三、我国高校绩效拨款模式构建

（一）高校绩效拨款指标的设计原则

设计合理、有价值的绩效评价指标是成功实施绩效拨款的基础。绩效评价指标应与高等教育政策相联系，在目前高校内涵式发展要求下应体现高校“质”的发展，同时也要体现高校的办学效率和效益；绩效指标的选择应适量，10～25 个为宜，要具有激励功能，且容易获得并计量简便；绩效指标的制定应让高校参与其中，与主管部门共同协商确定，制定时要避免单一化，要注重高校的多样性，允许大学选择 2～3 个与其使命相匹配的绩效指标并定时调整绩效目标。

（二）高校绩效拨款指标选择

一般来说，高等院校的功能主要有三个：人才培养、科学研究和服务社会。人才培养是高校的核心功能，科学研究是高校的重要职能，也是人才培养的重要途径，服务社会是人才培养和科学研究功能的延伸。高校人才培养的实现要通过教学能力来体现，而在教育国际化发展中，开放教学也是高校能力的一种体现。因此，本文根据国内外对高校绩效拨款指标体系的研究经验，结合高校内涵式发展的要求，将绩效指标分为 5 个部分，每部分选择比较有代表性的 3 个指标，共计 15 个指标：

表 1　　高校预算绩效评价指标体系

一级指标	二级指标
教学能力	生师比
	学生科研成果数
	国家精品课程数量

续表

一级指标	二级指标
科学研究	SCI、CSSCI 收录论文总数
	科研经费获得额
	出版专著数
开放教学	在校外国留学生数百分比
	学生国(境)外交流学习百分比
	教师国(境)外访学三个月以上百分比
人才培养	毕业生就业率
	毕业生就业对口率
	用工单位满意度
服务社会	知识产权授权数
	技术转让当年实际收入金额
	专利出售当年实际收入金额

绩效指标体系确定后,并不是一成不变的,应根据学校规模、学生的层次、学生的专业和学科结构进行调整,以使评价结果更科学有效。

(三)我国高校实行绩效拨款的建议

1. 建立政府与高校的缓冲机构

我国高校实行绩效拨款,可以参考西方的经验,建立一个中介机构。这个机构可以隶属于教育行政部门,但要具有较大的独立性,与高校一起协商制定财政计划和考评制度。中介机构的成员应包括政府官员、高校管理者、教育专家和学者等,其运行要接受政府、高校和社会的监督。

2. 从绩效报告向绩效拨款过渡

根据国外经验,我国的高校绩效拨款可以先从绩效报告开始。中央教育科学研究所高等教育研究中心在 2009 年出具的《中国高等学校绩效评价报告》就是一个很好的开端，然而之后再没有新的绩效报告出炉。绩效报告对高校没有直接影响，它是通过信息传播间接对高校产生作用。通过绩效报告使高校逐渐接受绩效指标考核，并将它们作为规范行为的准则。高校对制度的认同和主动参与会比强制实施带来更理想的效果。

3. 逐步增加绩效拨款的比例

为了预算的稳定性，我国高校的绩效拨款应循序渐进，首先要保障高校的正常运转。可以在财政拨款中适当加入绩效指标，将财政拨款分为基本拨款和绩效拨款两部分，基本拨款沿用以前的财政拨款模式，用于高校的基本建设和正常的人员经费支出，绩效拨款则用于奖励资金使用效率高的高校。绩效拨款数额在教育财政资源分配中的比例不宜过大，但可以随着绩效拨款模式的逐渐成熟而增加。

4. 绩效拨款模式应多样化

绩效拨款政策在我国高校实施应因地制宜，不可一概而论。我国地域宽广，高校数量众多，东中西部高校的发展呈现了不同的特色，综合性大学、专业类高校、各种专科类院校和技校种类繁多，因此制定绩效拨款政策时应充分考虑各种特殊情况，不存在普适的绩效分配方案。

四、结论

近20年来，西方发达国家高等教育财政体制改革的一个重要方面是把绩效因素纳入拨款公式，绩效拨款机制能够促进高校有效地利用资金，从而提高办学效益。我国高校实行绩效拨款是一种必然趋势，以内涵式发展为基础，建立适合我国高等教育绩效评价指标体系，通过计算绩效的方式核定拨款数额，可以有效地解决按生均定额进行拨款时带来的教育经费使用效率低下、经费分配透明度不高等问题，减少人为因素对教育经费拨款的影响，保证经费拨款的客观与公正。高校绩效拨款评价指标体系的制定应适应不同区域、不同层次学校的发展需求，真实反映高校的教学水平、科研能力、开放教学能力、人才培养和服务社会能力。合理的绩效评价指标体系可以有效地鼓励高校进行资源的合理竞争，既能优化资源分配，促进高校的内涵式发展，又能提高高等教育的整体水平；既能为政府考评财政支出效益、实施绩效拨款提供依据，又能反映高校的资源利用情况，为高校调整与配置办学资源提供参考。

改变以前单纯以学生人数作为单一参数的教育经费拨款模式，主动使用绩效拨款这一新的、符合市场经济的管理方法，通过公开竞争和绩效评估的观念来指导高校的发展，才能有效缓解我国教育资源与高校发展之间的矛盾，也符合我国关于高校内涵式发展的要求。

参考文献

[1]中央教育科学研究所高等教育研究中心. 中国高等学校绩效评价报告[N]. 中国教育报，2009-12-9

[2]张友棠，曾芝红，李思呈. 高校预算绩效拨款模式新探[J]. 财会月刊，2013(20)

[3]毛建军，赵祥，毛建斌. 我国高等教育财力资源配置研究[J]. 教育理论与实践，2011(36)

[4]张友棠，李思呈，曾芝红. 基于 DEA 的大学预算绩效拨款模式创新设计[J]. 会计研究，2014(1)

[5]王莉华. 我国高等教育绩效拨款的局限与对策[J]. 中国高教研究，2010(5)

（作者单位：聊城大学）

学校国库集中支付下
公务卡制度面临的问题和对策

任 洁

国库集中支付制度，又称为“国库单一账户制度”。它是指将所有的财政性资金集中到国库单一账户，在使用资金时，由预算单位提出申请，经过审核机构的审批，将资金由单一账户系统支付给收款人。过去，我国实行的是分散支付制度，在该制度下，存在着用款单位何时使用资金、是否按规定使用资金，财政部门难以实施有效的控制和监督，资金使用环节也容易发生克扣和截留等现象。实施国库集中支付制度后，财政部门能够较好地掌握各个支出单位每笔资金的用途，实现对财政资金从预算分配、预算拨付直至收款人账户的全过程的监督控制。国库集中支付是建立在财政业务部门、国库、集中支付机构、预算单位和银行等各方提供动态实时的预算指标信息以及支付指令信息的基础之上。在这一流程当中，公务卡是连接各个环节的有效手段。公务卡是指，预算单位人员持有的用于日常公务支出和财务报销业务的信用卡。公务消费的范围主要包括办公用品、会议费、差旅费、培训费、招待费和零星购置业务的支出。公务卡制度是以单一的国库账户系统为基础，以银行卡（即公务卡）为载体的现代财政支付管理制度，也是现代财政国库管理制度体系的组成部分。

公务卡制度改革自 2007 年开始全面推行，改革覆盖面逐渐扩大。2007 年 5 月，为深化财政国库集中支付制度改革，规范财政预算资金的使用和管理，财政部和中国人民银行制定了《中央预算单位公务卡管理暂行办法》，要求中央预算单位在财政授权支付业务中原使用现金结算的公用支出，原则上使用公务卡进行结算。随后，各省开始推行省级预算单位公务卡结算试点工作。2008 年，山东省财政厅和中国人民银行济南分行共同印发《山东省省级预算单位公务卡管理暂行办法》，公务卡制度改革拉开序幕。2013 年，山东省财政厅印发了《山东省省级预算单位实施公务卡制度监督管理暂行办法》（鲁财库[2013]18 号），对公务卡的使用、资金管理、监督检查等作出明确规定，同时要求省直各单位结合本单位实际情况，制定公务卡报销结算管理办法，规范公务卡报销流程，明确公务卡的使用范围。高校作为政府公共预算支出的重要组成部分之一，也开始全面推行公务卡制度。高校在推行公务卡的实践中，始终处于先行位置。很多高校在近几年的实践中，取得了一定进步，总结了一定的经验。但是由于人们受传统现金交易消费观的影响，以及社会用卡环境不完善的制约，高校在推行公务卡的过程中，遇到了诸多问题。究其原因，既有持卡人主观思维的影响，也有用卡环境不完善、制度不健全等客观因素的影响。高校有必要在推行公务卡结算的改革中，总结近几年公务卡制度推广中遇到的问题，查找原因，制定措施，完善制度，保证公务卡制度在高校财务结算中的顺利而有效的推行。

一、推行公务卡制度的原因、背景及实施状况

随着部门预算、国库集中支付、政府采购、“收支两条线”等一系列财政预算制度的稳步推进，公共财政逐步建立起了科学编制、严格执行、监督有力的预算管理机制。我国从 2001 年开始实施国库集中收付制度，通过设立国库单一账户收付体系，规范财政资金收付运行机制，从而使资金的收付由“中转”转变为“直达”。财政部门通过动态监控系统就能够对预算资金的收入和支出实时监控，从而提高财政资金收支管理的规范性、有效性和安全性。近年来，我国公务消费领域存在一定程度的不正之风和腐败现象，公务消费，特别是公务接

待、差旅费支出等公务费用，在财政支出中占到相当大的比重，在公共财政消费领域，存在着大量使用现金的行为，造成财政基金使用透明度差，还容易引发腐败问题。并且财政资金在从国库提出到现金最终使用支付前，存在一定时间的空白期，从而不能够完全保证财政资金在使用前都留存在国库当中。现行的财政资金使用及管理制度对于流通中的资金缺乏有效的事前和事中监督。此时在公务消费领域引入能够留下消费痕迹的公务卡来代替大量的现金交易，有助于规范财政资金的使用，避免财政资金的浪费和挪用。

2007年5月，为进一步深化国库集中支付改革，加强财政资金管理，财政部、人民银行共同召开了全国公务卡应用推广工作会议，并制定了《中央预算单位公务卡管理暂行办法》，选取了中央纪委、中科院、宋庆龄基金会等7家单位首批推行中央预算单位公务卡使用制度，并于2008年在所有中央预算单位推行公务卡管理，计划于2010年，在全国范围内建立起相对完善的公务卡制度。2011年国务院第四次廉政工作会议和2012年国务院第五次廉政工作会议都明确指出，在财政资金预算单位中，全面推行公务卡制度改革，进一步扩大省、市两级预算单位改革覆盖面，加快县乡预算单位公务卡制度的推行力度。目前，除中央预算单位已经实施了公务卡消费制度外，在山东、浙江、四川等地也开始推广用公务卡消费代替现金支付的公务卡消费方式。

二、公务卡制度在学校国库集中支付应用中面临的问题

高等学校作为政府公共预算支出的重要组成部分，全面推行公务卡制度势在必行。在传统的现金结算模式下，高校财务部门需要预先从银行提取现金，保管现金。学校各部门在使用资金时，一般预先向高校财务部门预借现金，出差和开会时，携带现金进行消费，最后再到财务部门履行报销手续。在这种传统的模式下，单笔资金的使用需要经过多个环节，财务人员存在一定程度的重复劳动，资金的占用导致财务成本提高，风险增大，监督管理难。推行公务卡制度后，不再需要财务部门提取过多的现金和保管现金的环节，教职工在

使用资金时，也可以不用预借，从而降低了资金使用者携带现金和保管现金的风险。公务卡制度的推行，虽然在一定程度上提高了高校公用经费使用的透明度，增强了高校预算资金监督的有效性，但是在具体的施行过程中，存在一定的问题。

(一)公务卡开卡率相对较低

在推进公务卡制度的改革过程中，预算单位公务卡的发卡行一般都和预算单位零余额开户行保持一致，这使得资金结算比较方便。各家银行也在不断提高服务水平和完善服务措施，针对公务卡推行很多优惠措施，但是，公务卡的开卡率一直存在偏低的问题。究其原因，一是因为大部分公务卡的持卡人原来已经持有信用卡，这些信用卡基本可以满足持卡人的消费需求，很多人不愿意再多办理一张信用卡单独用作公务消费。另一方面，受传统现金消费观念的影响，人们还是习惯于一手消费一手付钱的传统消费模式。而且公务卡本质上是贷记卡，消费过后，需要在还款期之前报销，还款不及时还会影响个人信用。这些因素都在一定程度上限制了公务卡的推广。

(二)公务卡持卡人对公务卡报销流程不熟悉

公务卡，简而言之，就是预算单位在职在编职工持有并用于日程公务结算的信用卡。它是银行为职工发放的具有一定透支额度和免息期的贷记卡。公务卡持卡人，在完成公务活动后，对于报销流程一知半解，特别是作为报销凭证依据之一的公务卡刷卡记录交易凭条的遗失情况，屡见不鲜。作为财务部门人员，在处理公务卡报销业务时，需要持卡人的交易凭条来提取交易信息，如若遗失交易凭条，会大大影响持卡人报销和财务人员处理业务的顺畅度。对于交易凭条丢失的公务卡消费的报销，如果持卡人不能准确提供消费时间，此笔业务就需要通过现金方式报销，从而失去推行公务卡消费的意义。作为贷记卡的公务卡，持卡人对于消费日、账单日、还款日等时间观念不是很清楚，在公务消费后，急于报销，容易造成紧张情绪，认为公务卡的使用不是很方便。另外，有部分持卡人认为，公务消费有无限期的免息期，从而没有及时还款，造成滞纳金和罚金的产生，从而影响个人信用记录。

（三）公务卡制度尚未完全杜绝腐败浪费现象

高校推行公务卡制度虽然在一定程度上提高了高校经费收支的透明度，提高了高校财务管理工作水平，但是不可能完全杜绝腐败和浪费的现象。首先，公办高校的财政收入主要由财政预算资金和预算外资金构成。对于财政预算资金，是纳入国库单一账户体系管理，而公务卡制度正是以国库集中支付为基础的，通过信息系统对这部分资金的使用情况进行有效监督。所以对于财政预算资金，可以通过公务卡结算有效防止资金的挪用等现象。但是对于预算外资金，收入和支出管理还是相对混乱，而公务卡制度也未将这部分资金纳入财政部门的监督和管理范围。其次，作为贷记卡的公务卡，存在着在 POS 机上刷卡套现的风险，持卡人可以利用公务卡将原本用于公务消费的资金转为用于个人消费。经营者在利润最大化目标的诱导下，会为违法套现行为提供便利。更有甚者，由于公务卡的每一笔消费记录都留有痕迹，一部分持卡人便与商家事先协商，打印出与实际消费记录不一致的发票和刷卡凭条，回到单位按照虚假金额报销发票。

（四）公务卡受理制度不健全影响公务卡使用率

公务卡作为具有透支功能的信用卡，公务卡结算制度能否顺利实施受银行卡受理环境的影响。公务卡结算范围主要是预算单位的日常公务支出，其中包括差旅费、招待费、会议费等公用支出和零星支出。从支出领域范围，我们可以看出这些公用消费领域涉及交通、餐饮、零售等众多领域。在某些欠发达城市，特约商户总体数量较少而且行业分布相对不均，往往只集中于某些行业领域。此时，如果要求持卡人用公务卡进行结算，预算单位的公用经费支出只有很少一部分可以实现刷卡，大部分经费则不得不以现金方式支出。目前，公路、铁路和航空售票点还不是特约商户，不能刷卡支付费用，只能以现金支付。在这种情况下，现金结算方式使得公务卡支出的透明度受限，预算单位的财务人员对这些以现金结算的消费在报销时，因为无法获得消费记录，而不能通过公务卡系统进行核实，从而不能最大限度地发挥利用公务卡来监督公务消费支出的作用。

（五）公务卡的使用存在一定程度的风险

推行公务卡制度虽然可以减少公务人员外出办公携带现金的风险，但是作为具有透支功能的贷记卡，持卡人在使用公务卡的过程中，存在一定的风险。如若公务卡不慎遗失而被不法分子盗用或者进行诈骗，则会带来比较严重的后果。另外，对于公务卡的使用单位，也存在一定风险。一方面，如果持卡人没有在还款期内按时还款，导致拖欠账款的现象发生，学校需要协助银行追缴持卡人的欠款，甚至可能承担一部分连带责任；另一方面，预算单位财务人员在处理使用公务卡消费的报销事宜时，单据审核、批准等需要一定的流程，账务处理周期可能与发卡行的财务处理周期不一致，这时，一旦错过免息期，会对持卡人的信用产生影响。

三、完善公务卡制度的措施与建议

在推行公务卡的过程中，尽管存在很多问题，但是利大于弊。因此财政部门、银行、高校有必要根据公务卡推行过程中存在的问题，深入分析，建立健全公务卡推广制度，保证公务卡进一步的使用和推广。

（一）政府部门应加强政策宣传和普及工作，鼓励预算单位刷卡支付公务消费事项

各级财政部门及基层预算单位应当通过网络、宣传图册等媒体载体，积极宣传公务卡制度改革，在全社会达成共识，为公务卡制度的推行营造良好的舆论氛围。同时，加大对于预算单位财务人员和代理银行工作人员的培训力度，提高业务受理人员的工作能力，并且使他们从思想上提高对公务卡结算业务的认识，准确了解新政策。政府部门应积极探索公务卡强制报销目录的设定，明确公务卡强制报销项目，指导和监督用卡单位积极扩大公务卡使用范围。从法律法规和制度上明确公务卡结算范围，有利于加强公务卡制度的指导性。

（二）改善用卡环境，加快公务卡配套设施建设

人民银行、各个商业银行以及银联机构应该制定统一的行业标

准，加快推进金融领域软件和硬件建设，制定政策鼓励商家推广使用POS机结算。公务卡结算的领域不仅仅涉及交通、餐饮、住宿、会议等，而且还应当涉及办公用品、实验仪器设备、耗材等领域。同时，除了城市地区，县城和乡镇地区公务卡使用环境还相对不健全。鉴于此，政府和银行应采取有效措施，为公务卡的使用创造便捷的条件，从源头上避免因用卡环境滞后和受理制度不完善而影响公务卡制度的推行。比如，人民银行可以通过制定减免手续费等措施鼓励商家刷卡，从而提高商家安装POS机的积极性。与此同时，预算单位公务卡代理银行应该在公务消费领域频繁的票务代理、餐饮、通信、医院、供水、供电等地方安装POS机，最大限度地改善公务卡用卡环境。在县城和乡镇地区，除了向商家宣传推广使用POS机结算外，政府部门可以制定税收优惠等措施，鼓励使用POS机结算的商家。

(三)科学合理规范现金的使用范围

公务卡制度在实行初期，受客观用卡环境的不完善以及持卡人长期以来的现金支付的习惯等的制约，存在一定程度的公务卡结算和现金结算并行的现象。在接下来进一步推行公务卡制度的过程中，要避免和解决公务卡结算和现金结算并存的现象，预算单位财务部门应该制定相关政策，对于凡是具备刷卡条件的公务支出，必须使用公务卡结算方可报销。针对部分公务消费领域商家POS机布设不均衡的现象，财政部门可以采取现金限额使用量的方法来核定预算单位现金使用的额度，将有关学校的限额现金使用额度导入国库集中支付数据系统，以月为单位设置各学校的最高提现数额。当预算单位本月的提现数额超过国库集中支付系统中设置的限额时，将无法通过国库集中支付系统正常进行操作。但凡超过额度范围的现金提取额必须报财政部门审批报备。

(四)完善公务卡报销制度与会计核算流程

预算单位财务部门可以根据公务卡结算流程的特点设计与公务卡结算相关的审批流程，除了经费职能部门的审批外，财务部门也应当参与到审批过程中来。作为具有透支功能的公务卡，持卡人在消费时，实际上是跳过借款环节，消费刷卡后进行报销。但是对于不符合报销规定的票据，不能予以报销。在这一过程中，存在一定程度的信息不对称现象。所以预算单位财务部门除了向经费使用部门的人员普及报销范围外，也应当参与到公务卡消费前的审批环节中来，这样既能够避免因为公务消费支出不符合报销规定而对持卡人信用产生的影响，也能够使财务部门对于在途资金的使用有一定程度的掌握，从而形成对资金的事前管理，实现公务卡结算方式与预算管理之间的有效链接，深化公务卡制度改革的全面推进。

（五）加大对公务卡的监管力度，降低持卡人的持卡风险

公务卡的透支数额一般较大，在遗失或者被盗取时，存在被不法之徒恶意透支的风险。发卡行应该加大对公务卡业务的投入力量，防范公务卡在消费、取现、还款等各个环节上的风险。比如，发卡银行可以增强公务卡的风险提示，同时加强宣传，向持卡人普及不及时还款的后果，帮助持卡人树立按时还款的时间观念。发卡行可以建议公务卡持卡人以同一发卡行的另一账户进行绑定，完成自动还款，这样，当持卡人未能及时报销、及时还款时，可以自动从绑定账户向公务卡进行还款，这样可以最大限度地保证持卡人的权益。

（六）提高学校财务管理信息化水平建设

公务卡报销需要财务人员经过下面一系列的操作步骤：下载刷卡信息，录入公务消费内容，确认信息，选择公务卡消费支出明细等环节。在信息查询环节，需要输入精确信息，否则无法进行查询。高校财务部门，应当结合公务卡结算和报销的特点，优化账务处理系统，提高公务卡结算报销业务的处理能力，从处理流程上凸显其相比较现金支付业务的优越性。一是完善搜索功能，可以进行模糊查询，设置以姓名或者卡号为查询条件，一次性查询出公务卡的消费信息，提高效率。二是能够根据公务消费内容，自动选择消费功能种类科目，自动生成支付凭证，避免手工录入失误，提高业务处理的准确性。

目前，我国的公务卡制度在处于探索和推进阶段，相关法律法规和制度尚不健全，涉及的相关领域的配套设施建设也不完善。高校在推进公务卡结算过程中，不可避免地会遇到一些问题。政府财政部门应与上下级单位、高校预算部门、银行等共同面对实践中遇到的

问题，以便有针对性地研究对策、解决问题、完善制度，推进公务卡结算制度在学校国库集中支付下的顺利开展与深入运行。

参考文献

[1]韩鹏吉，赵芷馨.高校公务卡与POS机连用推广的实践与建议[J].会计之友，2012(9)

[2]李邦忠.国库集中收付体系下推行公务卡制度存在的问题及对策研究[J].经济研究导刊，2011(16)

[3]张玲玲.浅谈黑龙江高校推行公务卡制度改革存在的问题[J].商业经济，2011(11)

[4]杨敏.公务卡制度执行中存在问题及对策探讨[J].会计之友，2010(11)

[5]罗玲.国库集中支付制度下高校财务管理问题探讨[J].财会通讯，2010(10)

（作者单位：山东师范大学）

高校无形资产管理改革策略探析

孙 丽

随着知识经济时代的发展，作为凝结着集人才、教学、科研、信息和管理等综合能力为一体的高等学府，蕴藏着巨大的资产资源。在如何改革和拓展高校规模，提高高校经济效益和社会影响力以及高校权益等方面无形资产的价值体现对于高校的发展有着举足轻重的重要作用。然而，有些高校对无形资产的认识仍模糊不清，认为是虚拟的，无从计价而将无形资产束之高阁，闲置起来。不仅忽略了无形资产的潜在价值，而且还浪费了无形资产不可估量的经济资源。为此，正确地认识和管理无形资产，保护和利用无形资产，减少和杜绝无形资产的流失，已成为当下高校需要严肃、认真地研究的一项重要课题。

一、高校无形资产的概述

《高等学校财务制度》和 2014 年最新发布的《高等学校会计制度》中明确规定，无形资产是指高等学校持有的没有实物形态的可辨非货币性资产。无形资产作为一种特殊的资产，有别于有形资产。有形资产是实实在在的固体，而无形资产是通过人们的意识来认定的。因此它的特征表现为：(1)无形性。即不具实物形态却拥有某种特有权利，通过自身技术的转换，来实现其价值。(2)效益性。高校可以长期地利用教育资源、科技资源、文化资源、信息网络资源以及学校冠名的社会资源等来获取社会效益和经济效益，更好地促进学校的发展。(3)不确定性。因为无形资产很难计量，且带有隐蔽性，随着技术进步、市场供求关系、政策环境、研制成本、摊销期限等因素的变化难以具体地准确测定无形资产的收益。(4)垄断性。高校无形资产具有特定主体独有性，是单位或个人享有的特殊资产。受法律制度及契约保护的无形资产如专利、版权、商标等，严禁非持有人无偿使用。有些无形资产如技术诀窍、研发经验的积累等，高校可通过规章制度，采取保密措施来维持其拥有的垄断地位。

高校备有优秀的师资力量，雄厚的科学技术、先进的软件开发以及校园文化和拥有社会信誉的学校品牌等，储备了巨大的无形的财富。拥有专利权、商标权、著作权、土地使用权、非专利技术、商誉以及其他财产权利等内在权利，通过投资及转化，成为学校发展的生产力，来实现无形资产的价值意义。因此，防护高校无形资产的流失，除了自然因素以外，更主要的依靠法律法规来维护，保护高校经济利益的合法权益。

二、高校无形资产管理存在的主要问题

(一)机制的构建问题

有些院校只将固定资产作为学校的主要资产进行管理，而没有将无形资产纳入管理范畴。从学校领导到部门负责人，普遍存在只重视固定资产的规模，而轻视了无形资产的潜力；只注重学校发展的表面现象，而忽略了学校发展的内在因素。存在的主要问题有：

1. 缺乏管理监管体制

缺乏审计监督，缺乏部门间的权责监督、资产风险监督、投资决策监督等。

2. 激励机制不明确

高校人才济济，人才流动也日益频繁。只讲究引进人才的多少，对吸纳人才给予生活、科研经费上的优惠政策等等。而对本校人才的利益保护上却有重重限制，要求苛刻，难以充分调动教职工的工作积极性，使教学、科研学术上具有高水平的人才出现外流，带走学术创作科

研成果等。而有些教科人员以高校的名誉在外进行各种经营活动如注册公司、挂靠企业、办培训班等，为个人谋取利益，影响了学校声誉。

3.维权意识的监管不到位

学校没有形成无形资产的归口所属、专业人员的配备、法律知识的保护等一系列完整的管理机制，负责维护已拥有的知识产权、技术开发、成果转让、学校名誉等权益。容易造成论文、著作被抄袭，科研成果被剽窃，技术诀窍被泄露，学校冠名的品牌被利用等严重后果。

(二)制度建设的完善问题

当前，高校普遍存在着重“有型”轻“无形”的现象。对有形资产舍得投资，对无形资产却无力扶持；只看重文章发表的数量，却不在意著作权的所有；看重科研成果的存在，却无力推广成果的转化利用；只关注学校品牌的名次，而忽略了管理偏差的人为因果。无形资产被轻易流失，其原因在于意识上的不重视，又缺乏统筹完善的规章制度，造成各部门无法根据制度规定来规范责任和职能。在遇到产权纠纷、利益分配纠纷、职务与非职务成果的界限不明晰等问题时，部门之间因权限不明、岗位职责不清、沟通协调不畅又无章可循等理由而相互推诿，形成了无形资产无法处置的尴尬局面。

(三)核算评估体系不健全

主要原因在于无形资产价值具有不确定性。无形资产的特殊性使无形资产评估目前缺少一套完备的可操作的估价体系以衡量各项无形资产在市场上的货币价值。事实上，学校对有直观触觉的有形资产有着完整的财务核算体系。而没有实物形态，很难界定价格的无形资产在核算上则出现了空白。另外，无形资产评估中存在着难以衡量的客观因素，如成果的开发费用很难预计和量化、技术经验和配方难以考评、无形资产的增值和贬值无法确定等。学校也没有与之相关专业的评审机构进行核定。即便发生的专利费、科研成果需要转化的费用或取得的收益，也都在科研处及科研人员自己名下的科研费中收支。甚至学校利用品牌效应进行联合办学所发生的资金往来，也没有通过无形资产账目的设置进行核算。因此，在会计核算上无法真实记录无形资产的取得、计价、摊销、投资、转让收益等变化。对无形资产及其产生的效益没有进行核算，导致账簿无形资产一栏通常为空白，财务报表分析中也没有对无形资产进行反映，更谈不上用财务制度来监督。每年年末的资产清查只有固定资产的清查，而无形资产因无账可查被排斥在外，成为闲置资产。

(四)科研成果转化问题

高校具有强大的师资队伍，先进的设备仪器和优等的实验场所，经过科研人员的不懈努力创造了众多具有先进水平的科研成果。然而，在科技人员看来，项目完成的标志就是成果通过鉴定，将取得的成果更多地应用于申报课题、发表论文、申报奖励、评定职称等方面，并没有充分意识到科技成果产业化的重要价值。片面地追求学术水平，而忽视了成果的实用意义。况且，科研人员不精明于科技成果作为商品的推销。对市场的运营、变化缺乏商业意识，往往会在市场交易中处于被动地位，导致科研成果的价值被低估，甚至延迟转化。很多科研成果最终被新的专业技术所替代和超越，被迫落后和贬值，从而影响了学校的经济收益，降低了科研成果转化率。

三、调整高校无形资产的管理策略

(一)改变思想观念，增强无形资产管理意识

高校忽视无形资产的管理由来已久，原因是思想领域、意识形态上重视不够。正确地认识无形资产价值，合理地运用无形资产资源，充分地实现无形资产效益，是当前高校必须在思想观念和管理意识上调整策略的关键。

1.构建合理的规范机制

高校必须将无形资产管理纳入国有资产的规范管理体系之中，实行统一领导、归口管理、分级负责、责任到人的管理体制。(1)加强监管机制，防止无形资产流失。高校的国有资产处、科研处、财务处及院系等与无形资产有关联的部门，对无形资产的确认、投资、评估、转让、分配、核算等需经过严格规范的审批程序。任何一个环节出现了短板，都会影响无形资产收益的整体运行。必须通过制定审计监督、权责监督等一系列监督机制，明确岗位职责，强化风险意识，提高

投资策略，来实现无形资产的保值和增值。(2)推动奖励机制，提高科教人员素质，强化科技成果质量。高校要避免过分注重等级划分、“面子”工程，保护人才资源。在设立专项基金，奖励和资助在科研成果、学术专著、技术开发等领域做出突出贡献的教师和科研人员的同时，也应该关注一下其他专业技术系列的科研要求，切实与他们的自身利益挂钩，使其享受高校人才政策给予他们的福利，激发他们的研发热情和创作欲望，不断创造出新的科技成果。(3)增强维权意识，维护创作者的合法权益。高校的科研部门不能只专注于科研经费申请、立项、分配等项目上，也要配备精通法律知识、善于处理和沟通产权中出现矛盾的专职人员，定期组织科研人员开展《高等学校知识产权管理规定》《专利法》《合同法》等理论知识及相关法规的学习，答疑解惑，当好科研人员的维权参谋。

2. 完善制度规定建设

遵循国家关于无形资产的法律规定，结合高校实际情况，制定出高校可自身实施的无形资产管理办法。建立统一、完善、科学的无形资产内部管理制度，如产权归属、成果申报、专利申请、校名校誉管理、资产清查和报告、技术保密、投资转让、收益分配、非职务成果和职务成果区分办法等制度，使无形资产的管理有章可循，有法可依。

(二)优化管理模式，建立无形资产核算、评估体系

高校的资产管理是以传统的固定资产管理模式为主，无形资产的加入，会为高校的资产管理注入新的理念。无形资产量化管理和价值实现是以建立科学合理的无形资产核算体系、评估体系为基础的。无形资产的会计核算同有形资产一样，应设立专门的核算体系，在购入、自创、转让、摊销、对外投资、接受捐赠各方面等应严格按照《高等学校会计制度》规定执行，建立无形资产经济效益考核指标，通过其实际的使用价值，真实记录和反映无形资产的变化情况及财务分析状况，为高校全面掌握无形资产的信息提供依据。同时，要根据无形资产分类不同及自身价值不确定性的特点，选择专业评估机构由高校按照无形资产评估制度负责监督和最终决策。采取符合高校利益和需求的无形资产评估程序和标准以及合理选择评估方法，运用正在逐步建立的统一

的无形资产评估信息服务网络，参照资产业务和资本市场提供的价值尺度，对无形资产计价、未来收益、经济寿命、资本化率进行科学、理性、客观、公正的评估，真正意义上实现无形资产的增值和保值。

（三）拓展管理思路，搭建无形资产转化平台

高校应该很好地利用优质的品牌效应、显著的科研成果和技术发明、权威性的学术著作等优势，打开自我独用的保守局面，逐渐转化为与社会共享的态势。可通过吸引人才和培养优秀毕业生，广泛宣传、扩大和影响学校声誉，来达到社会各界的普遍认可。联合办学，就是高校与政府或企业联姻合作的方式，利用学校冠名换得因教育经费紧张而无法拥有的有形资产。寻求融资方式，接受社会捐赠，也是高校吸资办学的一个途径。另外，国家对保护知识产权方面非常重视，出台了相应的措施，也逐步规范了科研成果转化的电子信息系统。高校可以借助此平台，来推动和完善无形资产管理机制。在保护创作者利益的前提下，将自产的技术成果，按照市场规律，经过调研、营销、供需的运作进行推广转化，使无形资产产业化、商业化，为高校的建设提供资金来源。无形资产的价值转换不仅可以为高校带来可观的经济利益和社会效益，也说明科学管理无形资产对高校的可持续发展有着重要意义。

参考文献

[1]张志柱，王海江.审视高校无形资产管理与对策研究[J].经济研究导刊，2010(4)

[2]韩东海.高校无形资产管理存在的问题及对策[J].石家庄铁道大学学报(社会科学版)，2013(7)

[3]张建华，卢范强.高校无形资产管理研究[J]，北京航空航天大学学报(社会科学版)，2012(3)

[4]李奇勇.高校无形资产保值增值的途径探讨[J].中国冶金教育，2010(4)

[5]程彩君.高校无形资产构成及管理现状分析[J]会计之友，2012(5)

（作者单位：山东师范大学）

地方综合性高校科研经费管理政策效度问题及改革建议

杨茜　朱爱丽　于斌

改革开放以来，我国科研经费管理政策的制定逐渐从政出多门向各相关部门协同合作转变，科研经费管理原则与政策价值逐步向灵活自主的、更富激励性的宏观监控演进，承诺机制与信用管理机制的引入体现了注重科研工作者诚信自律的价值走向，经费管理政策工具也逐步从粗放式向精细化过渡。近年来，虽然我国高校科研经费呈现大幅增长的趋势，但经费使用过程中的违规、滥用、低效等问题却日益突出。这些问题一方面与高校科研人员的主观行为选择有关，另一方面也折射出高校科研经费管理政策的效度低下等问题。

本文聚焦于地方综合性高校科研经费管理政策效度问题，基于人本主义管理理念，运用政策内容分析的方法对地方综合性高校的相关科研经费管理政策加以考察，探究其政策效度低下的具体表现，并在此基础上提出改善科研经费管理政策效度的途径和措施，为进一步完善地方综合性高校科研经费管理政策改革提供决策建议和实践启示。

一、地方综合性高校科研经费管理政策内容分析

本文通过收集和分析近5年来8所山东省地方综合性高校的科

研经费管理政策文本,立足于人本主义管理理念,从美国政策分析专家威廉·N·邓恩提出的政策系统三要素,即政策环境、政策利益相关者和政策工具三个视角,对地方综合性高校的科研经费管理政策内容进行解读。

(一)政策环境分析

政策环境是指围绕一个政策从制定到执行的具体背景,也是实践或维持一项政策所需资源的总和,包括人、财、物、时空、信息等多方面的政策资源。从宏观环境层面看:2001 年,国家科技部、财政部等部委联合发布了《关于国家科研计划实行课题制管理的规定》;2006 年,国务院颁布了《关于实施科技规划纲要增强自主创新能力的决定》;2014 年,国务院又发布了《关于改进和加强中央财政科研项目和资金管理的若干意见》。这些相关文件的发布基本决定了我国目前以课题制形式和预算管理模式为中心的科研经费管理现状,同时也对不同类型高校的经费管理政策的创新和改进提出了要求。

就地方综合性高校而言,其科研经费管理政策环境又有其特殊性,主要表现在以下方面:第一,地方综合性高校一般为省属高校,学校的发展平台相对较低,财政划拨额度有限,科研经费成为学校发展和综合实力提升的重要资源之一。第二,地方综合性高校的学术资源相对匮乏,国内一流专家学者的数量极少,高层次科研立项申请中标率相对较低。第三,地方综合性高校科研设施与“985”“211”高校存在较大差距,通过科研经费提升科研设施水平的需求较为迫切。总体而言,地方综合性高校的科研经费管理政策较为严格,管理机制较为僵化,且政策自主性和创新度不高。

(二)政策利益相关者分析

科研经费管理政策主要涉及四个利益相关者,即行政管理部门、依托单位(财务管理部门)、课题组和科研工作者。通过对地方综合性高校进行调查发现,这四方在科研经费管理政策制定和执行过程中的地位、权限、作用以及相互关系是不对等的。从科研经费管理政策的制定阶段来看,行政管理部门处于绝对的主导地位,其他三方对具体政策制定过程的参与程度极低;从科研经费管理政策的执行阶段来看，科研工作人员是政策的最基本执行主体，但在具体执行过程中要受到学校财务管理部门和行政管理部门的制约和监督，各个政策利益相关者在这个阶段的参与度都很高，也最容易在某些具体事务中产生矛盾，其中财务管理部门往往处于各方矛盾的中心。

(三)政策工具分析

首先，科研经费管理的政策工具主要包括科研经费开支范围与管理费提取的规定、科研经费预算与决算管理制度、科研结余经费管理制度、科研经费管理的监督机制、科研经费管理的承诺机制与信用管理机制等五类。通过调查发现，绝大多数地方综合性高校对管理费提取的比例有明确规定(从5%～10%不等)，但对其他经费开支项目所占比例基本没有明确的规定，特别是与课题研究直接相关的差旅、调研、专家咨询、研究资料的购买和印刷等费用。其次，绝大多数地方综合性高校虽然实行科研经费预算管理模式，但对经费预算的制定缺少把关和审核，且经费决算管理和结余经费管理制度不健全。再次，科研经费管理的监督机制主要由财务管理部门负责制定，与行政管理部门和科研工作人员的协调明显不够。最后，科研经费管理的承诺机制与信用管理机制流于形式化，内容空泛，奖惩办法不明确，对科研工作人员缺乏应有的约束力。

二、地方综合性高校科研经费管理政策的效度问题及其表现

通过调查发现，地方综合性高校的科研经费管理政策普遍存在效度低下的问题，这直接造成了科研经费管理中的一系列不正常现象。总体来说，这些不良现象主要表现在：大部分地方综合性高校高度重视课题立项，却不能对课题结项严格把关；盲目追求课题立项数量，却忽视了对课题研究过程的管理。具体来说，地方综合性高校科研经费管理政策效度低下问题较为突出的表现在以下三个方面：

(一)科研经费管理政策对经费使用过程缺乏监督和反馈

科研经费管理使用的主体是课题负责人和课题组成员，他们一般都没有受到过关于财务管理的系统培训，因此在科研经费使用过程中或多或少有些“随意”甚至“盲目”。在前期编制科研经费预算

时，课题负责人往往忽视甚至有意违反科研经费管理政策，几乎全凭自己的主观经验和个人意志制定预算和分配方案。然而，在课题开展过程中，对科研经费的开支却漫无计划，有些课题临近预定结项时间大部分经费还未支出，从而导致结余经费过多，未能真正起到科研经费服务于课题研究的应有作用；而有些课题负责人则反其道而行之，课题研究还处于起步阶段时，大部分科研经费已经支出，导致后续研究阶段没有足够经费可供支出。无论属于上述哪种情况，都反映出目前科研经费使用效益不高，使用过程缺乏有效监督的问题，这是地方综合性高校科研经费管理政策效度低下的具体表现之一。

(二)部分合理的科研经费开支项目不能通过正常渠道报销

目前，在制定政策时，对科研经费开支范围和具体项目的规定也有许多不合理之处。根据大部分地方综合性高校的现行科研经费管理政策，有些科研活动的实际支出不能通过有效途径予以报销。例如，课题经费中的劳务费一项，按照规定只能用于支付课题组聘用人员和流动人员(含在校研究生)等的劳务性报酬，但是不能用于支付课题研究人员自身的劳动报酬。这样一来，课题研究人员在科研过程中所付出的大量劳动就无法通过正常途径得到应有的回报，这在一定程度上促使部分人员在其他开支项目中弄虚作假，以这种渠道间接获得劳务费补偿。另外，由于地方综合性高校的学术资源有限，课题组往往需要前往国内外知名高校咨询相关专家，这种情况下给予专家一定的经济报酬作为咨询费实属正常现象。然而，这类支出由于无法出具正规发票而不能正常报销，课题组也只好将这部分支出转移到其他开支项目。

(三)对科研经费预算的编制缺少必要的引导和限制

科研经费预算编制的随意性、主观性过大，与实际的科研经费支出情况相去甚远，这是一个普遍存在的现象。造成这种现象的主要原因之一就是现行政策缺少对各类经费开支项目所占比例的明确规定，对课题负责人的经费预算编制缺少必要的引导和限制。这方面的政策缺失往往导致课题负责人在执行预算的过程中随意更改预算结构，为科研经费管理带来混乱。再者，在科研课题申报阶段，相关管理部门对科研经费预算编制的合理性重视程度不够，未能及时为潜在的经费管理问题把关，这又反过来助长了科研工作人员忽视经费预算的趋势。地方综合性高校的科研经费管理一般实行课题制，这使得课题负责人对经费预算拥有极大的自主权，给科研工作的开展带来了一定的便利，但是由于科研经费管理政策对预算的编制缺少必要的引导和限制，也很容易滋生一系列的问题。

三、地方综合性高校科研经费管理政策改革建议

高校科研经费管理政策的制定和执行需要把握和尊重科研活动的规律，其中最重要的一条就是要以人为本，为科研人员的课题研究工作创造宽松的环境，充分调动科研人员的创新积极性。根据人本主义管理理念，个人与组织是相并列的独立体，管理的目标应当是争取实现个体目标与组织整体目标相一致，从而最终实现个人发展与组织发展的双赢局面。就地方综合性高校的科研经费管理而言，以人本主义管理理念为指导进行管理政策改革，既有助于高校科研工作的顺利开展，也有利于高校整体管理效度的提升。

(一)建立以目标管理为主、过程管理为辅的科研经费管理模式

目前，地方综合性高校的科研经费管理是以过程管理模式为主导的，这种管理模式很容易产生诸如重立项轻产出、经费预算执行混乱、监督难度大等弊端。而以科研成果为导向的目标管理模式可以有效地抑制上述弊端的产生，具有便于实施和监督、管理效率高、管理成本低等优点，能够与过程管理模式形成有益互补。目标管理模式强调相关各方共同参与制定具体可行的、能够客观衡量的明确目标，能够更好地体现以人为本的管理理念。在目标管理模式下，行政管理部门、财务管理部门与课题组研究人员都围绕着共同而明确的目标发挥其能动性，有助于形成有效的激励机制，能够进一步完善科研资源的配置，提高科研经费的使用效益和经费管理政策的效度。当然，过程管理模式也有其合理的方面。因此，整合目标管理模式和过程管理模式，建立以目标管理为主、过程管理为辅的科研经费管理模式，是地方综合性高校科研经费管理政策改革的有效途径之一。

(二)建立基于沟通与协调的科研经费管理模式

人本主义管理理念强调个体目标要与整体目标保持一致性,从而有利于个体和集体两个层面的共同发展。在高校科研经费管理体系中,行政管理部门、财务管理部门和科研工作人员之间不完全是管理与被管理的关系,更需要通过有效的沟通和协调机制建立一种协同合作关系。建立一种基于沟通与协调的科研经费管理模式更能够体现以人为本的管理理念,有助于提升地方综合性高校的科研经费管理政策效度。

从目前地方综合性高校的情况来看,科研经费财务管理体系的协同合作机制尚未完全建立起来,这也是导致科研经费管理政策效度低下的重要原因之一。基于协调视角,改进高校科研经费管理模式的路径有:(1)建立起权责明晰、灵活高效的科研经费管理协调机制;(2)强化项目立项过程中的支出预算管理和经费管理过程中的费用开支管理;(3)协同做好高校科研固定资产的管理;(4)严格科研项目的成本核算;(5)强化项目结题及经费决算过程中管理环节的衔接;(6)架构有效的科研项目财务信息共享平台等。

(三)充分发挥财务管理部门的服务职能

在高校科研经费管理体系中,财务管理部门充当着一个最为关键和微妙的角色。它既要对行政管理部门负责,又要对科研工作人员负责,从科研经费预算编制的审核,到科研经费管理政策的执行,以及科研经费的财务核算、决算审核等环节,财务管理部门都扮演着举足轻重的角色。在上述各个环节,如果财务管理部门能够充分发挥其服务职能,及时、有效地与行政管理部门和科研工作人员进行沟通交流,积极主动地向他们提供专业意见供其参考,就会使他们少走许多弯路,对科研经费管理政策的制定和执行起到事半功倍的效果,从而大大提升地方综合性高校的科研经费管理政策效度。

四、结语

深化科研经费管理改革的关键是要建立适应科研活动特点和科研创新规律的经费管理制度,同时又要符合财政预算管理的有关要求，并符合国家收入分配制度的总体方向。地方综合性高校科研经费管理政策改革的关键是要树立以人为本的管理理念，立足于地方综合性高校自身的特点，创新科研经费管理制度，充分发挥科研经费管理政策的激励作用，加强人力资本补偿机制，最大程度地调动科研工作人员的积极性和能动性，从根本上提升科研经费管理政策的效度。总之，以人为本、目标导向、加强协作是地方综合性高校科研经费管理政策改革的发展趋势。

参考文献

[1]何旭英．基于协调视角的高校科研经费管理模式研究[J]．广西财经学院学报，2008(2)

[2]李燕萍，吴绍棠，郜斐等．改革开放以来我国科研经费管理政策的变迁、评介与走向——基于政策文本的内容分析[J]．科学学研究，2009(10)

[3]刘军民．科研经费管理制度改革困境与出路[N]．中国经济时报，2013-10-31

[4]张臻．我国科研经费管理政策研究——以中国科学院为例[D]．上海交通大学，2009

（作者单位：聊城大学）

浅论高校财务监督与高校审计委员会制度

邵翠翠

为了更好地监管高校资金的流动、规范高校资金的使用、提高资金的使用效益，更好地为高校的教育发展服务，有必要对当前高校财务监督存在的问题进行分析，有针对性地建立符合监管要求的监督体系，对新形势下的高校财务活动进行科学、有效的监督。

一、高校财务监督问题分析

财务监督是由财务监督主体(单位或个人)以国家的财经法规及有关规章制度为标准，采用一定的方法，对被监督单位的财务活动进行监督、检查、评价和督导活动的总和。《高等学校财务制度》规定:“高等学校的财务监督包括事前监督、事中监督和事后监督三种形式。”目前，由于部分高校对财务监督重视不足，逐渐暴露出一些问题。

(一)监督体制分析

内部监督主要是学校内部的职能部门对自身所处高校进行的日常的、事务性的财务监督。

外部监督涵盖的范围比较广泛，既包括以教育主管部门为主的政府监督，也包括社会性的民主监督，其相比较于内部监督来说，其监督的频次要少，抽检性的审计更多地体现为一种事后的监督。

无论是例行的高校互检还是组织专家组进行检查，对高校中存在的问题都要及时提出并督促其整改，对违规的单位给予严厉处罚，以促使其纠正错误，依法用好教育资金，提高办学效益。

外部财务监督主体缺位，导致目前各高校财务监督乏力，出现了主管部门对所属各高校管理手段软、约束力差和财务管理失控现象。而且这种事后监督虽然具有相当的权威性，但是由于其审查成本较高、时间短、任务重，一般均以“主题”审查为主，即每一次检查都有一个侧重方向，并不能全面检查整体财务工作。同时，外部财务监督检查大都以抽查为主，只能对部分高校的部分财务工作提出矫正意见和建议，不能促使被查高校对财务监管工作的重视和改进；而对于多数未得到检查的学校意义不大，也很难使高校全面认识到建立完善自身财务监督体系的重要性。

从我国高校内部组织体制来看，我国高校实行的是党委领导下的校长负责制。财务决策权集中于学校党委常委会，财务执行权分散于各个行政、教学及辅助、后勤部门，而财务的监督权则集中在学校的内部审计部门。一些大学内部存在信息披露不及时、不规范、不真实等现象，甚至对重大问题做“技术处理”或瞒报。有些高校校长由于任期较短，只关注自己任期内短期的、暂时的利益，导致短期行为严重；还有的校领导得过且过，致使高校整体运行效率低下等等。这些都是公司治理理论中“内部人控制”现象。

这种组织结构在利益冲突愈加复杂的市场经济环境下，问题不断暴露：高校财务内控制度不够完善，难以保障高校国有资产的安全；满足于建章立制而忽视检查落实、满足于当前现状而忽视关口前移等问题比较普遍；更为关键的是，由于缺乏有关约束机制，高校内部负责监督工作的职工容易产生明哲保身的思想，规章制度形同虚设，财务规章制度得不到有效执行。

（二）监督主体分析

按照财务监督的主体不同，从以下三类主体角度对财务监督进行分析：

1. 政府部门

高教改革至今，我国大学虽然建立了法人制度，却仍然行使着政府机构的延伸职能,在财务监督方面出现了很多亟待解决的问题,比如缺乏有效的激励、约束和监督机制,在开展财经监督检查活动中,有些执法部门不认真执行国家的财政法规,对在执法检查中出现的违纪、违法问题进行处罚时,始终采取大事化小、小事化了的态度,在处理结果上也只重视对单位的处罚,对单位负责人及相关责任人员很少问责,在客观上纵容、包庇了违法违纪单位的领导,致使有些被查单位违法违纪问题屡禁不止。

2.高校会计部门

《会计法》第5条规定:会计机构、会计人员依照本法规定进行会计核算,实行会计监督等。但在实际操作中,财务部门的监管身份处于一种尴尬的境地。

首先从工作职能分析:财务部门具体负责学校的财务管理职能,但出于自身在学校的管理级次,对一些建设项目的相关决策事项参与率不高,更谈不上监督权;其次从主体地位分析:会计人员均隶属于本单位,对所在学校是一种高度依存关系,他们的切身利益均和单位利益紧紧地连在一起,当单位的局部利益和学校的整体利益发生冲突的情况下,会计人员出于自身利益的考虑,很难旗帜鲜明地去维护学校利益。显然,会计人员很难在实际操作中依法履行会计监督的职能。

3.高校审计部门

主体地位分析。高校的财务监督机构——内部审计部门,是学校的下属部门,但同时又是财务监督的主体,造成了监督主体和监督客体同为一体,是很难发挥监督作用的。内部审计部门缺乏应有的独立性,无法起到真正的监督约束作用。让高校内部审计人员充分行使监督职能去抵制和揭露本单位虚假会计信息存在制度上的障碍,难以形成约束和激励机制。

职能分析。内部审计部门与纪检部门混同,各种监督的功能交叉,监督标准不一,缺乏横向信息沟通,未能形成有效的监督合力,无法履行内部审计的日常监督职能;内部审计职能单一,仅限于日常工作的审计监督,往往流于形式,有的甚至以平衡各方关系为目的,监督弱化问题严重。内部审计人员受数量和自身执业素质的限制,不能很好地履行审计的监督职能。

人们普遍认为,拥有良好而完善的制度可以减少违规现象的发生,但是制度的执行一直都是我国法治进程中的难题,对权力的监督很难,对财务的专业监督更难,但是只要切中要害,就能保证制度的执行畅通,否则,再多的法规法纪也都只是制度的“纸上谈兵”。一些高校的财务制度不可谓不完善,但是仍然会出现财务腐败,原因就在于没能切中要害,制度成为摆设,外行领导内行、外行管理内行,人治高于法治。

综上问题分析,监督主体地位的缺失影响了独立性的发挥,要想保证财务监督职能的履行,达到财务监督的目标,关键就是重新确立财务监督的主体,发挥其独立性、专业性、及时性、内部自我约束性。

二、审计委员会制度在高校实行的理论基础

我国高等教育改革后,大学办学资金除了来源于政府之外,受教育者的学费在经费总额中所占比例有很大提高。也就是说,大学的部分经费来源于受教育者及其家庭。因此,大学的活动应当考虑受教育者及其家庭的意愿,将大学的经费用于科研教学活动,用于提高教学质量,并接受受教育者及其家庭的监督。目前,大学的预算、决算还没有做到完全公开、透明,社会有必要而且有权委托监督机构来制衡和监督大学的管理层,防止权力滥用以及“内部人控制”等现象的发生。按照委托代理理论的分析,在我国高校中,委托者是国家,也就是说所有权是全体人民,代理者是高校校长,是高校的管理层。相比较而言,高校所有者对高校的控制很弱。“全体人民”如何通过行使财务监督权来实现财务资金的合理配置呢?

(一)高校作为公共产品,并不有悖于公司治理、利益相关者的概念

公司治理的内涵就是有效的制衡关系。如果在经济关系中出现了委托代理,而且合约是不完全的,那么公司治理就显得尤为重要。

高校治理与其类似。高校所有者是国家,委托者是人民,经营者是高校管理层,也就是代理者。目前,代理者在高校中的控制力有越来越强的态势,并逐步取得了重大决策权。而委托者也就是受教育

者及其利益相关者就有必要委托中介监督机构来制衡和监督高校的财务控制权。

同公司制下由监事会行使监督权不同,学校的相关职能部门不能发挥监事会的作用,难以对权力实施监控力和约束力,而且都是在微观层面发挥作用,很难做到从宏观层面把控高校资金的筹集、运营、资本效益分析、社会效益分析以及风险分析。

所以,随着教育改革社会化程度的提高,无论是高校内部作为受托者的管理层,还是作为委托者的受教育者,亟待需要产生类似监事会、审计委员会等作为第三方的监督机构,形成高校内部的权力制衡机制。

利益相关者理论中,弗里曼(Freeman)的观点最具代表性。他认为,利益相关者是一个对组织目标的实现以及实现组织目标的过程的所有体能够产生影响的所有对象。在公司制下,不仅仅包括与公司业务直接发生关系的交易伙伴,还包括国家机构等管理机构以及公司所在地区环境、附近居民等等间接发生关系的社会大环境。

在作为公共产品的高校中,利益相关者包括债权人、普通职工、受教育者、高校管理层、政府相关部门等。而目前我国高校财务监督的实际情况是,这些利益相关者没有形成监督合力。因此,建立一个能反映高校利益相关者共同利益的平台是很有必要的。

(二)审计委员会制度与高校结合的可行性分析

将公司治理理论中的审计委员会制度与作为公共产品的高校进行结合,带给我们很多的启示。在实践中,欧美国家高校的财务监督的发展与公司制条件下的审计委员会的发展历史密切相关,而且在国内研究中,也曾有研究提出过借鉴香港城市大学建立高校审计委员会制度。

审计委员会制度发源并完善于资本市场最为发达的美国。美国的审计委员会制度是随着经济的发展不断补充和完善的。至今,各项法律法规已相当完善。依照准则,审计委员会的职责包括每年复核管理层为了管控公司运营活动制定的计划,并在对公司财务报告体系及内部控制制度充分了解的基础上,随时负有监督的职责。

为了使我国高校财务监督权实现内部审计与外部审计的有效结

合，满足内外部监督者的需求，使高校监督成为常规事务，财务监督权的配置结构更加合理，可以借鉴公司制下审计委员会的经验，并结合我国大学自身情况，建立高校审计委员会制度。在监督内容方面实现综合性和全方位覆盖，并不局限于纪律或者财务某个单一方面。

建立财务监督机构——高校审计委员会，也就是建立了能够反映政府、大学管理层、大学教师、学生以及其他教职工需求和利益，行使他们监督权力的平台，使高校的财务监督主体更加独立和有效。该监督机构不仅要监督财务决策机构和执行机构的财务活动，还应监督建立大学公开透明的财务信息披露制度，使得与学校有关的日常或重大财务问题能够及时被公众了解，切实保证学校的利益相关者能够公平合理地获得真实、准确、完整和及时的财务信息，这是有效行使他们财务监督权的前提。

三、学校审计委员会制度的建立

监督机构设置的层次越高，其独立性和客观性就越强。借鉴欧美和我国香港等地大学的财务监督机制和方法，本文尝试建立含有审计委员会在内的高校财务监督管理架构模式，形成对高校财务的监督机制，如下图所示：

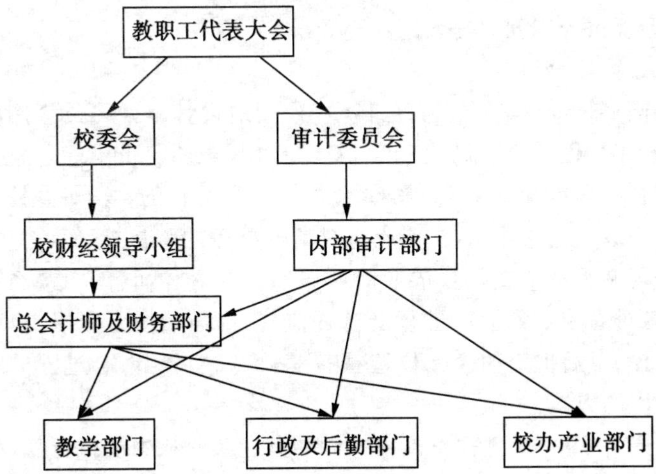

（一）主体构成

审计委员会通常由5～7人组成，基于利益相关者理论，这些人必须涵盖政府部门（教育主管部门）代表、教职工代表、审计部门负责人、中介专业审计人员——注册会计师，各方权利相互制衡，形成内部约束机制。成员必须具有会计、审计或财务的背景，并且满足独立性、专业性和权威性的要求。

独立性的实质是精神客观性，审计委员会的成员必须独立于高校财务决策权和执行权的部门及人员，以保护所有利益相关者的利益。

审计委员会的成员仅有独立性而没有专业才能也很难实现监督目标。因此，审计委员会成员不仅拥有多年高校的工作经验，还应该每年接受专业培训，审计委员会主席应该由能力强、经验丰富的专业人才来担任。

内部审计人员发现违规违法问题，直接向审计委员会报告，审计委员会有采取行动的权利，从而保障了其权威性。

此外，财务部门负责人通常不能作为审计委员会的成员，但有时被要求参加审计委员会的会议，财务部门负责人可以对某些特定事件提出建议，或者负责回答审计委员会在审计过程中发现的问题。

当主体确定以后，就可以具体讨论审计委员会的章程、具体运作流程、会议报告制度等内容。

（二）职能分析

明确审计委员会的职能是科学、合理地设计审计委员会制度的第一步，在初创阶段的高校审计委员会对其职能定位不能过宽。审计委员会的职能受制于审计委员会最初设立的目的——对高校财务治理结构起到制衡作用，主要履行对高校财务的监督权，而不应宽泛地将公司制下审计委员会的职能照搬照抄。具体而言，即按经济活动规律，对高校财务活动进行全过程监督，由事后监督向事前审核、事中监控、事后检查的全方位监督转变，形成多环节、全过程的财务监督管理的方式。

首先，内部审计部门是高校审计委员会实际权力的执行者，内部审计部门直接对审计委员会负责，内部审计部门是审计委员会最佳的信息来源，因此，高校审计委员会须定期听取内部审计部门的审计报告，内部审计部门在审计过程中发现的问题应及时报告审计委员会。

其次，建设财务信息共享平台，通报财务监督的结果；提供匿名举报的程序，及时处理与高校财务相关的投诉。

再次，负责外部审计师的选聘，增强外部审计师相对于高校财务决策部门和执行部门的独立性，以保证外部审计师审计结果的公平公正，使外部审计师成为真正的“公众利益受托人”。事实表明，外部审计师出于业务需要和利益考虑，易被高校实际权力掌控部门收买或受其不当影响（如果不按其意志行事，外部审计师将可能失去该公司这个客户）。

审计委员会的基本职能确立以后，也应当根据现实情况予以调整，比如增加审计委员会对高校内部控制的评价，对外发布对高校内控评价的结果，从而倒逼高校对内部控制体系建立加强重视。总的原则是，应当适度扩展审计委员会的职能，有利于审计委员会的价值体现。

四、主要研究结论和不足

本文充分研究了高校财务监督存在的问题，针对这些弊端，指出问题的关键是增加第三方——高校审计委员会，形成权力制衡和内部约束；同时，引入的第三方也填补了财务监督主体缺位。

本文对审计委员会制度的研究还停留在主体和职能方面，对审计委员会成员的选任程序、运作指南、操作细则、工作报告形式还有待进一步研究。

参考文献

[1]乔春华. 审计委员会的理论与运作[M]. 中国时代经济出版社，2007

[2]凌江红. 上市公司审计委员会比较研究[M]. 对外经济贸易

大学出版社,2009

[3]曾小青.公司治理、受托责任与审计委员会[M].东北财经大学出版社,2005

[4]田书芹.高校财务腐败形成生态机理与惩防体系设计[J].财会通讯,2014(7)

[5]王阿妮.高校财务监督存在的问题及对策[J].现代商业,2006(8)

(作者单位:潍坊医学院)